SPIノートの会 編著

玉手箱・C-GAB編

これが 本当の Webテストだ！①

2025年度版

付 Webテスト実施企業一覧

JN249198

KODANSHA

玉手箱の計数画面（図表の読み取り）

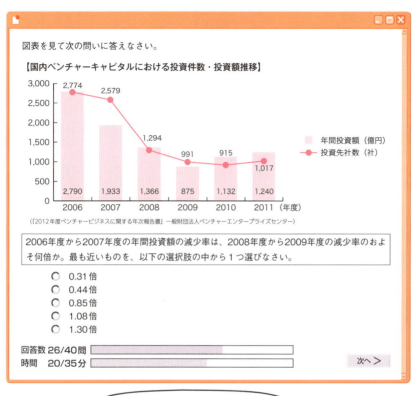

図表を見て次の問いに答えなさい。

【国内ベンチャーキャピタルにおける投資件数・投資額推移】

年間投資額（億円）
投資先社数（社）

投資先社数：2,774 / 2,579 / 1,294 / 991 / 915 / 1,017

年間投資額：2,790 / 1,933 / 1,366 / 875 / 1,132 / 1,240

2006 / 2007 / 2008 / 2009 / 2010 / 2011 （年度）

（「2012年度ベンチャービジネスに関する年次報告書」 一般財団法人ベンチャーエンタープライズセンター）

2006年度から2007年度の年間投資額の減少率は、2008年度から2009年度の減少率のおよそ何倍か。最も近いものを、以下の選択肢の中から1つ選びなさい。

- ○ 0.31 倍
- ○ 0.44 倍
- ○ 0.85 倍
- ○ 1.08 倍
- ○ 1.30 倍

回答数 26/40問
時間 20/35分

次へ ＞

（くわしくは60ページ参照）

「Webテスト」は、パソコンを使って受ける採用テストのこと。初期選考や、インターンシップの参加選考でよく実施される。Webテストで最も多く使われているのが「玉手箱」だ。構成は、言語・計数・英語・性格。「図表の読み取り」は、3種類ある計数の1つだ。

就活中の
女子大学生

Webテストの
カリスマ氏

玉手箱の**言語**画面（論理的読解）

次の文章を読み、設問文1つ1つについてA・B・Cのいずれに当てはまるか答えなさい。

　見知らぬ土地へ旅をすることは、いつも挑戦であり、冒険です。私にとっては、旅行ビジネスへの挑戦もまた、人生を賭けた冒険でした。

　きっかけは学生時代の経験です。私は長期休暇を利用してよく海外に行っていました。卒業までに訪れた国の数は30を下りません。当時、いつも気になっていたのが、日本から海外に向かう際の航空運賃の高さです。「日本発の航空運賃は、ほかの国と比べてなぜこんなに高いのだろう？」と思っていました。

　旅行ビジネスへの挑戦は、この「なぜ？」を解決するところから始まりました。問題を解決することができれば、もっと多くの若者たちが海外に行くことができるようになる。その若者たちに、世界への見聞を広げてほしかったのです。… （略）

A	本文から論理的に考えて、設問文は明らかに正しい。
B	本文から論理的に考えて、設問文は明らかに間違っている。
C	本文だけでは、設問文が正しいか間違っているかは判断できない。

問1 可能な限り多くの国を訪ねることが、自分にとっての人生を賭けた冒険だ。
　　　 ○A　○B　○C

回答数	1/52問	
時間	1/25分	次へ＞

（くわしくは236ページ参照）

※言語の「論理的読解」は「GAB形式の言語」と呼ばれることもあります。

玉手箱では、
言語も複数の種類がある。
種類によっては、
中学や高校までの
国語の長文読解とは
違う問題が出る。
問題の形式に慣れておこう！

はい!!

玉手箱の英語画面（長文読解）

次の文章を読み、続く設問の解答を5つの選択肢の中から1つ選びなさい。

Nancy: Welcome back. How was your trip?

Mr. Williams: Nancy, it was a great trip. By the way, are there any messages for me?

Nancy: Yes, Mr. Suzuki and Mr. Smith called. Mr. Suzuki would like to postpone the conference to Saturday. Mr. Smith will be waiting for you at the cocktailparty tonight at seven.

Mr. Williams: Thank you, Nancy. Can you call Paul and ask him to come to my office soon?

問題1

What is Mr. Williams most likely to be?

○ A fireman

○ A secretary

○ A public employee

○ A business executive

○ A traveler

回答数 1/24問

時間 1/10分

次へ ＞

（くわしくは290ページ参照）

※英語の「長文読解」は「IMAGES形式の英語」と呼ばれることもあります。

英語は2種類。設問や選択肢などが英語で書かれているので、理解に時間がかかることもあるぞ。

2種類…

玉手箱の**性格**画面

1問ごとに4つの質問文があります。
その中で、自分に最も近いと思うものを、YES欄のA～Dから1つ選びなさい。
また、自分から最も遠いと思うものを、NO欄のA～Dから1つ選びなさい。

設問番号		YES	NO	▼…質問項目
1	A	○	○	すぐにリラックスできるほうだ
	B	○	○	グループのまとめ役になることが多い
	C	○	○	友達が多いほうだ
	D	○	○	手先を使う作業が楽しい

設問番号		YES	NO	▼…質問項目
2	A	○	○	物事を論理的に考えるのが楽しい
	B	○	○	パソコンを扱うのが好きだ
	C	○	○	友達が多いほうだ
	D	○	○	細かいところも注意を払う

（くわしくは335ページ参照）

イエーイ!!

玉手箱の性格テストは、
「企業の風土や職務内容に、
応募者の資質が
マッチしているか」を見るテスト。
事前の企業・職種研究が
ものを言うぞ。

C-GAB（玉手箱のテストセンター）の計数画面

図表を見て次の問いに答えなさい。

【日本の地域別輸出構造の推移】

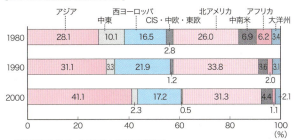

| | アジア | 中東 | 西ヨーロッパ CIS・中欧・東欧 | 北アメリカ | アフリカ 中南米 | 大洋州 |

1980	28.1	10.1	16.5	26.0	6.9 6.2	3.4
			2.8			
1990	31.1	3.3	21.9	33.8	3.6	3.1
			1.2		2.0	
2000	41.1	2.3	17.2	31.3	4.4	2.1
			0.5		1.1	

0 20 40 60 80 100 (%)

備考：四捨五入のため、合計が100とならない場合がある。
（『我が国の貿易に関するQ&A』経済産業省、「日本の地域別輸出構造の推移」より）

2000年の西ヨーロッパへの輸出額は、同年の北アメリカへの輸出額の何％か。最も近いものを、以下の選択肢の中から1つ選びなさい。

- ○ A．45％
- ○ B．50％
- ○ C．55％
- ○ D．60％
- ○ E．65％

次へ（N）→

（くわしくは192ページ参照）

はい!!

玉手箱にも
「テストセンター方式」がある。
2013年に登場し、実施企業
が年々増えているんだ。
計数では電卓が使えないので、
筆算での対策を忘れずに!

v

Webテスト「玉手箱」 Q&A カリスマに聞け！

Webテストって何？

去年、志望企業に内定した人の報告書に、「自宅でWebテストを受検」とありました。Webテストとは何ですか？

「Webテスト」とは、インターネットやパソコンを使って受ける採用テストのことだ。現在では新卒の筆記試験の主流になっている。対策が必須だぞ！

知りませんでした…。その企業では、ネットからエントリーシートを送る条件として、Webテストの受検が必要だと書いてありました。

Webテストは、応募者が多数の企業で、面接に進む人数を絞り込むために実施されることがある。インターンシップでも、Webテストは参加者の絞り込みに使われる。ふるい落とされないためにも、早期から対策することが重要だ！

早い時期に実施されることの多いWebテストは、内定への第一関門。正しく理解して、しっかりとした対策を！

「玉手箱」とは？

Webテスト対策が必要なのはわかりました。もう少し詳しく教えてください。

「Webテスト」と一口で言うが、実際には、いろいろな種類のWebテストがある。その中で、まっ先に名前が挙がるのは、Webテストのシェアでトップを独走している「玉手箱」かな。

玉手箱？

ケムリは出ないぞ!!

「玉手箱」はペーパーテストの「CAB」や「GAB」などで知られる日本エス・エイチ・エル（SHL社）のWebテストだ。業界・業種に関係なく、多くの企業が導入し、毎年使い続けている。Webテスト対策で絶対に外せないテストなんだ。

玉手箱以外のWebテストってどんなの?

Webテストにもいろいろ種類があるんですよね。玉手箱以外にどんなものがありますか?

玉手箱以外の、代表的なWebテストをいくつか紹介しよう。SPIの自宅受検版といったものもあるぞ。

TG-WEB

(くわしくは『これが本当のWebテストだ!②』(講談社)を参照)

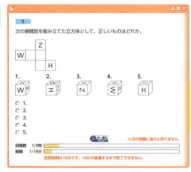

WEBテスティング(SPI)

(くわしくは『これが本当のWebテストだ!③』(講談社)を参照)

Web-CAB

(くわしくは『これが本当のCAB・GABだ!』(講談社)を参照)

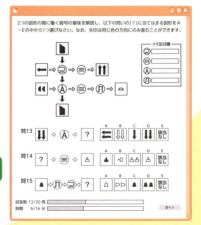

Webテストだけでもこんなにあるんですね。就職活動は時間が限られているし、すべてに対策するのは無理です。

すべてに対策するのは確かに大変だ。だから、ポイントを押さえたWebテスト対策が重要なんだ。

ポイントを押さえたWebテスト対策はこれ!

① 早めに対策を始める!

インターンシップの参加選考では、Webテストが実施されることがある。また本選考でも、Webテストは早い段階で実施されやすい。早めの対策を!

② 志望企業の実施テストから対策を始める!

志望企業が過去に実施したWebテストがわかるときは、そのテストから対策を始めるのが効率的。
本書の「Webテスト実施企業一覧」を有効に使おう!

「Webテスト実施企業一覧」は、過去のデータなんですよね。これが今年も役に立つんですか?

SPIノートの会の調べでは、「企業は同じテストを何年も使い続ける」傾向がある。
本書掲載の情報は、学生の貴重な報告に基づいている。有効活用してくれ!

性格テストの対策は？

玉手箱を使う企業の中には、
性格テストだけを実施するところもある。
性格テスト対策も重要だぞ！

玉手箱の性格テスト対策は、
どのようにしたらいいでしょうか。

玉手箱の性格テストは、
「企業の風土や職務内容に、
応募者の資質がマッチしているか」を
見るテストだ。
だから、玉手箱の
性格テスト対策で大事なのは、
「その企業がその職種に求める
人物像」を予測することなんだよ。

つまり、志望企業の採用基準をつかむ、
ということですね。これって企業研究の一種ですよね。
性格テスト対策の重要性が納得できました！

実は、玉手箱には、
テストセンター方式もあるんだ。
「C-GAB」という名前で、2013年8月から
開始されている。知っているか？

初耳です！テストセンターって、
SPIだけじゃないんですか？

テストセンターは、SPIだけではない。
有力Webテストが次々とテストセンターを開始しているんだ。
玉手箱でもテストセンターを
受ける可能性があることを知っておこう！

「テストセンター方式の玉手箱」C-GABとは？

● 専用の会場に出向いて、パソコンで能力テスト（計数、言語、英語）を受検する

● 予約は受検者が行う。予約時に性格テストを受ける

● 出題内容は玉手箱と同じ

● 玉手箱は電卓が使えるが、C-GABでは使えない。筆算が必要

※C-GABは、2021年から一部の企業で、会場受検か自宅受検かを選べるようになりました。自宅受検では、オンライン監視のもとテストを受けます。

C-GABの出題内容は玉手箱と同じ。玉手箱の対策が、
そのままC-GABの対策にもなるぞ！

インターンシップと本選考、よく使われるテストは？

現在は、夏のインターンシップへの応募が、実質的な就職活動の開始だ。
募集が始まるのは、5～6月頃。
採用テストは、インターンシップの参加選考でも実施されることがある。早いうちから対策を始めよう。

インターンシップと本選考で、企業が実施するテストの種類に違いはありますか？

インターンシップでは、圧倒的にWebテストが多い。
参考までに、夏のインターンシップと本選考でよく実施されるテストの種類別ベスト3を教えよう。

夏のインターンシップのベスト3
1位▷玉手箱
2位▷WEBテスティング（SPI）
3位▷TG-WEB

本選考のベスト3
1位▷SPIのテストセンター
2位▷玉手箱
3位▷WEBテスティング（SPI）

※SPIノートの会調べ

インターンシップで実施されるテストは、本選考にも影響することがある。たとえば、こんな企業も。
・インターンシップと本選考で同じテストを実施
・インターンシップのテスト結果を　本選考で使い回す
インターンシップのためのテスト対策は、本選考にも役立つ。しっかりと対策をしよう！

採用テストには「解禁日」がある！

本選考は、「広報活動」「選考活動」の2段階で解禁される。それぞれで、解禁されるテストの種類が異なるんだ。

「広報活動」「選考活動」の解禁日とは？

● **広報活動**（学生にとって場所や時間の拘束が少ない活動）

解禁時期	卒業・修了年度に入る直前の**3月1日**以降
解禁内容	**Webテスト、テストセンター**など

● **選考活動**（学生にとって場所や時間の拘束を伴う活動）

解禁時期	卒業・修了年度の**6月1日**以降
解禁内容	**ペーパーテスト**など

※日本経団連の「採用選考に関する指針」（2018年3月）および『「採用選考に関する指針」の手引き』（2017年4月）を参考に作成
※2021年度からは、政府主導でルールを作成

Webテストやテストセンターの方が、ペーパーテストよりも解禁が早い……。まずは、Webテスト、テストセンターの対策から始めるべきですね！

その通り。本選考に向けたテスト対策は、「Webテスト、テストセンターが先、ペーパーテストが後」が効率的だ。
ただし、解禁日とは無関係に、独自日程で選考を進める企業もある。志望企業が、いつ、どのテストを実施するかを見極めて対策を進めよう。

わかりました、がんばります！

自宅受検型WebテストでシェアNo.1
「玉手箱」の専用対策本！

シェアNo.1のWebテスト「玉手箱」！

新卒採用で実施される「筆記試験」。かつてはペーパーテストが中心でしたが、現在ではインターネット経由で配信される「Webテスト」が中心です。

「玉手箱」は、自宅で受けるWebテストとしてトップシェアを誇るテストです。大手・人気企業のインターンシップや本選考でよく実施されていて、2013年にはテストセンター方式も登場しています。玉手箱は、対策必須のWebテストです！

複数の問題形式を効率よく対策することが大事！

玉手箱は、言語（国語に相当）、計数（数学に相当）、英語それぞれに数種類の問題形式があり、企業ごとに異なる組み合わせで実施されます。問題形式が違うと、出題内容は大きく違います。

限られた時間で効果を上げるためには、自分が受ける可能性の高い問題形式から先に対策するなど、優先順位を決めて複数の問題形式を効率よく対策することが大事です！

最新傾向の問題多数！充実した対策で、結果を出そう！

本書は、最新傾向の頻出問題を多数掲載。問題形式ごとの「分野別解説」と「模擬テスト」で、充実した対策が可能です。本書の問題に繰り返し取り組み、本番で結果を出しましょう！

本書の特徴

「玉手箱」「C-GAB」の専用対策本

自宅で受けるWebテストとしてトップシェアを誇る玉手箱を完全解説。言語、計数、英語、性格の全科目に対応。各科目では、複数の問題形式を掲載しています。
また、「テストセンター方式の玉手箱」C-GAB にも対応しています。本書一冊で、玉手箱とC-GABの全科目の対策ができます！

多く実施される問題形式から順に掲載！

言語、計数、英語の各科目で、多く実施される問題形式から順に掲載しています。対策する問題形式を絞り込めないときは、本書の目次順に学習を進めていけば、効率のよい対策ができます。

「分野別解説」「模擬テスト」の両方を掲載！

問題形式ごとに、「分野別解説」と「模擬テスト」の両方を掲載。模擬テストには制限時間も記載しています。実際に時間を計って、本番に近い感覚で取り組むことができます。

「テストセンター方式の玉手箱」C-GABに完全対応！

本書は、C-GABの能力テスト（言語、計数、英語）と性格テストのすべてが対策できます。C-GABの特徴は、電卓が使えないこと。本書は、C-GABの計数問題を再現し、概算などを使った効率の良い計算方法を解説します。
※C-GABは2021年に自宅受検の仕組みを追加、「C-GAB plus」に変わりました（16ページ参照）。

Webテスト実施企業一覧を掲載！

過去5年間に、どの企業が、どのWebテストをインターンシップと本選考で実施したかを一覧にしました（約230社分）。C-GABの実施情報も掲載しています。

企業は同じテストを使い続ける傾向があります。この一覧で、効果的かつ具体的なWebテスト対策を取ることができます！

※新型コロナウイルス感染症の影響のため、例年テストセンターやペーパーテストを実施している企業で、自宅受検型Webテストに変更する動きが見られます（358ページ参照）。

あなたの志望企業が使うWebテストを事前に知る「裏技」を伝授！

Webテスト対策が不充分なうちに、志望企業から受検案内が届いてしまうかもしれません。そのようなときのために、**本書では受検前にWebテストの種類を特定する「裏技」を紹介します。また、テストセンターの種類特定法も掲載。**有効に活用して、本番で実力を発揮してください！

本 書 の 使 い 方

1 玉手箱とC-GABの全体像を理解する

「『玉手箱』『C-GAB』完全突破法！」
(P.1)

2 各科目の概要と攻略法を確認

問題形式ごとに行おう！

3 まずは分野別解説で問題に取り組む

理想は、すべての科目、問題形式が
まんべんなくできること。苦手な分
野は重点的に対策しよう

4 模擬テストに取り組む

本番を意識して、実際に時間を計っ
て取り組もう

5 すべての科目、問題形式に繰り返し取り組む

玉手箱は、短い時間で効率よく問題
を解いていく必要がある。そのため
には「慣れ」が欠かせない。繰り返
し取り組もう

6 性格テスト対策も忘れずに!

どの質問にどう答えるか、質問例を
見て考えておこう

本 書 の 見 方

解説
見開きごとに、正解と解法を掲載。解いたらすぐに正解を確認できます。

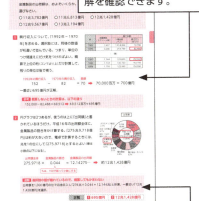

分野別の問題
同じタイプの問題をまとめて掲載。集中して対策できます。

速解
より短時間で正解にたどりつくための解法を豊富に紹介。実力アップに役立ちます。

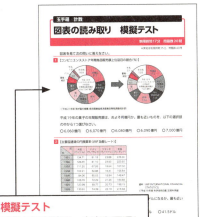

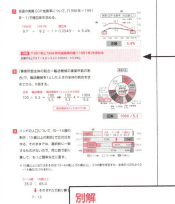

模擬テスト
実際の出題範囲、内容を再現した模擬テスト。時間を計って取り組みましょう。

別解
本解とは別の解き方を紹介。自分に合う方法を見つけましょう。

目次

第1部

「玉手箱」「C-GAB」完全突破法！ ……………… 1

第2部

「Webテスト」種類特定の「裏技」大公開！ …… 19

第4部

言語 …………………………………………………… 223

第1部

「玉手箱」「C-GAB」
完全突破法!

早めの対策が必須！「Webテスト」とは？

● ネット経由のテストをパソコンで受ける

Webテストは「インターネットを経由して配信されるテストを、パソコンで受ける」採用テスト全般を指します。自宅で受けるものと、専用の会場（テストセンター）に出向いて受けるものがあります。

● 自分が受けるWebテストの対策をすることが肝心

Webテストにはさまざまな種類があります。**言語（国語に相当）、計数（数学に相当）、英語などの能力テストと、性格テスト**で構成されるものが一般的ですが、種類が違うと、出題内容も異なります。**自分が受ける企業で実施される可能性の高いWebテストの対策をすることが肝心です。**

● ネットエントリーの段階で受けることが多い

新卒の就職活動では、インターンシップ、本選考ともに、「リクナビ」などの就職情報サイトから応募する方法（ネットエントリー）が一般的です。**Webテストは、ネットエントリーの段階で多く実施されます。**

● インターンシップの参加選考で実施される

就職活動は、夏のインターンシップへの応募で実質的に開始します。有力・人気企業の中には、参加者を絞り込む目的でWebテストを実施するところもあります。

インターンシップで実施されるテストは、本選考にも影響することがあります。企業によっては、本選考とインターンシップで同じテストを実施したり、インターンシップでテストを受検した学生に本選考での受検を免除するところもあります。**夏のインターンシップは、5〜6月頃には募集が始まります。対策は早めに始めましょう。**

※2025年度から、一定の条件を満たしたインターンシップに限り、企業が参加学生の情報を本選考で使用できるようになります（本選考の解禁日以降に使用可能）。インターンシップの重要性は増します。

◖◗ 本選考の「解禁日」はWebテストがペーパーテストより早い

　本選考は「広報活動」「選考活動」の2段階で解禁されます。Webテストは3月1日の「広報活動」解禁日に解禁されます。**本選考に向けたテスト対策でも、Webテストは早めの対策が必要です。**

活動名	説明	解禁時期	解禁される内容
広報活動	採用活動のうち、学生にとって場所や時間の拘束が少ない活動。	卒業・修了年度に入る直前の3月1日以降 ※4年制大学の場合、3年生の3月1日	・企業サイトや就職情報サイトでのプレエントリー ・会社説明会 ・エントリーシート **・Webテスト** **・テストセンター**
選考活動	採用活動のうち、学生にとって場所や時間の拘束を伴う活動。	卒業・修了年度の6月1日以降 ※4年制大学の場合、4年生の6月1日	**・ペーパーテスト** ・面接

※日本経団連の「採用選考に関する指針」（2018年3月）および「『採用選考に関する指針』の手引き」（2017年4月）を参考に作成
※2021年度からは、政府主導でルールを作成

大手・人気企業でよく使われる代表的なWebテスト

テスト名	会社	説明	どこで受けるか	対策書
SPI	リクルートマネジメントソリューションズ	総合職適性テスト。能力テスト（言語、非言語）と性格テストで構成	自宅受検（WEBテスティング）	『これが本当のWebテストだ！③』
			テストセンター	『これが本当のSPI3テストセンターだ！』
玉手箱	日本エス・エイチ・エル（SHL社）	総合職適性テスト。能力テスト（言語、計数、英語）と性格テストで構成	自宅受検	『これが本当のWebテストだ！①』
C-GAB		玉手箱を会場に出向いて受けるテスト	テストセンター	
Web-CAB		コンピュータ職適性テスト。能力テスト（法則性、命令表、暗号、四則逆算）と性格テストで構成	自宅受検	『これが本当のCAB・GABだ！』
TG-WEB	ヒューマネージ	「成果を生み出す人材」を見極めるテスト。能力テスト（言語、計数）と性格テストで構成	自宅受検	『これが本当のWebテストだ！②』
			テストセンター	
CUBIC	CUBIC	総合的な適性テスト。能力テスト（言語、数理、論理、図形、英語）と性格テストで構成	自宅受検	『これが本当のWebテストだ！③』
TAP	日本文化科学社	総合適性テスト。能力テスト（言語、数理、論理）と性格テストで構成	自宅受検	
SCOA	NOMA総研	総合的な適性テスト。能力テスト（言語、数理、論理、英語、常識）と性格テストで構成	テストセンター	『これが本当のSCOAだ！』

※「対策書」の書籍はいずれも講談社より刊行

Webテストには自宅受検型と会場受検型がある

●● 自宅で受けるか、会場に出向いて受けるか

　Webテストには、「自宅受検型」と「会場受検型」があります。

　自宅受検型は、自宅のパソコンなどで受けるWebテストです。 SPIの「WEBテスティング」や玉手箱、TG-WEBなどがこれに当たります。**会場受検型は専用の会場に出向き、パソコンで受けます。** SPIの「テストセンター」が有名です。

●● 会場受検型のWebテストが増えている

　もともと、Webテストといえば玉手箱などの自宅受検型を指しました。その後、リクルートマネジメントソリューションズ社が専用の会場（テストセンター）に出向いてSPIを受ける方式を開始、他の有力Webテストもこれに続きました。

　代表的なテストセンターは以下の通りです。

● **SPIのテストセンター**
● **C-GAB**（玉手箱のテストセンター。2013年8月に登場）
● **ヒューマネージ社のテストセンター**（TG-WEBのテストセンター。2013年7月に登場）
● **SCOAのテストセンター**（2015年1月から本格稼動）

●● タイプによって「いつ受けるか」が違う

　エントリーの次の段階としてWebテストが行われる場合、会場受検型は、エントリー完了後に企業から受検指示を受けることが一般的です。受検予約の手続きなどを含めると、実際に受検するのはエントリーから数日後です。

　自宅受検型の多くはこうした予約手続きが不要で、すぐに受検できることから、エントリー後すぐに実施されるケースが多くあります。

　エントリー後すぐに受ける可能性があるのが自宅受検型、実際に受けるまでに数日の猶予があるのが会場受検型といえます。

　Webテストの対策を考えるときは、こうした違いを知っておくことが大事です。

■● 出題内容は違うものもあれば同じものもある

　自宅受検型と会場受検型で出題内容に違いがあるかどうかは、テストの種類によって異なります。例えば、SPIの自宅受検型であるWEBテスティングと、テストセンターとでは、出題内容はかなり違います。一方、自宅受検型である玉手箱と会場受検型のC-GABで出題される内容は、ほぼ同じです。

■● テストセンターは「結果の使い回し」ができるものがある

　Webテストは、同じテストでも企業が違えばそのつど新しく受けなければならないものがほとんどですが、**テストセンターは、一度受検した結果を別の企業で使い回せるものがあります。**使い回せる科目や期間はテストセンターの種類により違います。

　受検結果の使い回しができるのは、同じ種類のテストセンターだけです。例えば、SPIのテストセンターの結果を、C-GABなど別のテストセンターで使い回すことはできません。

※現在、代表的なテストセンターのうち使い回しができるのは、SPIのテストセンター、C-GAB、ヒューマネージ社のテストセンターです。

■● オンライン監視の仕組みを導入するWebテストが増えている

　2021年以降、各テスト会社のWebテスト、テストセンターで、オンライン監視による自宅受検の仕組みが登場しています。

　2022年10月現在、以下のテストで、オンライン監視の仕組みが導入されています。

● **SPIのテストセンター**（予約時に自宅受検を選択可能。自宅で受検するときは、パソコンのWebカメラなどを通じ、監督者が受検を監視する。どの企業でも自宅受検を選べる）

● **SPIのWEBテスティング**（パソコンのWebカメラなどを通じ、監督者が受検を監視する。監視の有無は企業により異なる）

● **C-GAB**（予約時に自宅受検を選択可能。自宅で受検するときは、パソコンのWebカメラなどを通じ、監督者が受検を監視する。自宅受検を選べるようにするかどうかは企業により異なる）

● **TG-WEB**（「TG-WEB eye」というテストで、AIが受検を監視する）

● **SCOAのテストセンター**（「SCOA cross」というテストで、予約時に自宅受検を選択可能。自宅で受検するときは、パソコンのWebカメラなどを通じ、監督者が受検を監視する）

※オンライン監視による受検では、事前に指定された機器や室内環境の準備が必要です。また、テストによっては受検日の予約が必要です。余裕を持ったスケジュールで準備しましょう。

Webテスト対策 まずはこれだけ押さえておこう

◗ インターンシップに備えて対策を始める

まずは、**夏のインターンシップでWebテストが実施される場合に備えて、早期から対策を始めましょう。インターンシップに備えた対策に区切りがついたら、本選考に備えて対策を始めます。**

Webテストが最も多く実施されるのは、「広報活動」の解禁日（3年生の3月1日）からです。企業によっては、それ以前に本選考のWebテストを実施することもあります。志望企業の選考日程などを調べ、テスト対策をしましょう。

◗ 志望企業が使っているWebテストから対策する

Webテストの種類は多く、出題内容も異なります。**自分が受ける企業が実施するWebテストがわかっているときは、その対策から始めるのが効率的です。**

※志望企業が過去に実施したWebテストを調べるには、第7部の「Webテスト実施企業一覧」が参考になります。企業は、同じテストを何年も使い続ける傾向があります。

◗ 同じテストは複数の方式をまとめて対策する

複数の方式があるWebテストでは、**自分が受ける方式が判明していれば、その方式の対策をする**のがベストです。**方式を絞れないときは、テストごとにまとめて対策をする**のが効率的です。例えばSPIの「テストセンター」と「WEBテスティング」をまとめて対策する、などです。

◗ 独自の形式や問題に慣れておく

パソコンで受けるWebテストは、**問題の体裁や内容がペーパーテストなどとは違います。**準備なしに受けると操作に手間取ることも考えられます。

エントリー開始後は、第1志望の企業がWebテストを実施する前に、何度かWebテストを受検して、慣れておくと効果的です。

■● 計数対策では「電卓」「筆算」を使い分ける

能力テスト対策で大事なのが、計数科目での計算方法です。

自宅受検型Webテストでは、多くの場合、電卓が使えます。制限時間が短いので、電卓をどれだけ使いこなせるかが結果に影響します。対策時に、電卓も練習しておきましょう。

一方、**会場受検型Webテスト（テストセンター）では、多くの場合、電卓は使えません。**会場では筆記用具とメモ用紙などが貸し出され、必要に応じてこれらを使って筆算します。本番に備え、対策時は筆算で取り組みましょう。

※会場受検型Webテストには、オンライン監視のもと自宅で受検できるものがあります。多くの場合、会場でも自宅でも筆算が前提です。

■● 対策が間に合わない…そんなときは「裏技」の出番！

Webテストは早めに対策を済ませるのがベストですが、実際には対策が後手に回ることもあるでしょう。

対策が不充分なうちに、Webテストを受検しなければならなくなったときのために、本書は、受検前にWebテストの種類を特定する方法を紹介します（20ページ）。種類が特定できたら、あとはそのテストに集中した対策を行えばいいのです。

出題内容を覚えておき、次回の受検に備えるのも大事な対策

Webテストは、一度受ければそれで終わりではありません。別の企業でまた同じテストを受けるときのために、出題内容はできるだけ覚えておくようにしましょう。受検後には問題を思い出し、解けなかった問題があれば、解けるようにしておくことが大事です。本書第7部の「有力自宅受検型Webテスト『能力テスト』画面を完全再現！」（344ページ）では、有力自宅受検型Webテストの問題画面を再現しています。テストの内容を思い出し、次回に備えるために役立ててください。

Webテスト トラブル回避のテクニック

■◗ 余裕を持って早めに行動しよう

① 自宅受検型では、締め切り間際の受検は避ける

自宅受検型Webテストの場合、受検期間の締め切り直前は、アクセスが集中します。このようなときは回線トラブルが発生しやすいので注意しましょう。締め切り間際の受検は避け、日にちに余裕を持って受検することが大事です。

② テストセンターの予約は早めに入れる

会場受検型Webテスト（テストセンター）は、時期や会場によって受検予約が立て込みます。予約をするのが遅くなると、希望の会場や日時が予約で埋まってしまっていることも考えられます。企業から受検指示を受けたら、なるべく早めに予約を入れるようにしましょう。

■◗ 準備を万全にして受検しよう

① 事前にパソコンの動作環境を確認する

Webテストの多くは、「動作環境」を事前に告知しています。必ず事前に確認しておきましょう。告知とは違う動作環境で受検しようとすると、最悪の場合は受検そのものがまったくできないことがあります。

※玉手箱の動作環境は11ページを参照してください。

② トラブル発生時の対応法を調べておく

Webテストの多くは、受検前の画面などに「トラブル発生時の連絡先」を記載しています。**受検中に「画面が正常に切り替わらない」「結果が送信されない」などのトラブルが発生したら、すみやかに連絡を取りましょう**。やむを得ない事情であることがわかれば、原則として再度受検できます（締め切り間際では再受検できないこともあります）。

③ **自宅受検型では、電卓や計算用紙を用意する**

自宅受検型Webテストでは、多くの場合、電卓が使えます。**使いやすい電卓を用意しておきましょう。**筆記用具や計算用紙の準備も大事です。

■● 受検開始後は、操作や画面の表示に気をつけよう

① **後戻りできるものとできないものがある**

Webテストには、「次へ」ボタンなどをクリックして次の問題に進むと、後戻りできないものがあります。

このタイプのWebテストでは、苦手な問題は飛ばして得意な問題から解き、時間が余ったら未回答の問題に戻るといったことはできません。注意しましょう。

② **制限時間の表示を確認しよう**

Webテストは、制限時間を過ぎると自動的にテストが終了してしまうものがほとんどです。Webテストの多くは、画面にテスト全体の制限時間や、問題ごとの制限時間を知らせる表示（タイマー）があります。**受検中は常に表示を確認し、残り時間を意識しながら問題に取り組みましょう。**

本書は、2022年10月までに入手した情報をもとに作成・編集しています。Webテストでは、運用・実施において、さまざまな改変がなされることがありえます。その場合は、変更点がわかりしだい、「SPIノートの会」のサイトで、新しい情報をお知らせします。

SPIノートの会サイト　https://www.spinote.jp/

玉手箱とは？

■● シェアNo.1の自宅受検型Webテスト

　玉手箱は、SHL社製のWebテストです。自宅受検型Webテストで最も使われています。能力テスト（言語、計数、英語）と性格テストで構成されています。

■● 各科目に複数の問題形式がある

　玉手箱の能力テストは、言語、計数、英語でそれぞれ複数の種類の問題形式があります。**これらの問題形式から、企業ごとに異なる組み合わせで実施されます。**

玉手箱の構成と出題内容

科目名と問題形式		問題数	制限時間	出題内容	詳しい対策
能力 計数	図表の読み取り	29問	15分	図表の数値を読み取って設問に答える	P.36
		40問	35分		
	四則逆算	50問	9分	方程式の□に入る数値を計算する	P.110
	表の空欄の推測	20問	20分	表の空欄1ヵ所に当てはまる数値を推測する	P.150
		35問	35分		
言語	論理的読解（GAB形式の言語）	32問	15分	長文を読み、設問文の論理的な正誤を判断する	P.224
		52問	25分		
	趣旨判定（IMAGES形式の言語）	32問	10分	長文を読み、設問文の趣旨を判断する	P.254
英語	長文読解（IMAGES形式の英語）	24問	10分	英語の長文を読み、英語の設問文に答える	P.282
	論理的読解（GAB形式の英語）	24問	10分	言語の「論理的読解」の英語版	P.306
性格 性格	本格版	68問	約20分	性格傾向から、企業の風土や職種とのマッチングを見る	P.335
	簡易版	30問	なし		
意欲	本格版	36問	約15分	意欲面から、企業の風土や職種とのマッチングを見る	P.339
	簡易版	質問文が24×2組　質問文が36	なし		

※言語には、これ以外に「趣旨把握」がありますが、近年では出題が確認されていません（276ページに参考問題を掲載）。
※企業により、問題数や時間が異なることがあります。

■● 玉手箱の画面

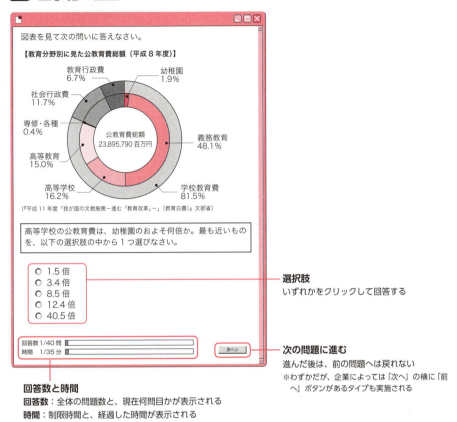

図表を見て次の問いに答えなさい。

【教育分野別に見た公教育費総額（平成8年度）】

教育行政費
6.7%

幼稚園
1.9%

社会行政費
11.7%

専修・各種
0.4%

公教育費総額
23,895,790百万円

義務教育
48.1%

高等教育
15.0%

高等学校
16.2%

学校教育費
81.5%

（『平成11年度「我が国の文教施策－進む「教育改革」－」（教育白書）』文部省）

高等学校の公教育費は、幼稚園のおよそ何倍か。最も近いもの
を、以下の選択肢の中から1つ選びなさい。

- ○ 1.5倍
- ○ 3.4倍
- ○ 8.5倍
- ○ 12.4倍
- ○ 40.5倍

選択肢
いずれかをクリックして回答する

回答数 1/40問
時間　1/35分

次へ＞

次の問題に進む
進んだ後は、前の問題へは戻れない
※わずかだが、企業によっては「次へ」の横に「前
へ」ボタンがあるタイプも実施される

回答数と時間
回答数：全体の問題数と、現在何問目かが表示される
時間：制限時間と、経過した時間が表示される

■● 玉手箱の動作環境

OS	Microsoft Windows 8.1／10／11を推奨
ブラウザ	Microsoft Internet Explorer 11／Microsoft Edge／Google Chromeを推奨
ブラウザの設定	JavaScript／Cookieを使用可能な設定 ※ブラウザの画面拡大レベルは100%に設定
解像度（画面の領域）	1000×600以上の環境
画面サイズ	13インチ以上の環境を推奨
その他	受検中にPCがスリープにならないよう設定

※動作環境は、受検年度や企業によって変わることがあります。動作環境は、実際の受検時に必ずご確認ください。

玉手箱の特徴

●○ 同じ問題形式では1種類の問題しか出ない

同じ問題形式では、1種類の問題だけが出続けます。 これが玉手箱の最大の特徴です。例えば、計数の「図表の読み取り」では、図表から数値を読み取って計算する問題だけが出題されます。また、言語の「論理的読解」は、長文を読んで、設問文の論理的な正誤を答える問題だけが出題されます。

●○ 1問あたりにかけられる時間が短い

玉手箱の能力テストでは、**1問あたりにかけられる時間が短いのも大きな特徴です。** 例えば、計数の「四則逆算」では、制限時間9分で50問が出ます。1問あたりにかけられる時間は10秒程度しかありません。

●○ 科目や問題形式の組み合わせが柔軟

企業によって、科目の組み合わせや、どの問題形式を出題するかが異なります。 同じ玉手箱でも問題形式が違うと出題内容は大きく違います。

また、玉手箱の能力テストは、同じSHL社の **「Web-CAB」の一部の科目と組み合わせて実施されることもあります。**

※Web-CABの構成は3ページを参照。能力テストの「法則性」「暗号」などが、玉手箱と組み合わされて実施されることがあります。

●○ 電卓が使える

玉手箱では、電卓が使えます。**計数科目では電卓は必須です。**

●○ 受検者ごとに問題が違う

玉手箱は、問題ストックから受検者ごとに違う問題が出題されます。問題ストックには多くの問題があり、同じテストを繰り返し受けても、同じ問題に出合うとは限りません。

どの問題形式を対策すればいい？

■○ よく使われる組み合わせから対策を始める

　玉手箱の能力テストには、よく使われる問題形式の組み合わせがあります。実施数の多い順に3つの組み合わせを紹介します。対策順を考える際の参考にしてください。

① 言語「論理的読解」と計数「図表の読み取り」

　最も多くの企業で実施されている組み合わせです。この組み合わせは「Web-GAB」と呼ばれることもあります。これに英語の「長文読解」や「論理的読解」などを追加した組み合わせもよく使われています。

② 言語「趣旨判定」と計数「四則逆算」と英語「論理的読解」

　英語を除いた、言語と計数だけの組み合わせもよく使われています。

③ 言語「論理的読解」と計数「表の空欄の推測」

　この組み合わせは「Web-RAB」と呼ばれることもあります。

■○ 志望企業が過去に実施した問題形式の対策をする

　自分の志望企業が、過去に玉手箱のどの問題形式を実施したのかがわかるときは、その問題形式の対策から始めるのが効率的です。 過去に志望企業を受検した先輩の報告など、テストに関する情報を可能な限り探してみましょう。

■○ なるべく多くの問題形式の対策をしよう

　玉手箱の能力テスト対策で肝心なのは、なるべく多くの問題形式を広く対策することです。

　玉手箱は多くの企業で使われています。一部の問題形式の対策しかしていないと、違う企業で別の組み合わせを受けたときに対応できない可能性があります。また、玉手箱を実施する企業の中には、問題形式を前年度から変えるところもあります。

玉手箱の攻略法

● 問題形式に慣れておこう

1つの問題形式では1種類の問題が出続けるので、問題形式に慣れておくことが大事です。1種類といっても、出題される内容はさまざまです。例えば計数の図表の読み取りでは、図表を使った数値計算だけをしますが、出題内容は何倍、何％、増減率など数値を比べるもの、平均を求めるもの、文字式で表すものなどさまざまです。言語の論理的読解は、全問共通の選択肢で設問文の正誤だけを判定しますが、使われる長文の種類はさまざまで、読解のしやすさも長文ごとに異なります。

どの問題形式も、短い時間で効率よく問題を解くことが必要です。そのためにも「慣れ」が欠かせません。まずは出題内容を知り、解いてみることから始めましょう。

● 時間配分を考えながら取り組もう

1問あたりに使える時間が短いので、どの問題形式も時間配分が大事です。

計数の問題形式は、どれも先に進むほど問題の難易度が上がります。難易度の高い問題になるべく多くの時間を使えるように、はじめのほうの比較的易しい問題はできるだけ早く解くことを心がけましょう。

言語や英語で時間がかかるのは、長文の内容の把握です。設問文を先に読んで、あたりをつけてから長文を読む、タイトルがある場合はそのタイトルをヒントに、内容を推測しながら読むなどの工夫をしましょう。少しでも時間を短縮して、その分を問題を解くことに回します。

● 各問題形式の概要と「攻略法」には目を通しておこう

対策の前には、本書の各問題形式の概要（「○○とは？」）と、「攻略法」に目を通しましょう。特に「攻略法」は、その問題形式に特化した解き方の工夫が紹介されています。両方を読んでから、「分野別解説」「模擬テスト」に取り組んでください。

■■● テスト開始後も工夫をしよう

1. 筆記具とメモ用紙を用意し、活用する

画面上の問題から、ポイントとなるキーワードや数値をメモ用紙に書き出して整理すると、解きやすくなります。

2. わからない問題でも、未回答にはしない

玉手箱では「誤謬率」（回答のうち、どれだけ間違ったかという割合）は測定されません。問題には必ず回答しておきましょう。

3. 回答数と制限時間を意識しながら解く

画面には、全体の問題数と現在何問目かが表示されます。また、制限時間と、経過した時間が表示されます。これらの表示を参考に、上手に時間配分して問題を解きましょう。

4. わからない問題に時間を使いすぎない

わからない問題に時間を使いすぎることは避け、あたりをつけて答えを選び、先に進みましょう。

「テストセンター方式の玉手箱」C-GABとは？

🔲● 玉手箱をテストセンターに出向いて受けるテスト

　C-GABは、玉手箱を専用の会場（テストセンター）に出向いて受けるテストです。性格テストと能力テスト（言語、計数、英語）で構成されています。能力テストの出題内容は玉手箱とほぼ同じです。

C-GABの構成と出題内容

科目名		問題数	制限時間	出題内容	詳しい対策
性格		68問	約20分	玉手箱の「性格」の本格版と同じ	P.335
能力	計数	29問	15分	玉手箱の「図表の読み取り」と同じだが、電卓が使えない。筆算で素早く解くことが必要	P.188
	言語	32問	15分	玉手箱の「論理的読解（GAB形式の言語）」と同じ	P.224
	英語	24問	10分	玉手箱の「長文読解（IMAGES形式の英語）」と同じ	P.282

※能力テストは、これ以外に例題（約5分間）があります。

🔲● 性格テストは予約時に受検、能力テストは会場か自宅で受検

　C-GABは、受検者が予約サイトにアクセスして受検予約をします。このときに性格テストを受検します。**能力テストは、テストセンターまたは自宅で受けます。**以前は必ずテストセンターに出向いて受検しましたが、**2021年から、一部の企業では、自宅で受けることができるようになりました。**C-GABの自宅受検に対応した企業では、予約時に、能力テストをテストセンターで受けるか、自宅で受けるかを選べます。自宅で受けるときは、オンラインによる監視のもと、能力テストを自宅のパソコンで受けます。監督者は遠隔地から、パソコンのWebカメラなどを通じて監視します。

※C-GABは、自宅受検の仕組みを追加して「C-GAB plus」という名前に変わりました。能力テストと性格テストの出題内容は、これまでのC-GABと同じです。本書では従来通り「C-GAB」と表記します。

※応募前に自宅受検の有無を調べるときは、就職情報サイトの選考過程が参考になることがあります。自宅受検に対応した企業は、「C-GABをテストセンターまたは自宅PCで受検」「C-GAB（Web受検が可能）」などと表記することがあるようです。また、「C-GAB plus」と表記することもあるようです。ただし、「plus」と表記した企業が必ず自宅受検に対応しているとは限りません。注意してください。

■○ C-GABの受検画面

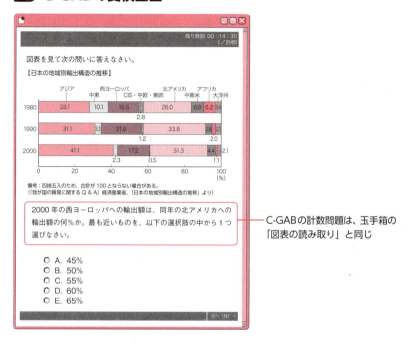

2000年の西ヨーロッパへの輸出額は、同年の北アメリカへの輸出額の何％か。最も近いものを、以下の選択肢の中から1つ選びなさい。

C-GABの計数問題は、玉手箱の「図表の読み取り」と同じ

■○ C-GABの特徴

1. 科目や問題形式は共通

玉手箱は、企業ごとに異なる問題形式の組み合わせで出題されますが、C-GABはどの企業でも同じ科目構成、問題形式です。これは、自宅受検でも変わりません。

2. テストセンター、自宅のどちらも電卓は使えない

C-GABでは電卓は使えません。テストセンターでは筆記用具とメモ用紙などが貸し出され、必要に応じてこれらを使って筆算します。

自宅で受けるときは、電卓だけでなく、筆記用具やメモ用紙も使えません。筆算は、パソコンで専用の「ホワイトボード機能」を使って行います。

3. 受検結果を他の企業に使い回せる

C-GABは、一度受検してしまえば、次に他の企業から受検を求められたときに、前回の受検結果を使い回すことができます。

◖● C-GABの攻略法

C-GABの言語、英語、性格の対策は、玉手箱と同じです。計数は、電卓が使えないので、独自の対策が必要です。制限時間は玉手箱と同じですから、筆算でどれだけ要領よく答えが出せるかが問われます。本書では、C-GABの計数問題を筆算で素早く解くための方法を解説しています。ぜひ参考にしてください。

玉手箱、C-GAB、ペーパーテストの対応

玉手箱（およびC-GAB）は、SHL社のペーパーテスト「GAB」「IMAGES」などから作られています。各テストの対応を以下に示します。

科目名		言語		計数				英語		性格	
問題形式		論理的読解（GAB形式の言語）	趣旨判定（IMAGES形式の言語）	図表の読み取り	四則逆算	表の空欄の推測	暗算	長文読解（IMAGES形式の英語）	論理的読解（GAB形式の英語）	性格	意欲
Webテスト	玉手箱	○	○	○	○	○		○	○	○	○
	C-GAB	○		○				○		○	
ペーパーテスト	GAB	○		○						○	
	IMAGES		○				○	○		○	

※「GAB」「IMAGES」など、SHL社のペーパーテストについて詳しくは、『これが本当のCAB・GABだ！』（講談社）をお読みください。

玉手箱、C-GAB、ペーパーテストの比較

テストに関すること	玉手箱	C-GAB（テストセンター）	ペーパーテスト
科目・問題形式	企業ごとに違う	どの企業でも同じ	テストの種類により違う
どこで受けるか	自宅で受ける	性格テストは自宅、能力テストは会場で受ける	会場で受ける
電卓の使用	使用可能	使用不可	使用不可
問題の組み合わせ	受検者ごとに違う	受検者ごとに違う	同じ版（※）では固定
難易度	ペーパーよりも難しい	玉手箱と同じ	玉手箱よりも比較的易しい

※並行版。問題の形式は一緒で、数値などの内容を変えた問題冊子のこと。

第2部

「Webテスト」
種類特定の
「裏技」大公開！

● ●

Webテスト
種類特定の「裏技」大公開！

● Webテストの受検指示が届いてからでも対策は可能！

　早い時期から本書で対策を始めておけば、充分な対策ができることでしょう。しかし、対策が後手に回ってしまったり、思ったよりも早い時期にWebテストの受検指示が届いてしまうことがあるかもしれません。そのようなときのために、**受検前にWebテストの種類を特定する方法を紹介します**。特定したらそのWebテストの対策をして、受検期間内に改めて受け直せばいいのです。

● 受検指示から「自宅受検型」「テストセンター」を見分ける

　Webテストの種類を判別するときは、最初に「自宅受検型か」「会場受検型（テストセンター）か」を見分けます。

　まずは企業からの受検指示をよく読んでください。最も簡単な見分け方は、**「テストセンター」「受検予約」に関する記載があるかどうか**です。これらがあればテストセンターです。これらの情報がなければ、自宅受検型Webテストの可能性が高いと考えてよいでしょう。

※会場受検型（テストセンター）には、会場で受けるか、オンライン監視のもと自宅で受けるかを選べるものがあります。その場合、企業の受検指示には「テストセンターまたは自宅PCで受検」などと記載されている可能性があります。
※2022年10月現在、自宅受検を選べるテストセンターは、「SPIのテストセンター」「C-GAB（一部の企業で自宅受検を選択可能）」「SCOA cross」です。

● 見分けたらテストの種類を判別する

● 　**自宅受検型の判別は→「自宅受検型Webテスト 種類特定法」（22ページ）**

● 　**テストセンターの判別は→「テストセンター 種類特定法」（30ページ）**

※受検指示だけでは自宅受検型かテストセンターかわからないこともあります。その場合は特定法のページを両方とも見て、テストの種類を判別してください。

●テストセンターの受検指示（イメージ）

選考にご応募いただき、ありがとうございました。
次のステップとして、テストセンターで適性検査を受検していただきたく、
ご連絡いたします。

> 「テストセンター」と書かれている

●ご注意
・適性検査には性格検査と能力検査があります。
・ご都合のよい時間と会場を選んでご予約いただけます。
・ご予約は、日程に余裕をもって行ってください。

> 「会場」「予約」など、テストセンターと推測できる情報が書かれている

●あなたのID
　1234567890
　手続きは以下のURLより行ってください。
　https://xxx.xx.xx/xxxxx_xxx/xxxx/xx/......

●受検期間
　20XX年XX月XX日　0時00分〜20XX年XX月XX日　23時59分

⋮

●自宅受検型Webテストの受検指示（イメージ）

『WEB適性検査』受検のご案内です。以下の内容をご確認ください。

■受検方法

下に記載のURLを開くと、テスト受検用ページが表示されます。
表示される指示に従って、テストを受検してください。

https://webxxx.xx.jp/xxxxx/xxxx/......

> Webサイトにアクセスして受検するための情報が書かれている

※以前に弊社よりお知らせしたIDとパスワードをご用意ください。
　上記アドレスにアクセスしたら、IDとパスワードを入力し、受検画面に
　お進みください。

■受検期日

【締切】20XX/XX/XX　23:59
　※締め切りを過ぎると、受検ができなくなります。
　※テストは、一度始めると中断することができません。

⋮

自宅受検型Webテスト 種類特定法

「実施説明」ページでテストの種類がわかる！

　自宅受検型Webテストで、能力テストがあるときは、多くの場合、受検指示の段階でその旨が告知されます。まずは指示の通りにWebテストのサイトにアクセスしてください。能力テストの場合、いきなりWebテストが始まることはほとんどなく、事前に「実施説明」ページが表示されます。

　この「実施説明」ページに書かれている内容、実施時間などから、Webテストの種類を判別することができます。

　なお、「実施説明」ページが表示されたからといって、そのまま受検する必要はありません。種類が判別できたらそこでいったん中止して、テスト対策をしてから改めて受検してください。

企業からの受検指示に従ってWebテストのサイトにアクセス

↓

使用許諾ページ、個人情報の入力などに続いて、Webテストの「実施説明」ページが表示される【ここまでは中止可能】

- ◆ **「実施説明」ページから、Webテストの種類が判断できる！ →次ページ以降参照**
- ◆ 性格テストのみの場合、「実施説明」ページなしでテストが始まることもあるので注意。ただし結果を送信せず中断すれば、あとで受け直せるものが多い。

↓

Webテスト開始【ここから先は中止不可能】

- ◆ 「開始」ボタンを押した後は中止できないテストが多い。
- ◆ 科目単位で中断できるものもある。ただし、テストを開始した科目は中断不可能！

「動作テスト」の時間と、「計数」「言語」「英語」「パーソナリティ」などが書いてあったら「玉手箱」

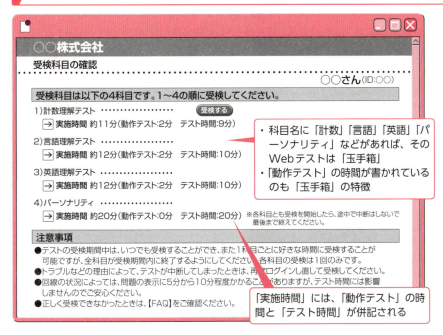

○○株式会社

受検科目の確認

○○さん（ID：○○）

受検科目は以下の4科目です。1〜4の順に受検してください。

1）計数理解テスト ・・・・・・・・・・・・・・・・・ 受検する
→ 実施時間 約11分（動作テスト：2分　テスト時間：9分）

2）言語理解テスト ・・・・・・・・・・・・・・・・・・・・・・・
→ 実施時間 約12分（動作テスト：2分　テスト時間：10分）

3）英語理解テスト ・・・・・・・・・・・・・・・・・・・・・・・
→ 実施時間 約12分（動作テスト：2分　テスト時間：10分）

4）パーソナリティ ・・・・・・・・・・・・・・・・・・・・・・・
→ 実施時間 約20分（動作テスト：0分　テスト時間：20分）
※各科目とも受検を開始したら、途中で中断はしないで最後まで終えてください。

- 科目名に「計数」「言語」「英語」「パーソナリティ」などがあれば、そのWebテストは「玉手箱」
- 「動作テスト」の時間が書かれているのも「玉手箱」の特徴

注意事項
- テストの受検期間中は、いつでも受検することができ、また1科目ごとに好きな時間に受検することが可能ですが、全科目が受検期間内に終了するようにしてください。各科目の受検は1回のみです。
- トラブルなどの理由によって、テストが中断してしまったときは、再びログインし直して受検してください。
- 回線の状況によっては、問題の表示に5分から10分程度かかることがありますが、テスト時間には影響しませんのでご安心ください。
- 正しく受検できなかったときは、【FAQ】をご確認ください。

「実施時間」には、「動作テスト」の時間と「テスト時間」が併記される

※科目名は、これが標準的な表記ですが、企業によっては異なることがあります。

科目名と時間から、出題テストがわかる！

科目名	テスト時間	出題されるテスト	対策
計数理解テスト	15分/35分	図表の読み取り	P.36
	9分	四則逆算	P.110
	20分/35分	表の空欄の推測	P.150
言語理解テスト	15分/25分	論理的読解（GAB形式の言語）	P.224
	10分	趣旨判定（IMAGES形式の言語）	P.254
英語理解テスト	10分	長文読解（IMAGES形式）または論理的読解（GAB形式）	P.282/P.306
パーソナリティ	約20分	性格の本格版	P.335
モチベーションリソース	約15分	意欲の本格版	P.339

※テスト時間が計数で35分、英語で10分のときは、その科目の「受検する」を選んだ後の画面に、テスト内容と設問数が表示されます。それで判断します。

※言語には、これ以外に「趣旨把握」がありますが、近年では出題が確認されていません。

※性格・意欲には簡易版もありますが、能力テストと一緒には出題されません。

「動作テスト」の時間と、「法則性」「命令表」「暗号」などが書いてあったら「Web-CAB」

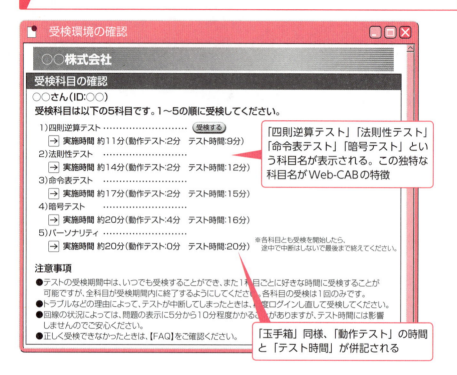

受検環境の確認

○○株式会社

受検科目の確認

○○さん(ID:○○)

受検科目は以下の5科目です。1～5の順に受検してください。

1) 四則逆算テスト .... 受検する
　→ **実施時間** 約11分(動作テスト:2分　テスト時間:9分)
2) 法則性テスト ....
　→ **実施時間** 約14分(動作テスト:2分　テスト時間:12分)
3) 命令表テスト ....
　→ **実施時間** 約17分(動作テスト:2分　テスト時間:15分)
4) 暗号テスト ....
　→ **実施時間** 約20分(動作テスト:4分　テスト時間:16分)
5) パーソナリティ ....
　→ **実施時間** 約20分(動作テスト:0分　テスト時間:20分)

※各科目とも受検を開始したら、途中で中断はしないで最後まで終えてください。

注意事項

●テストの受検期間中は、いつでも受検することができ、また1科目ごとに好きな時間に受検することが可能ですが、全科目が受検期間内に終了するようにしてください。各科目の受検は1回のみです。
●トラブルなどの理由によって、テストが中断してしまったときは、再度ログインし直して受検してください。
●回線の状況によっては、問題の表示に5分から10分程度かかることがありますが、テスト時間には影響しませんのでご安心ください。
●正しく受検できなかったときは、【FAQ】をご確認ください。

> 「四則逆算テスト」「法則性テスト」「命令表テスト」「暗号テスト」という科目名が表示される。この独特な科目名がWeb-CABの特徴

> 「玉手箱」同様、「動作テスト」の時間と「テスト時間」が併記される

科目名と時間から、出題テストがわかる！

科目名	テスト時間	出題されるテスト	対策
四則逆算テスト	9分	四則逆算→玉手箱と同じ	P.110
法則性テスト	12分	法則性	『これが本当のCAB・GABだ！』（講談社）掲載
命令表テスト	15分	命令表	
暗号テスト	16分	暗号	
パーソナリティ	約20分	性格の本格版→玉手箱と同じ	P.335

「表紙」 → 「問題」 と続くなら 「TG-WEB」

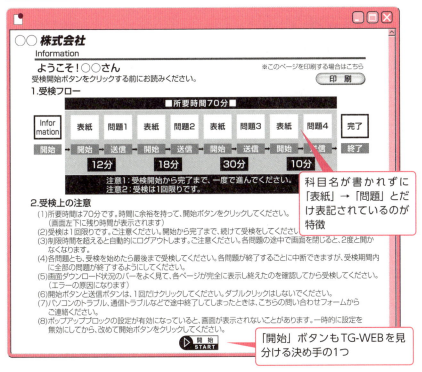

○○ **株式会社**
Information

ようこそ！○○さん

受検開始ボタンをクリックする前にお読みください。

※このページを印刷する場合はこちら
印　刷

1.受検フロー

■所要時間70分■

| Information | 表紙 | 問題1 | 表紙 | 問題2 | 表紙 | 問題3 | 表紙 | 問題4 | 完了 |

開始 → 開始 → 送信 → 開始 → 送信 → 開始 → 送信 → 開始 → 送信 → 終了

12分　18分　30分　10分

注意1：受検開始から完了まで、一度で進んでください。
注意2：受検は1回限りです。

> 科目名が書かれずに「表紙」→「問題」とだけ表記されているのが特徴

2.受検上の注意

(1)所要時間は70分です。時間に余裕を持って、開始ボタンをクリックしてください。（画面左下に残り時間が表示されます）
(2)受検は1回限りです。ご注意ください。開始から完了まで、続けて受検をしてください。
(3)制限時間を超えると自動的にログアウトします。ご注意ください。各問題の途中で画面を閉じると、2度と開かなくなります。
(4)各問題とも、受検を始めたら最後まで受検してください。各問題が終了するごとに中断できますが、受検期間内に全部の問題が終了するようにしてください。
(5)画面ダウンロード状況のバーをよく見て、各ページが完全に表示し終えたのを確認してから受検してください。（エラーの原因になります）
(6)開始ボタンと送信ボタンは、1回だけクリックしてください。ダブルクリックはしないでください。
(7)パソコンのトラブル、通信トラブルなどで途中終了してしまったときは、こちらの問い合わせフォームからご連絡ください。
(8)ポップアップブロックの設定が有効になっていると、画面が表示されないことがあります。一時的に設定を無効にしてから、改めて開始ボタンをクリックしてください。

▶ 開　始 START

> 「開始」ボタンもTG-WEBを見分ける決め手の1つ

画面デザインを変えたタイプもある！　その1

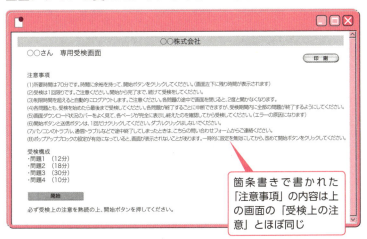

○○株式会社

○○さん　専用受検画面

印　刷

注意事項

(1)所要時間は70分です。時間に余裕を持って、開始ボタンをクリックしてください。（画面左下に残り時間が表示されます）
(2)受検は1回限りです。ご注意ください。開始から完了まで、続けて受検をしてください。
(3)制限時間を超えると自動的にログアウトします。ご注意ください。各問題の途中で画面を閉じると、2度と開かなくなります。
(4)各問題とも、受検を始めたら最後まで受検してください。各問題が終了するごとに中断できますが、受検期間内に全部の問題が終了するようにしてください。
(5)画面ダウンロード状況のバーをよく見て、各ページが完全に表示し終えたのを確認してから受検してください。（エラーの原因になります）
(6)開始ボタンと送信ボタンは、1回だけクリックしてください。ダブルクリックはしないでください。
(7)パソコンのトラブル、通信トラブルなどで途中終了してしまったときは、こちらの問い合わせフォームからご連絡ください。
(8)ポップアップブロックの設定が有効になっていると、画面が表示されないことがあります。一時的に設定を無効にしてから、改めて開始ボタンをクリックしてください。

受検構成
・問題1　（12分）
・問題2　（18分）
・問題3　（30分）
・問題4　（10分）

開始

必ず受検上の注意を熟読の上、開始ボタンを押してください。

> 箇条書きで書かれた「注意事項」の内容は上の画面の「受検上の注意」とほぼ同じ

画面デザインを変えたタイプもある！　その2

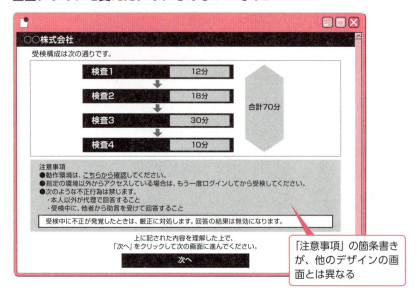

「注意事項」の箇条書きが、他のデザインの画面とは異なる

TG-WEBは、テスト時間から出題テストを判別する！

科目名	テスト時間	出題されるテスト	対策
※実施説明ページに科目名は表示されない。テスト時間から判断する	12分	言語（標準型）	『これが本当のWebテストだ！②』（講談社）掲載
	7分	言語（時短型）	
	18分	計数（標準型）	
	8分	計数（時短型）	
	15分	英語 A8 CP　のいずれか	
	10分	G9 W8 T4　のいずれか	
	20分	CAM　または Vision	
	30分	A8	

※A8、CP、G9、W8、T4、CAM、Visionは性格テストの名前です。
※テスト時間が15分、10分、20分のときは、開始後に内容を判断するしかありません。
※A8には、15分98問のタイプと、30分156問のタイプがあります。
※これ以外に、「B5」「U1」「P8」「Scope」という性格テストがあります。

「非言語検査」とあったら「WEBテスティング」

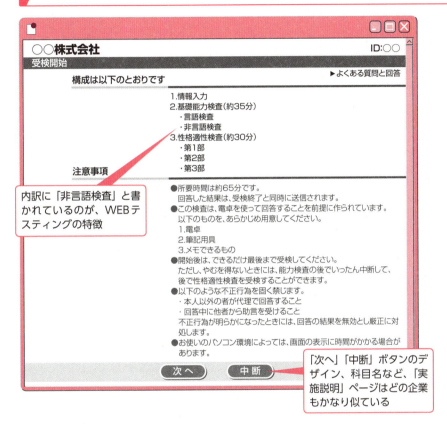

○○株式会社   ID:○○

受検開始

構成は以下のとおりです   ▶よくある質問と回答

　　　　　1.情報入力
　　　　　2.基礎能力検査(約35分)
　　　　　　・言語検査
　　　　　　・非言語検査
　　　　　3.性格適性検査(約30分)
　　　　　　・第1部
　　　　　　・第2部
　　　　　　・第3部

注意事項

内訳に「非言語検査」と書かれているのが、WEBテスティングの特徴

●所要時間は約65分です。
　回答した結果は、受検終了と同時に送信されます。
●この検査は、電卓を使って回答することを前提に作られています。
　以下のものを、あらかじめ用意してください。
　1.電卓
　2.筆記用具
　3.メモできるもの
●開始後は、できるだけ最後まで受検してください。
　ただし、やむを得ないときには、能力検査の後でいったん中断して、
　後で性格適性検査を受検することができます。
●以下のような不正行為を固く禁じます。
　・本人以外の者が代理で回答すること
　・回答中に他者から助言を受けること
　不正行為が明らかになったときには、回答の結果を無効とし厳正に対
　処します。
●お使いのパソコン環境によっては、画面の表示に時間がかかる場合が
　あります。

　　　　　次へ　　　　　中断

「次へ」「中断」ボタンのデザイン、科目名など、「実施説明」ページはどの企業もかなり似ている

科目名と時間から、出題テストがわかる！

科目名	テスト時間	出題されるテスト	対策
基礎能力検査 ・言語検査 ・非言語検査	約35分	言語、非言語	『これが本当のWebテストだ！③』(講談社) 掲載
性格適性検査	約30分	性格	

「個人特性分析」「数理」「図形」「論理」とあったら「CUBIC」

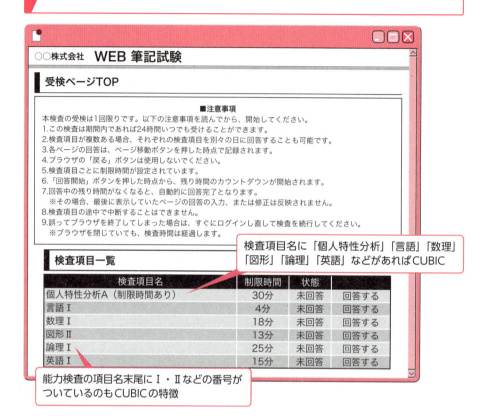

○○株式会社　**WEB 筆記試験**

受検ページTOP

■注意事項

本検査の受検は1回限りです。以下の注意事項を読んでから、開始してください。
1. この検査は期間内であれば24時間いつでも受けることができます。
2. 検査項目が複数ある場合、それぞれの検査項目を別々の日に回答することも可能です。
3. 各ページの回答は、ページ移動ボタンを押した時点で記録されます。
4. ブラウザの「戻る」ボタンは使用しないでください。
5. 検査項目ごとに制限時間が設定されています。
6. 「回答開始」ボタンを押した時点から、残り時間のカウントダウンが開始されます。
7. 回答中の残り時間がなくなると、自動的に回答完了となります。
　※その場合、最後に表示していたページの回答の入力、または修正は反映されません。
8. 検査項目の途中で中断することはできません。
9. 誤ってブラウザを終了してしまった場合は、すぐにログインし直して検査を続行してください。
　※ブラウザを閉じていても、検査時間は経過します。

> 検査項目名に「個人特性分析」「言語」「数理」「図形」「論理」「英語」などがあればCUBIC

検査項目一覧

検査項目名	制限時間	状態	
個人特性分析A（制限時間あり）	30分	未回答	回答する
言語Ⅰ	4分	未回答	回答する
数理Ⅰ	18分	未回答	回答する
図形Ⅱ	13分	未回答	回答する
論理Ⅰ	25分	未回答	回答する
英語Ⅰ	15分	未回答	回答する

> 能力検査の項目名末尾にⅠ・Ⅱなどの番号がついているのもCUBICの特徴

科目名と時間から、出題テストがわかる！

科目名	テスト時間	出題されるテスト	対策
個人特性分析	30分～制限なし	性格	『これが本当の Webテストだ！ ③』（講談社）掲載
言語	4～10分	言語	
数理	15～40分	数理	
図形	5～15分	図形	
論理	15～40分	論理	
英語	10～15分	英語	

「検査Ⅰ-1」「検査Ⅱ」などとあったら「TAP」

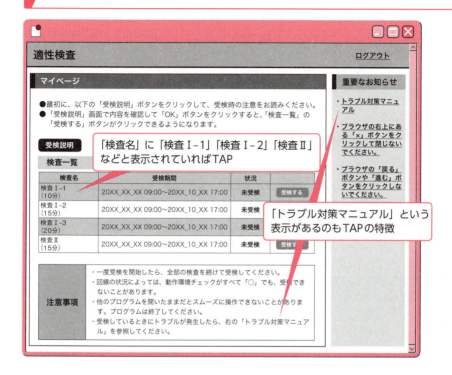

適性検査　　　　　　　　　　　　　　　　　　　　ログアウト

マイページ

● 最初に、以下の「受検説明」ボタンをクリックして、受検時の注意をお読みください。
● 「受検説明」画面で内容を確認して「OK」ボタンをクリックすると、「検査一覧」の「受検する」ボタンがクリックできるようになります。

受検説明

「検査名」に「検査Ⅰ-1」「検査Ⅰ-2」「検査Ⅱ」などと表示されていればTAP

検査一覧

検査名	受検期間	状況	
検査Ⅰ-1 (10分)	20XX_XX_XX 09:00～20XX_10_XX 17:00	未受検	受検する
検査Ⅰ-2 (15分)	20XX_XX_XX 09:00～20XX_10_XX 17:00	未受検	
検査Ⅰ-3 (20分)	20XX_XX_XX 09:00～20XX_10_XX 17:00	未受検	
検査Ⅱ (15分)	20XX_XX_XX 09:00～20XX_10_XX 17:00	未受検	受検する

注意事項

・一度受検を開始したら、全部の検査を続けて受検してください。
・回線の状況によっては、動作環境チェックがすべて「○」でも、受検できないことがあります。
・他のプログラムを開いたままだとスムーズに操作できないことがあります。プログラムは終了してください。
・受検しているときにトラブルが発生したら、右の「トラブル対策マニュアル」を参照してください。

重要なお知らせ

・トラブル対策マニュアル
・ブラウザの右上にある「×」ボタンをクリックして閉じないでください。
・ブラウザの「戻る」ボタンや「進む」ボタンをクリックしないでください。

「トラブル対策マニュアル」という表示があるのもTAPの特徴

科目名と時間から、出題テストがわかる！

科目名	テスト時間	出題されるテスト	対策
検査Ⅰ-1	10分	言語	『これが本当のWebテストだ！③』（講談社）掲載
検査Ⅰ-2	15分	数理	
検査Ⅰ-3	20分	論理	
検査Ⅱ	15分	性格	

※このほか、オプション検査として英語テストがあります。

テストセンター 種類特定法

 「予約サイト」でテストセンターの種類がわかる！

　会場受検型Webテスト（テストセンター）では、受検予約をするための「予約サイト」にアクセスするように指示があります。まずは指示の通りに予約サイトにアクセスしてください。

　この予約サイトに書かれているテスト名や科目構成、テストセンターの会場の名前などから、テストセンターの種類を判別することができます。

企業からの受検指示に従って予約サイトにアクセス

↓

使用許諾や受検の流れなどの説明ページが表示される

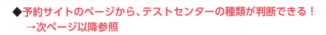
　　◆予約サイトのページから、テストセンターの種類が判断できる！
　　　→次ページ以降参照

↓

受検会場や日時を選んで受検予約をする

「パーソナリティ」「知的能力」などが書いてあり、「ピアソンVUE」のテストセンターで受けるなら「C-GAB」

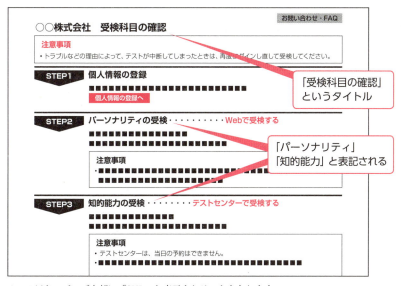

○○株式会社　受検科目の確認　お問い合わせ・FAQ

注意事項
・トラブルなどの理由によって、テストが中断してしまったときは、再度ログインし直して受検してください。

STEP1　個人情報の登録
　　　　個人情報の登録へ

STEP2　パーソナリティの受検・・・・・・・・・Webで受検する
　　　　注意事項

STEP3　知的能力の受検・・・・・・・・テストセンターで受検する
　　　　注意事項
　　　　・テストセンターは、当日の予約はできません。

「受検科目の確認」というタイトル

「パーソナリティ」「知的能力」と表記される

※このほか、ページ上部に「SHL」と表示されることもあります。
※一部の企業では、C-GABをテストセンターで受けるか、オンライン監視のもと自宅で受けるかを選べます。自宅受検が可能な企業では、「知的能力の受検」の横に、「テストセンターとオンライン監視型Webテストから選択する」などと表示されます。

● 科目構成

「受検科目の確認」ページで、「パーソナリティ」「知的能力」と表記される
※テスト名は「総合適性検査」と表記されます。

● テストセンターの会場の名前

「ピアソンVUE（PEARSON VUE）」のテストセンター
※能力テストの受検予約ページで「ピアソンVUE」と表記されます。

● C-GABの対策は

本書188ページを参照

> **「(A) 基礎能力検査と性格検査の2部構成」などが書いてあり、「プロメトリック社」のテストセンターで受けるなら「SPI」**

テストセンター	○○株式会社

こちらはテストセンターのページです。
初めてテストセンターを受検されるときは、■■■■■■■■■■■■■■
■■■■■■■■■■■■■
テストセンターIDとパスワードをお持ちのときは、■■■■■■■■■■■■■
■■■■■■■■■■■■■■■■■■

> 予約サイトのデザインは、「WEBテスティング」(27ページ)に似ている

初めてテストセンターを受検されるとき>>テストセンターIDを取得してください。　[ID取得]
※ ■■■■■■■■■■■■■■■■■■

テストセンターIDをお持ちのとき>>テストセンターログインをしてください。

▼よくあるご質問

テストセンターID	
※ ■■■■■■■■■■■■■■	
テストセンターパスワード	
※ ■■■■■■■■■■■■■■	
企業別の受検ID	

[ログイン]

よくあるご質問
■■■■■■■■■■■■■■■■■■

※SPIのテストセンターでは、ログイン後の受検予約画面で、会場で受けるか、オンライン監視のもと自宅で受けるかを選べます。

● **科目構成**

テストセンターの受検の流れを説明するページで、**テストの構成が「(A) 基礎能力検査と性格検査の2部構成」〜「(D) 基礎能力検査と構造的把握力検査と英語検査と性格検査の4部構成」のように箇条書きで表記される**

● **テストセンターの会場の名前**

「プロメトリック社」のテストセンター

● **SPIのテストセンター方式の対策は**

『これが本当のSPI3テストセンターだ！』（講談社）

「ヒューマネージテストセンター」と書いてあったら「ヒューマネージ社のテストセンター」

ヒューマネージテストセンター

ヒューマネージテストセンター予約

ヒューマネージテストセンターをはじめて利用する場合は、「テストセンター利用IDを取得」ボタンをクリックして、「テストセンター利用ID」を取得してください。
テストセンター利用IDとパスワードをすでに持っている場合は、■■■■■■■■■■■■■■■■■■■■■■■■■■■■

はじめて利用する場合	テストセンター利用ID を持っている場合
テストセンター利用ID を取得	※■■■■■■■■■■■■■■■■
■■■■■■■■■■■■■■■■	テストセンター利用ID
	テストセンター利用パスワード
	企業名(受検ID) ■■■■■■■■■■■■■■
	ログイン

「ヒューマネージテストセンター」と表記される

● **テストの名前**

テストセンターの受検予約のページで、**「ヒューマネージテストセンター」と表記される**

● **テストセンターの会場の名前**

「シー・ビー・ティ・ソリューションズ社」のテストセンター

※SCOAのテストセンター（次ページ）も、シー・ビー・ティ・ソリューションズ社のテストセンターで実施されます。見分けるときは注意してください。

● **ヒューマネージ社のテストセンターの対策は**

『これが本当のWebテストだ！②』（講談社）

> **「適性検査（90分）」などが書いてあり、「シー・ビー・ティ・ソ
> リューションズ社」のテストセンターで受けるなら「SCOA」**

テスト名と時間が「適性
検査（90分※）」と表記
される

ページ下部にシー・ビー・ティ・
ソリューションズ社（CBT-Solutions）
のコピーライト表記がある

● テストの名前、時間

個人情報の入力・確認の次に行う「受検情報確認」で、**「適性検査（90分※）」と
表記される**

※実施されるテストの種類によって、表示される時間は変わります。

● テストセンターの会場の名前

「シー・ビー・ティ・ソリューションズ社」のテストセンター

※ヒューマネージ社のテストセンター（前ページ）も、シー・ビー・ティ・ソリューションズ社のテス
　トセンターで実施されます。見分けるときは注意してください。

● SCOAのテストセンターの対策は

『これが本当のSCOAだ！』（講談社）

※SCOAには、上記の会場受検のみのテストセンターのほか、自宅受検が選べるテストセンター方式のテス
ト「SCOA cross」があります。SCOA crossの予約サイトは上記とは異なります。

第3部

計数

・・・

玉手箱
図表の読み取り→ 36 ページ
四則逆算→ 110 ページ
表の空欄の推測→ 150 ページ

C-GAB（テストセンター）
C-GAB の計数（図表の読み取り）**→ 188 ページ**

図表の読み取りとは？

● 玉手箱の計数の中で最も多く実施されている

　図表の読み取りは、図表の意味を理解した上で、それに基づいた四則計算や百分率計算ができるか、効率のよい作業手順で答えを出せるかを調べるテストです。玉手箱の3種類の計数科目の中で、**最も多くの企業で実施**されています。

● 1問につき1組の図表が表示される

　図表は、1問につき1組表示されます。1回の受検内に、同じ図表が、質問を変えて複数回登場することもあります。

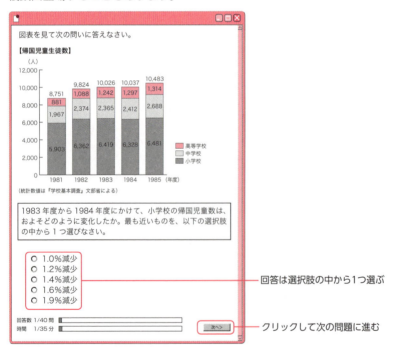

　回答は選択肢の中から1つ選びます。**計算には、電卓や計算用紙の使用が可能です。**

※C-GAB（玉手箱の一部科目をテストセンター会場で受検。図表の読み取りも出題される）では、電卓は使用できません。C-GABの計数の対策は、188ページを参照してください。

● 1問あたりに使える時間が短い

　図表読み取りには、問題数と制限時間が異なる2タイプがあります。以前は、制限時間が短いタイプが主流でしたが、近年は長いタイプの実施が多くなっています。どちらも、1問あたりに使える時間が短いので、常に手早く解くことを心がける必要があります。

科目名	問題数	制限時間
図表の読み取り	29問	15分
	40問	35分

● 先に進んだら前の問題には戻れない

　多くの場合、「次へ」ボタンを押して次の問題に進むと、前の問題には戻れません。企業によっては、「前へ」ボタンで前の問題に戻ることができるタイプが実施されることもありますが、わずかです。

　1問あたりの時間が短い上に、前に戻れないというのは厳しい条件ですが、できるだけ集中してうっかりミスを防ぎましょう。

● GABの計数の問題と同じ

　図表の読み取りは、同じSHL社のペーパーテスト「GAB」の計数問題と似ています。違うのは、玉手箱では1問ごとに1組の図表が表示されることです。GABでは、一度に8つほどの図表が示され、どの図表を使って解くかは設問ごとに探していきます。また、玉手箱では電卓が使えるのに対して、GABでは電卓が使えないという点も異なります。GABの計数について詳しくは、『これが本当のCAB・GABだ！』（講談社）をお読みください。

● C-GAB の計数の問題にも取り組もう

　より多くの問題パターンに触れるため、C-GABの計数の問題にも取り組みましょう。問題形式は同じで、電卓使用の可否だけが異なります。玉手箱の図表の読み取りの対策の際には、電卓を使って取り組むようにしてください。

先に進むほど難しくなるので、はじめは短時間で解く

　図表の読み取りでは、はじめのほうの問題が易しめで、先に進むほど難易度が上がる傾向があります。1問あたりに使える時間が短いので、時間配分が大切です。**はじめのほうの比較的易しい問題は短時間で解くように心がけ、難易度が高い問題に時間を残しましょう。**

　本書の模擬テストは、実物と同じく、先に進むほど難しくなるように作ってあります。時間を計りながら挑戦して、自分に合った時間配分を考えてみてください。

手がかりは必ず設問文にある

　図表の多くは統計資料です。日ごろ見慣れていない人には、煩雑に感じられる図表が出題されます。

　図表をじっくりと読み込む必要はありません。**設問文に出てくる項目名や年度などを手がかりにして、手早く数値を拾いましょう。たいていは、同じ用語が図表の題名や項目名に登場**します。よく知らない用語があっても、図表から同じものを探せば大丈夫です。

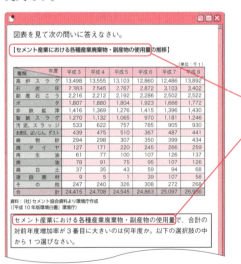

図表を見て次の問いに答えなさい。

【セメント産業における各種産業廃棄物・副産物の使用量の推移】

（単位：千t）

種類 ＼ 年度	平成3	平成4	平成5	平成6	平成7	平成8
高炉スラグ	13,498	13,555	13,103	12,860	12,486	13,892
石灰石かす	2,383	2,545	2,767	2,872	3,103	3,402
副産石こう	2,216	2,212	2,192	2,286	2,502	2,522
ボタ	1,807	1,880	1,804	1,923	1,666	1,772
非鉄鉱滓	1,416	1,369	1,276	1,415	1,396	1,430
製鉄スラグ	1,270	1,132	1,065	970	1,181	1,246
汚泥、スラッジ	533	622	757	785	905	930
未燃灰、ばいじん、ダスト	439	475	510	367	487	441
鋳物砂	294	298	307	350	399	434
廃タイヤ	127	171	220	245	266	259
再生油	61	77	100	107	126	137
廃油	78	91	75	95	107	126
廃白土	37	35	43	59	94	68
建設廃材	9	5	1	39	107	58
その他	247	240	326	308	272	268
合計	24,415	24,708	24,545	24,863	25,097	26,956

資料：(社)セメント協会資料より環境庁作成
（「平成10年版環境白書」環境庁）

セメント産業における各種産業廃棄物・副産物の使用量で、合計の対前年度増加率が3番目に大きいのは何年度か。以下の選択肢の中から1つ選びなさい。

設問文の用語は、図表の題名や項目名に登場する。知らない用語があっても、あわてずに図表を見てみよう

■● 見つけた数値は見失わないよう注意

多くの場合、図表から複数の数値を探す必要があります。次の数値を探す間に、前に見つけた数値を見失わないよう気をつけましょう。**メモを取る、見つけた数値にマウスを合わせる、画面の該当箇所に小型の付箋を貼るなど工夫**しましょう。

計数に強い人ならば、まず設問文から計算式を考えて、式の順に数値を見つけて電卓に打ち込むという方法もあります。数値を見失うこともなくなりますし、問題を解く速度も上がります。

■● 「よく出る設問パターンと計算方法」を使う

何倍、何％、増減率など、数値を比べる問題が多く出題されます。計算方法に慣れておきましょう。同じような問題でも、「AはBの何％」や「Aに占めるBの割合は何％」など、言い回しが変わると、とっさに計算方法がわからなくなることがあります。42ページに、「よく出る設問パターンと計算方法」をまとめておきました。ご活用ください。

■● 電卓は必ず用意し、使い慣れておこう

制限時間の割に計算量が多いので、電卓は必ず用意しましょう。練習段階から電卓を使って慣れておきましょう。

「およそ」の数値をたずねる問題が多いので、選択肢の数値が離れているときは、上位の桁だけ計算するなどの工夫で、計算速度を上げることができます。

効率のよい電卓の打ち方を覚えることも速度向上に役立ちます。43ページの「電卓を使いこなして速度アップ」で説明します。

グラフのおさらい

　図表の読み取りでは、以下の種類のグラフがよく出題されます。数値を読み取る際に気をつける点をまとめたので、目を通しておきましょう。

棒グラフ

数量の大きさを棒で示したグラフです。

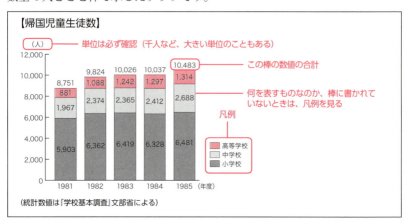

棒グラフ＋折れ線グラフ

棒グラフに折れ線グラフを組み合わせたものです。

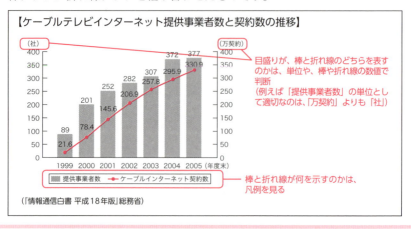

円グラフ

円全体を100%としたときの、各項目の構成割合を示すグラフです。

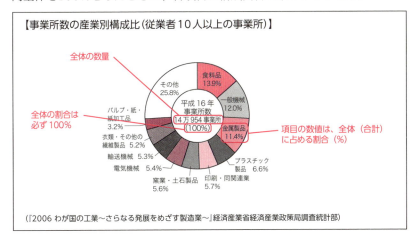

【事業所数の産業別構成比（従業者10人以上の事業所）】

全体の数量

全体の割合は必ず100%

項目の数値は、全体（合計）に占める割合（%）

その他 25.8%

食料品 13.9%

一般機械 12.0%

平成16年 事業所数 14万954事業所 （100%）

パルプ・紙・紙加工品 3.2%

衣類・その他の繊維製品 5.2%

輸送機械 5.3%

電気機械 5.4%

窯業・土石製品 5.6%

印刷・同関連業 5.7%

プラスチック製品 6.6%

金属製品 11.4%

（『2006 わが国の工業〜さらなる発展をめざす製造業〜』経済産業省経済産業政策局調査統計部）

帯グラフ

帯全体を100%としたときの、各項目の構成割合を示すグラフです。

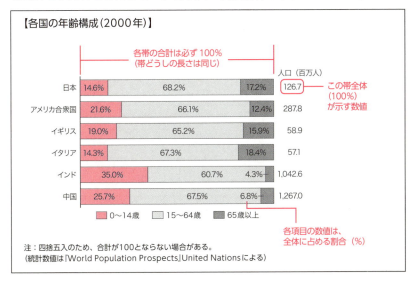

【各国の年齢構成（2000年）】

各帯の合計は必ず100%（帯どうしの長さは同じ）

人口（百万人）

この帯全体（100%）が示す数値

	0〜14歳	15〜64歳	65歳以上	人口（百万人）
日本	14.6%	68.2%	17.2%	126.7
アメリカ合衆国	21.6%	66.1%	12.4%	287.8
イギリス	19.0%	65.2%	15.9%	58.9
イタリア	14.3%	67.3%	18.4%	57.1
インド	35.0%	60.7%	4.3%	1,042.6
中国	25.7%	67.5%	6.8%	1,267.0

各項目の数値は、全体に占める割合（%）

注：四捨五入のため、合計が100とならない場合がある。
（統計数値は『World Population Prospects』United Nationsによる）

よく出る設問パターンと計算方法

	設問	計算方法
割合	AはBの何倍	A÷B
	AはBの何%	A÷B×100
	Aに占めるBの割合は何%	B÷A×100
増減率	AからBにかけての増加率	B÷A−1 ※答えがプラスなら増加率、 マイナスなら減少率
	AからBにかけての減少率	
数量	AのB%はいくつ	A×（B÷100）
	AがBのC倍のとき、Bはいくつ	A÷C
	AがBのC%のとき、Bはいくつ	A÷（C÷100）
	AからB%増加するといくつ	A×（1＋（B÷100））
	AからB%減少するといくつ	A×（1−（B÷100））
比	Aを1としたときのB	B÷A
	Aを100としたときのB	B÷A×100
文字式	AをXとしたときのB	B÷A×X

※上表のデータは、SPIノートの会の独自調査によるものです。無断転載を禁じます。
ⒸSPIノートの会

電卓を使いこなして速度アップ

●後ろにかっこがある引き算は、引く順を逆にして、最後にプラスとマイナスを入れ替える

　　例：「2−(3÷4)」は「(3÷4)−2」と計算

　　　　本来の計算順　2−(3÷4)＝2−0.75＝1.25

　　　　電卓での計算　3 [÷] 4 [−] 2 [＝] −1.25 ➡ 1.25と考える

● 「0.35」のような1未満の小数は、0を省略して「.35」と打つ

　　「.35」と打ち込むと、画面には「0.35」と0を補って表示されます。

●％を小数に直すのが苦手な人は、電卓の「％」ボタンを使う

　　例：30の20％を求める場合

　　　　30 [×] 20 [％] ➡ 「6」と答えが出る

●メモリー機能を使うと、途中でメモをとらずにかっこの式を計算できる

　　例：「(1.2×1.4) ＋ (2.3×2.1)」を求める場合

　　　　1.2 [×] 1.4 [M＋]　2.3 [×] 2.1 [M＋]　[MR] ➡ 「6.51」

　　かけ算の答え 1.68 が　　　　かけ算の答え 4.83 が　　　　メモリー内の 6.51 (1.68 ＋ 4.83
　　メモリーに足される　　　　　メモリーに足される　　　　　の答え) が呼び出される

[M＋]	メモリーへの足し算
[M−]	メモリーからの引き算
[MR] または [RM]	メモリーの呼び出し
[MC] または [CM]	メモリーのクリア
[MRC] または [R・CM] または [RM/CM]	メモリーの呼び出しとクリア ※一度目は呼び出し、二度目はクリア

※メモリーは1問解き終わるごとにクリアしましょう。
※メモリーの呼び出しとクリアは、メーカーや機種によってボタンが違うので、詳しくは電卓の説明書で確認してください。

電卓選びのポイント

●安定感があるもの

卓上式などの、ある程度の大きさがあり安定感がある電卓を選びましょう。パソコンを操作したり、メモをとりながら使うので、あまり小さいものや薄いものは安定感に欠け、おすすめできません。

●桁数が12桁程度のもの

図表の読み取りでは、桁数の多い計算があります。桁数が少ない電卓だと計算のときに桁が足りなくなる可能性があります。12桁程度の電卓を用意するほうが安心です。

※12桁の電卓は、卓上式としてよく販売されています。

●自分の手に合ったもの

電卓によって、ボタンどうしの間隔や打ったときの感触が違います。実際に電卓を打ってみて、使いやすくて、なおかつ、入力ミスが少ないと感じるものを選びましょう。

●速く打てるよう工夫されているもの

電卓によっては、桁の多い計算がしやすいように、「00」「千」「万」などの桁をまとめて入力できるものがあります。手元を見ずに打てるように、触った感触で「5」のボタンがわかるように印がついているものもあります。自分に合ったものを選びましょう。

●「√」「%」ボタンがついているもの

特に「√」(ルート)ボタンは、四則逆算(110ページ)で□×□＝196など、平方根を求めるときに役立ちます。

●1回でメモリーと数値クリアができるもの

メモリー機能は計算結果を記憶させ、あとから呼び出すもので速度向上に役立ちます。メモリー機能を使おうと考えている人は、1回のボタン操作で、メモリーと数値をまとめてクリアできる電卓を選ぶとよいでしょう。電卓によっては、「メモリークリア」と「数値クリア」とを別々に操作しなければならないものがあります。

再現テストについて

本書では、実際に受検した複数の受検者の情報から、採用テスト（能力・性格テスト）を再現しています。ただし、採用テストの作成会社、および、その他の関係者の知的財産権等が成立している可能性を考慮して、入手した情報をそのまま再現することは避けています。

本書に掲載している問題は、「SPIノートの会」が情報を分析して、採用テストの「意図」を盛り込んで新たに作成したものです。また、採用テストの尺度、測定内容、採点方法などにつきましては、公開されているもの以外は、「SPIノートの会」の長年にわたる研究により、推定・類推したものです。この点をご了承ください。

1 割合

- 2つの値を比べて、何倍か、何%かを求める。
  「AはBの何倍か」の計算方法は「A÷B」。「AはBの何%か」は「A÷B×100」
- 同じ円グラフ内の%どうしの比較では、実際の数に戻す必要はない

例題

図表を見て次の問いに答えなさい。

1 【教育分野別に見た公教育費総額（平成8年度）】

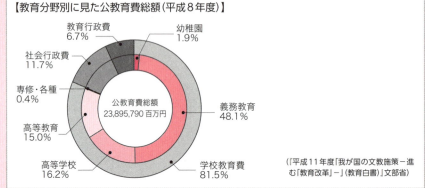

教育行政費 6.7%
幼稚園 1.9%
社会行政費 11.7%
専修・各種 0.4%
高等教育 15.0%
高等学校 16.2%
公教育費総額 23,895,790 百万円
義務教育 48.1%
学校教育費 81.5%

（『平成11年度「我が国の文教施策－進む「教育改革」－」(教育白書)』文部省）

高等学校の公教育費は、幼稚園のおよそ何倍か。最も近いものを、以下の選択肢の中から1つ選びなさい。

○ 1.5倍　　○ 3.4倍　　○ 8.5倍　　○ 12.4倍　　○ 40.5倍

2 【内国郵便物数の推移：通常郵便物】

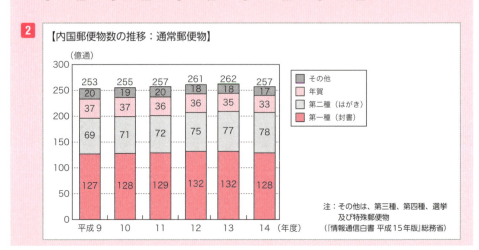

（億通）

その他
年賀
第二種（はがき）
第一種（封書）

注：その他は、第三種、第四種、選挙及び特殊郵便物
（『情報通信白書 平成15年版』総務省）

平成11年度の通常郵便物全体に占める第二種（はがき）の割合は、およそいくらか。最も近いものを、以下の選択肢の中から1つ選びなさい。

○ 0.3%　　○ 2.8%　　○ 23.5%　　○ 28.0%　　○ 32.1%

1 同じ円グラフ内の％どうしの比較。実際の金額を求める必要はなく、％のまま比較すればよい。

「高等学校の割合÷幼稚園の割合」で、幼稚園に対する高等学校の倍率を求める。

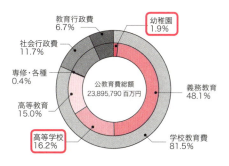

高等学校　　幼稚園　　高等学校の倍率
16.2　÷　1.9　＝ 8.52… ≒ 8.5倍

選択肢は、いずれも小数点以下第1位。第2位まで求めて四捨五入する

補足 同じ円グラフ内は割合のまま比較。違う円グラフは実際の数を求める
高等学校と幼稚園は、どちらも「公教育費総額」に対する割合なので、割合のまま計算できる。違うものに対する割合のときは、割合のままでは比較できないので、実際の数を求めてから比較する。

2 平成11年度の「第二種（はがき）の数÷全体の数」を求める。答えるのは％なので、その後に100倍する。

グラフから、平成11年度の「通常郵便物全体」は257億通、「第二種（はがき）」は72億通。億は省略して計算。

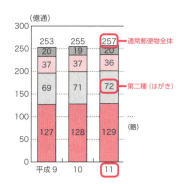

第二種（はがき）　全体　　第二種（はがき）の割合
72　÷ 257 ＝ 0.2801… ≒ 28.0%

100倍して％にする

正解	**1** 8.5倍	**2** 28.0%

図表を見て次の問いに答えなさい。

1 【日本の技術輸出入額の国別構成比】

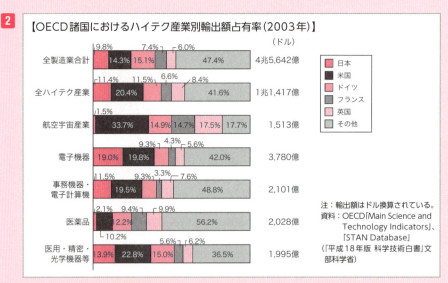

技術輸出額の国別構成比

マレーシア 1.4%
ドイツ 1.4%
インド 1.6%
フランス 1.9%
韓国 2.3%
インドネシア 2.8%
台湾 4.6%
イギリス 5.5%
カナダ 6.4%
タイ 7.0%
中国 8.1%
その他 13.4%
輸出（受取額）2兆283億円
アメリカ合衆国 43.6%

技術輸入額の国別構成比

スウェーデン 1.9%
デンマーク 1.5%
その他 4.8%
オランダ 2.4%
スイス 2.6%
ドイツ 3.6%
フランス 3.9%
イギリス 5.0%
輸入（支払額）7,037億円
アメリカ合衆国 74.3%

（『平成18年 科学技術研究調査報告』総務省統計局）

アメリカ合衆国への技術輸出額は、同国からの技術輸入額のおよそ何倍か。最も近いものを、以下の選択肢の中から1つ選びなさい。

○ 0.58倍　　○ 0.94倍　　○ 1.32倍　　○ 1.69倍　　○ 2.01倍

2 【OECD諸国におけるハイテク産業別輸出額占有率（2003年）】 （ドル）

	日本	米国	ドイツ	フランス	英国	その他	輸出額
全製造業合計	9.8%	14.3%	15.1%	7.4%	6.0%	47.4%	4兆5,642億
全ハイテク産業	11.4%	20.4%	11.5%	6.6%	8.4%	41.6%	1兆1,417億
航空宇宙産業	1.5%	33.7%	14.9%	14.7%	17.5%	17.7%	1,513億
電子機器	19.0%	19.8%	9.3%	4.3%	5.6%	42.0%	3,780億
事務機器・電子計算機	11.5%	19.5%	9.3%	3.3%	7.6%	48.8%	2,101億
医薬品	2.1%	12.2%	9.4%	10.2%	9.9%	56.2%	2,028億
医用・精密・光学機器等	13.9%	22.8%	15.0%	5.6%	6.2%	36.5%	1,995億

注：輸出額はドル換算されている。
資料：OECD「Main Science and Technology Indicators」、「STAN Database」
（『平成18年版 科学技術白書』文部科学省）

日本の全ハイテク産業の輸出額は、英国の全ハイテク産業の輸出額と比べて、およそ

何%多いか。最も近いものを、以下の選択肢の中から1つ選びなさい。

○ 31.6%　　○ 33.9%　　○ 35.7%　　○ 37.5%　　○ 39.2%

1 今度は、違う円グラフの％の比較。技術輸出と技術輸入とでは、総額が異なるので、％のままでは比較できない。まず、「総額×アメリカ合衆国の割合」で、実際の金額を求めてから、何倍かを計算する。金額の億は省略して計算。

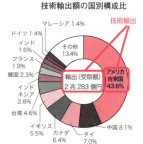

技術輸出額の国別構成比

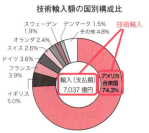

技術輸入額の国別構成比

　　　　　総額　　アメリカ割合　　アメリカ金額
輸出 20,283 × 0.436 ＝ 8,843.388
輸入 　7,037 × 0.743 ＝ 5,228.491

　　　　　　輸出　　　　　　　　輸入　　　　　　輸出の倍率
8,843.388 ÷ 5,228.491 ＝ 1.691…
　　　　　　　　　　　　　　　 ≒ 1.69倍

速解 電卓で一気に計算する

上記を1つの式にまとめると「20,283×0.436÷(7,037×0.743)」。かっこを外した「20,283×0.436÷7,037÷0.743」を電卓で一気に計算する。

2 実際の金額は求めず、割合のまま比較する。まず、全ハイテク産業に占める割合について、「日本÷英国」で、英国を1としたときの日本の割合を求める。ここから英国の1を引くと、日本のほうが多い割合が求められる。答えるのは％なので、100倍する。

　　　日本　　英国　　英国を1としたときの日本
11.4 ÷ 8.4 ＝ 1.3571… ➡ 1を引くと0.3571… ≒ 35.7%

日本は英国より約35.7%多い。

正解	**1** 1.69倍	**2** 35.7%

図表を見て次の問いに答えなさい。

1

【水産物の市況について（平成18年1月）：主要品目の価格】

（単位：円／kg、%）

	東京都中央卸売市場卸売価格（概数）			
	1月	前月対比	前年同月対比	平年同月対比
まいわし（生）	825	55	81	117
さけ（平均）	632	101	117	110
（ぎん塩）	666	100	115	117
（あき塩）	368	100	100	117
（とき塩）	850	100	92	119
（べに塩）	900	100	86	88
（冷さけ）	610	100	125	115
さば（生）	670	112	121	93
するめいか（平均）	475	99	87	114
（生）	515	98	87	102
（冷）	361	93	112	147
あじ（生）	742	105	109	114
まぐろ（平均）	890	99	90	82
（めばち冷）	770	94	94	84
（きはだ冷）	403	98	80	75
（くろまぐろ冷）	1,572	96	85	92

注：1月の価格は1〜20日までの速報値。平年とは平成13年〜17年の平均値。
（『水産物の市況について（平成18年1月及び2月）』水産庁）

平成13年〜17年1月のさば（生）の平均価格は、あじ（生）のおよそ何倍か。最も近いものを、以下の選択肢の中から1つ選びなさい。

○0.8倍　　○1.1倍　　○1.3倍　　○1.7倍　　○1.9倍

2

【ロシアの品目別輸入統計（2007年）】

（単位：100万ドル、%）

	金額	構成比	前年からの伸び率
機械・設備・輸送機器	98,069.5	51.4	55.7
化学品・ゴム	26,721.1	14.0	26.3
食料品・農産品（繊維を除く）	26,146.8	13.7	28.3
金属および同製品	14,817.1	7.8	53.7
繊維・同製品・靴	7,874.4	4.1	62.3
木材・パルプ製品	5,037.3	2.6	34.5
鉱物製品	4,543.9	2.4	41.9
燃料・エネルギー製品	2,452.4	1.3	34.1
輸入総額	190,833.7	100.0	45.7

注：ベラルーシを含まず。総額にはその他を含む。
出所：ロシア連邦税関局「ロシア連邦外国貿易通関統計年鑑」（2006年、2007年）
（『輸入統計（品目別）－ロシア－』ジェトロ）

2006年において、ロシアの輸入総額に占める化学品・ゴムの割合は、およそ何％か。
最も近いものを、以下の選択肢の中から1つ選びなさい。
○13%　　○16%　　○19%　　○21%　　○26%

1 設問の「平成13年～17年1月」は、表で「平年」としている期間のこと（注記に「平年とは平成13年～17年の平均値」とある）。平均価格は、「1月」の価格を「平年同月対比」で割れば求められる。さば（生）とあじ（生）をそれぞれ求めてから、何倍かを求める。

（単位：円／kg、％）

	東京都中央卸売市場卸売価格（概数）			
	1月	前月対比	前年同月対比	平年同月対比
：（略）				
さば（生）	670	112	121	93
するめいか（平均）	475	99	87	114
（生）	515	98	87	102
（冷）	361	93	112	147
あじ（生）	742	105	109	114
：（略）				

　　　　　1月の価格　平年同月比　　平均価格
さば（生）　670　÷　0.93　＝　720.430…
あじ（生）　742　÷　1.14　＝　650.877…

　　　　　表の単位は％。小数にする

さば　　　　あじ　　　さばの倍率
720.43 ÷ 650.88 ＝ 1.10… ≒ 1.1倍

2 表の金額は2007年のもの。2006年の金額は「2007年の金額÷（1＋前年からの伸び率）」で求める。化学品・ゴムと、総額をそれぞれ求めてから、割合を求める。100万は省略して計算。

（単位：100万ドル、％）

	金額	構成比	前年からの伸び率
機械・設備・輸送機器	98,069.5	51.4	55.7
化学品・ゴム	26,721.1	14.0	26.3
：（略）			
輸入総額	190,833.7	100.0	45.7

　　　　　　2007年の金額　　（1＋伸び率）　　2006年の金額
化学品・ゴム　26,721.1　÷　1.263　＝　21,156.84…　≒　21,156.8
総額　　　　190,833.7　÷　1.457　＝　130,977.14…　≒　130,977.1

　　2006年の化学品・ゴムの金額　　2006年の総額　　2006年の化学品・ゴムの割合
　　　21,156.8　　　÷　130,977.1　＝　0.161…　≒　16%

速解 **電卓で一気に計算する**
上記を1つの式にまとめると「26,721.1 ÷ 1.263 ÷（190,833.7 ÷ 1.457）」。かっこを外した
「26,721.1 ÷ 1.263 ÷ 190,833.7 × 1.457」を電卓で一気に計算する。

正解	**1** 1.1倍	**2** 16%

2 割合の比較

● 割合の増減や、どの割合が最も大きいかなど、割合どうしを比較する
● 割合（%）の増減は「ポイント」で表す。例：60%が80%になると20ポイント上昇

例題

図表を見て次の問いに答えなさい。

1 【神奈川県の農家数の推移】

昭和45年から昭和50年にかけて、神奈川県の農家全体に占める第1種兼業農家の割合は、およそ何ポイント下降したか。最も近いものを、以下の選択肢の中から1つ選びなさい。

○ 1.9ポイント　　○ 3.2ポイント　　○ 3.5ポイント　　○ 7.7ポイント

○ 11.2ポイント

2 【帰国児童生徒数】

1 まず、昭和45年と昭和50年について、それぞれ「第1種兼業農家数÷神奈川県の農家数全体」で、第1種兼業農家の割合を求める。次に、「昭和45年−昭和50年」で何ポイント下降したかを求める。

	第1種兼業農家数		神奈川県の農家数全体		第1種兼業農家の割合
昭和45年	15,565	÷	58,949	=	0.26404… ≒ 26.40%
昭和50年	11,822	÷	51,661	=	0.22883… ≒ 22.88%

昭和45年　　昭和50年　　下降ポイント
26.40 − 22.88 = 3.52 ≒ 3.5ポイント

2 それぞれの年度について、「中学校の生徒数÷小学校の児童数」を求め、最も大きいものを選ぶ。

　　　　　　中学生徒数　小学児童数　中学の割合
1981年度　1,967 ÷ 5,903 = 0.333…
1982年度　2,374 ÷ 6,362 = 0.373…
1983年度　2,365 ÷ 6,419 = 0.368…
1984年度　2,412 ÷ 6,328 = 0.381…
1985年度　2,688 ÷ 6,481 = 0.414…

中学校の帰国生徒数の割合が最も大きいのは、1985年度。

正解	**1** 3.5ポイント	**2** 1985年度

図表を見て次の問いに答えなさい。

1 【神奈川県の農家数の推移】

昭和45年から昭和55年の間に、神奈川県の農家数全体に占める第2種兼業農家の割合は、どのように変化したか。以下の選択肢の中から1つ選びなさい。

○急激に減少　　○わずかに減少　　○横ばい　　○増加

○グラフからはわからない

2 【生産量の推移】

(単位：千t)

年次	合計	海面							内水面		
		計	漁業					養殖業	計	漁業	養殖業
			小計	遠洋	沖合	沿岸					
平成20年	5,592	5,520	4,373	474	2,581	1,319		1,146	73	33	40
21	5,432	5,349	4,147	443	2,411	1,293		1,202	83	42	41
22	5,313	5,233	4,122	480	2,356	1,286		1,111	79	40	39
23	4,766	4,693	3,824	431	2,264	1,129		869	73	34	39
24	4,853	4,786	3,747	458	2,198	1,090		1,040	67	33	34
25	4,774	4,713	3,715	396	2,169	1,151		997	61	31	30
26	4,765	4,701	3,713	369	2,246	1,098		988	64	31	34
27	4,631	4,561	3,492	358	2,053	1,081		1,069	69	33	36
28	4,359	4,296	3,264	334	1,936	994		1,033	63	28	35
29（概数）	4,304	4,242	3,258	322	2,040	896		985	62	25	37

資料：農林水産省統計部「漁業・養殖業生産統計年報」
（『平成29年 漁業・養殖業生産統計』農林水産省）

海面漁業による生産量のうち、遠洋が占める割合は、平成22年から平成26年にかけておよそどのように変化しているか。最も近いものを、以下の選択肢の中から1つ選びなさい。

○ 2ポイント上昇　　○ 4ポイント上昇　　○ 6ポイント上昇

○ 4ポイント下降　　○ 2ポイント下降

1 昭和45年と昭和55年について、それぞれ「第2種兼業農家数÷神奈川県の農家数全体」で、第2種兼業農家の割合を求めてから、増減を見比べる。

	第2種兼業農家数		神奈川県の農家数全体		第2種兼業農家の割合
昭和45年	33,541	÷	58,949	=	0.568… ≒ 0.57
昭和55年	32,819	÷	48,626	=	0.674… ≒ 0.67

第2種兼業農家の割合は、約0.57から約0.67へと増加している。

2 平成22年と平成26年の生産量について、それぞれ「遠洋÷海面漁業の小計」を求めてから、「平成26年−平成22年」で何ポイント上昇、または下降したかを求める。千は省略して計算。

年次	合計	計	海　面漁　業		
			小計	遠洋	沖合
平成20年	5,592	5,520	4,373	474	2,581
21	5,432	5,349	4,147	443	2,411
22	5,313	5,233	4,122	480	2,356
：（略）					…（略）
26	4,765	4,701	3,713	369	2,246
：（略）					

	遠洋の数		海面漁業の小計		遠洋の割合
平成22年	480	÷	4,122	=	0.1164… ≒ 11.6%
平成26年	369	÷	3,713	=	0.0993… ≒ 9.9%

平成26年　　平成22年　　ポイントの変化

9.9　−　11.6　＝　−1.7　➡　約2ポイント下降

正解	**1** 増加	**2** 2ポイント下降

3 増減率

●ある時点と比べて、増加した割合（増加率）や、減少した割合（減少率）を求める
●電卓では、増加率も減少率も「後ろの年月÷前の年月－1」と計算するのが速い。
　答えがプラスなら増加率、マイナスなら減少率

例題

図表を見て次の問いに答えなさい。

1 【下水道普及率の推移】

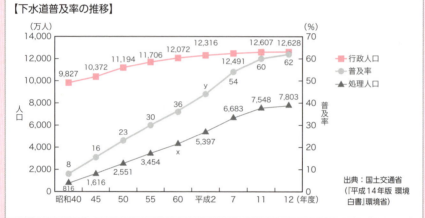

出典：国土交通省
（『平成14年版 環境
白書』環境省）

昭和55年度の行政人口は、昭和45年度の行政人口と比べておよそ何％増加したか。

最も近いものを、以下の選択肢の中から1つ選びなさい。

○12.3%　　○12.5%　　○12.7%　　○12.9%　　○13.1%

2 【海面漁業の世帯数と就業者数】

年次	漁業世帯数 (1,000世帯)			漁業世帯員数 (1,000人)	漁業就業者数　（1,000人）							
	計	個人漁業経営体	漁業従事者世帯		計	男				自営漁業就業者	漁業雇われ就業者
						計	15～39歳	40～59	60歳以上		
昭和58年	312	199	113	1,309	447	368	112	192	64	301	146
63	278	182	95	1,111	392	324	88	161	76	270	123
平成 5年	234	164	70	886	325	268	55	123	91	237	88
10	204	143	61	732	277	231	39	94	97	202	75
13	184	134	50	662	252	210	31	82	97	188	64
14	178	130	48	635	243	203	29	78	96	180	63
15	176	126	50	604	238	199	32	76	91	176	63
16	171	124	47	583	231	193	30	73	90	172	59
17	164	119	45	558	222	186	27	72	87	166	56
18	158	116	42	535	212	178	26	68	83	160	53

（『日本の統計 2009』総
務省統計研修所編集、
総務省統計局刊行）

平成14年から平成15年にかけて、漁業就業者のうち男の減少率は、およそ何%か。
最も近いものを、以下の選択肢の中から1つ選びなさい。

○ 1.3%　　○ 2.0%　　○ 2.8%　　○ 3.6%　　○ 4.2%

1 行政人口について、「昭和55年度の数÷昭和45年度の数−1」で増加率を求める。万は省略して計算。

昭和55年度　　昭和45年度　　　増加率
11,706　÷　10,372　− 1 = 0.1286… ➡ 約12.9%増加

別解 両年の差を、昭和45年度の数で割り算してもよいが、時間がかかる

両年の差を、昭和45年度の数で割り算すると「(11,706 − 10,372) ÷ 10,372 = 0.1286…」で、約12.9%増加。こちらのほうが、なじみのある人が多いかもしれない。しかし、電卓では打つボタンの数が多くなる。この計算ではほんの少しの差だが、図表の読み取りでは、増減率をいくつも比較するような問題も出る。計算速度を上げたい人は、はじめの方法をおすすめする。

2 漁業就業者のうち男について、「平成15年の数÷平成14年の数−1」で減少率を求める。減少率なので、答えはマイナスになる。千は省略して計算。

平成15年　　平成14年　　　答えがマイナスなら減少率
199　÷　203　− 1 = − 0.0197… ➡ 約2.0%減少

別解 両年の差を、平成14年の数で割る場合

計算すると「(203 − 199) ÷ 203 = 0.0197… ≒ 2.0%」。

| 正解 | **1** 12.9% | **2** 2.0% |

図表を見て次の問いに答えなさい。

1 【ウイルス被害届出数の推移及び不正アクセス禁止法違反の検挙事件数の推移】

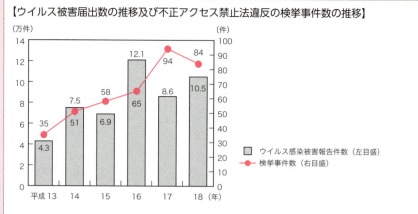

資料：国家公安委員会・総務省・経済産業省報道発表資料「不正アクセス行為の発生状況及びアクセス制御機能に関する技術の研究開発の状況について」（検挙事件数）、シマンテック及びトレンドマイクロ資料（ウイルス被害届出数）（『情報通信白書 平成19年版』総務省）

平成19年の検挙事件数の対前年増加率がおよそ－23％であったとすると、平成19年の検挙事件数は、およそ何件か。最も近いものを、以下の選択肢の中から1つ選びなさい。

○55件　　○60件　　○65件　　○70件　　○75件

2 【神奈川県の農家数の推移】

昭和40年から昭和60年の間で、神奈川県の農家数の減少率が最も大きいのは、どの期間か。以下の選択肢の中から1つ選びなさい。

○昭和40年～昭和45年　　○昭和45年～昭和50年　　○昭和50年～昭和55年
○昭和55年～昭和60年　　○グラフからはわからない

1 平成19年はグラフにはないが、平成18年の検挙事件数と、設問の「平成19年の検挙事件数の対前年増加率がおよそ−23％」から求められる。「平成18年の検挙事件数×（1−0.23）」と計算すればよい。

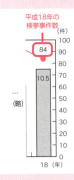

平成18年の
検挙事件数

$$\underset{\text{平成18年}}{84} \times (1-0.23) = \underset{\text{平成19年}}{64.68} ≒ 65件$$

速解 電卓では、かけ算の順をかえて「（1−0.23）×84」と計算すると速い
電卓では「84×（1−0.23）」のままだと、かっこ内が計算しづらい。かけ算の順をかえると計算しやすくなる。

2 まず、神奈川県の農家数全体について、「後ろの年÷前の年−1」で、選択肢のそれぞれの期間の減少率を求める。

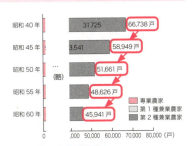

| 前の年 | 後ろの年 | 後ろの年 | 前の年 | マイナスなら減少率 |

昭和40〜45年　58,949 ÷ 66,738 − 1 ＝ −0.1167… ➡ 約11.7％減少

昭和45〜50年　51,661 ÷ 58,949 − 1 ＝ −0.1236… ➡ 約12.4％減少

昭和50〜55年　48,626 ÷ 51,661 − 1 ＝ −0.0587… ➡ 約5.9％減少

昭和55〜60年　45,941 ÷ 48,626 − 1 ＝ −0.0552… ➡ 約5.5％減少

見比べると、減少率が最も大きいのは、昭和45年～昭和50年。

速解 減少幅が大きそうなものだけ計算
棒グラフを見比べて、減少幅が大きい「昭和40年～昭和45年」と「昭和45年～昭和50年」のいずれかだと当たりをつけ、この2つだけを計算すると速い。

| 正解 | **1** 65件 | **2** 昭和45年～昭和50年 |

図表を見て次の問いに答えなさい。

1 【電子計算機・同附属装置製造業の事業所数、従業者数、製造品出荷額等（従業員数4人以上の事業所）】

調査年 （西暦）	事業所数	従業者数 （人）	製造品出荷額等 （百万円）
1990	2,030	166,637	8,354,873
1991	2,041	164,852	8,760,751
1992	1,901	162,658	8,301,355
1993	1,776	160,238	8,296,638
1994	1,600	150,464	8,222,902
1995	1,569	146,665	8,358,646
1996	1,526	145,140	9,731,882
1997	1,516	142,508	10,063,290
1998	1,608	144,021	8,934,798

（統計数値は『工業統計調査』通商産業省による）

従業者1人あたりの製造品出荷額等の金額において1997年は、前年と比較しておよそ何％増加したか。最も近いものを、以下の選択肢の中から1つ選びなさい。

○5.1% ○5.3% ○5.5% ○5.7% ○5.9%

2 【国内ベンチャーキャピタルにおける投資件数・投資額推移】

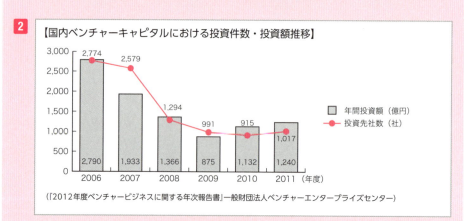

（『2012年度ベンチャービジネスに関する年次報告書』一般財団法人ベンチャーエンタープライズセンター）

2006年度から2007年度の年間投資額の減少率は、2008年度から2009年度の減少率のおよそ何倍か。最も近いものを、以下の選択肢の中から1つ選びなさい。

○0.31倍 ○0.44倍 ○0.85倍 ○1.08倍 ○1.30倍

1 まず、1996年と1997年について、それぞれ「製造品出荷額等÷従業者数」で従業者1人あたりの製造品出荷額等の金額を求める。次に、求めた金額を使って、増加率を求める。製造品出荷額等の百万は省略して計算。

調査年 (西暦)	事業所数	従業者数 (人)	製造品出荷額等 (百万円)
⋮ (略)			
1996	1,526	145,140	9,731,882
1997	1,516	142,508	10,063,290
1998	1,608	144,021	8,934,798

製造品出荷額等　　従業者数　　従業者1人あたりの製造品出荷額等の金額

1996年　9,731,882 ÷ 145,140 = 67.051… ≒ 67.05

1997年　10,063,290 ÷ 142,508 = 70.615… ≒ 70.62

1997年　　1996年　　　　　増加率

70.62 ÷ 67.05 − 1 = 0.0532… ➡ 約5.3%増加

【速解】電卓で一気に計算する　※10桁以上の電卓を使用

上記を1つの式にまとめると「10,063,290 ÷ 142,508 ÷（9,731,882 ÷ 145,140）− 1」。かっこを外した「10,063,290 ÷ 142,508 ÷ 9,731,882 × 145,140 − 1」を電卓で一気に計算する。

2 年間投資額について、「2006〜2007年度」「2008〜2009年度」の減少率をそれぞれ求めてから、何倍かを求める。億は省略して計算。

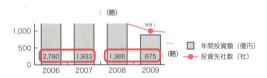

前の年度　　後ろの年度　後ろの年度　　前の年度　　　マイナスなら減少率

2006 〜 2007年度　1,933 ÷ 2,790 − 1 = −0.3071… ➡ 約0.307減少

2008 〜 2009年度　　 875 ÷ 1,366 − 1 = −0.3594… ➡ 約0.359減少

> %にせずに小数のまま、次の割り算に進む

2007年度減少率　　2009年度減少率　　2007年度減少率の倍率

0.307　　÷　　0.359　= 0.855… ≒ 0.86倍 ➡ 最も近い選択肢は0.85倍

【速解】電卓のメモリー機能を活用すれば、計算過程のメモ書き時間を省ける

875 [÷] 1366 [−] 1 [M+]　◀ 2009年度の減少率を計算してメモリーに記憶

1933 [÷] 2790 [−] 1 [÷] [MR] [=]　◀ 2007年度の減少率を計算後、[÷] を押してからメモリーの2009年度を呼び出し計算する（[=] を押す）

メモリーのボタンは電卓によって異なるので、詳しくは電卓の説明書で確認を。

正解	**1** 5.3%	**2** 0.85倍

4 数量

- ●金額や人数などの数量を求める。「AのB%はいくつ」の計算方法は「A×(B÷100)」
- ●計算の前に選択肢を見よう。同様の数値が桁違いで並んでいるときは概算で充分

例題

図表を見て次の問いに答えなさい。

1 【映画館数と興行成績】

年	映画館数 (スクリーン数)	興行成績	
		入場者数 (千人)	興行収入 (百万円)
1960	7,457	1,014,364	72,798
1970	3,246	254,799	82,488
1980	2,364	164,422	165,918
1990	1,836	146,000	171,910
1991	1,804	138,330	163,378
1992	1,744	125,600	152,000
1993	1,734	130,720	163,700
1994	1,758	122,990	153,590

(統計数値は『日本映画産業統計』一般
社団法人日本映画製作者連盟による)

1970年と1992年の興行収入の差額は、およそ何億円か。最も近いものを、以下の
選択肢の中から1つ選びなさい。

○6億円　　○69億円　　○695億円　　○6,950億円　　○左のいずれでもない

 【事業所数と出荷額の産業別構成比(従業者10人以上の事業所)】

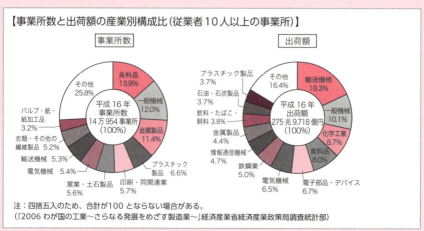

注:四捨五入のため、合計が100とならない場合がある。
(『2006 わが国の工業〜さらなる発展をめざす製造業〜』経済産業省経済産業政策局調査統計部)

金属製品の出荷額は、およそいくらか。最も近いものを、以下の選択肢の中から1つ選びなさい。

〇 11兆3,782億円 　　〇 11兆6,813億円 　　〇 12兆1,428億円

〇 12兆9,567億円 　　〇 13兆2,194億円

1 興行収入について、「1992年 − 1970年」を求める。選択肢には、同様の数値が桁違いで並んでいる。つまり、単位のつけ間違えにだけ気をつければよい。概算で上位の桁（コンマより上）だけ計算して、残りの単位は後で補う。

年	映画館数 （スクリーン数）	興行成績	
		入場者数 （千人）	興行収入 （百万円）
1960	7,457	1,014,364	72,798
1970	3,246	254,799	82,488
⋮　（略）			
1992	1,744	125,600	152,000
1993	1,734	130,720	163,700
1994	1,758	122,990	153,590

　　1992年の興行収入　　1970年の興行収入　　差額
　　　　152　　　 −　　　　 82　　　 = 70 ➡ 70,000百万 = 700億円

一番近い695億円が正解。

参考 概算しないときの計算は、以下の通り
152,000 − 82,488 = 69,512 ➡ 69,512百万 ≒ 695億円

2 円グラフは2つあるが、使うのは上に「出荷額」と書かれているほうだけ。平成16年の出荷額全体に、金属製品の割合をかけ算する。「275兆9,718億円」は桁が大きいので、電卓で計算するときには、兆を1の位にして「275.9718」とするとよい（億は小数点以下になる）。

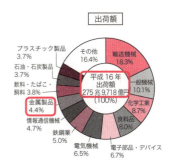

出荷額

その他 16.4%
プラスチック製品 3.7%
石油・石炭製品 3.7%
飲料・たばこ・飼料 3.8%
金属製品 4.4%
情報通信機械 4.7%
鉄鋼業 5.0%
電気機械 6.5%
電子部品・デバイス 6.7%
食料品 8.0%
化学工業 8.7%
一般機械 10.1%
輸送機械 18.3%
平成16年 出荷額 275 9718 億円（100%）

　　出荷額全体　　金属製品の割合　　金属製品の出荷額
　　275.9718 × 　　　0.044　　 = 12.14275… ➡ 約12兆1,428億円

%は、100で割って小数にする

速解 選択肢の値が離れているので、概算してもかまわない
出荷額を1,000億円の位で四捨五入し「276兆×0.044 = 12.144兆」と計算、一番近い「12兆1,428億円」を選択。

正解	**1** 695億円	**2** 12兆1,428億円

図表を見て次の問いに答えなさい。

1 【国際技術交流（技術貿易）の推移】

区分 / 年度	技術輸出 受取額（億円）	技術輸出 対前年度比（%）	技術輸入 支払額（億円）	技術輸入 対前年度比（%）	技術貿易収支比率〔技術輸出／技術輸入〕（倍）
平成5年度	4,004	6.0	3,630	−12.3	1.10
6	4,621	15.4	3,707	2.1	1.25
7	5,621	21.6	3,917	5.7	1.43
8	7,030	25.1	4,512	15.2	1.56
9	8,316	18.3	4,384	−2.8	1.90
10	9,161	10.2	4,301	−1.9	2.13
11	9,608	4.9		−4.6	2.34
12	10,579	10.1	4,433	8.0	2.39
13	12,468	17.9	5,484	23.7	2.27
14	13,868	11.2	5,417	−1.2	2.56
15	15,122	9.0	5,638	4.1	2.68

注：平成8年度及び13年度に調査対象範囲を拡大している。
（『平成16年 科学技術研究調査報告』総務省統計局）

平成11年度の技術輸入による支払額は、およそ何億円か。最も近いものを、以下の選択肢の中から1つ選びなさい。

○ 4,070億円　　○ 4,100億円　　○ 4,130億円　　○ 4,160億円　　○ 4,190億円

2 【高速道路整備水準の国際比較】

国名	高速道路延長（km）	高速道路延長／国土面積（km／万km²）	高速道路延長／人口（km／万人）	高速道路延長／√面積・人口（km／√万km²万人）	高速道路延長／自動車保有台数（km／万台）
アメリカ	73,271	75	2.83	14.6	3.78
ドイツ	11,143	312	1.37	20.7	2.64
イギリス	3,141	137	0.56	8.7	1.38
フランス	9,000	163	1.56	15.9	3.01
イタリア	6,301	209	1.11	15.2	2.05
日　本	7,265	192	0.58	10.6	1.12

（『建設白書 平成10年』建設省）

イタリアの人口は、およそ何万人か。最も近いものを、以下の選択肢の中から1つ選びなさい。

○ 4,700万人　　○ 5,200万人　　○ 5,700万人　　○ 6,200万人

○ 6,700万人

1 平成11年度の技術輸入は、対前年度比で−4.6%。

「平成10年度の支払額 × （1 − 0.046）」で平成11年度の支払額が求められる。億は省略して計算。

区分／年度	技術輸出		技術輸入	
	受取額（億円）	対前年度比（%）	支払額（億円）	対前年度比（%）
	⋮（略）			
10	9,161	10.2	4,301	−1.9 …
11	9,608	4.9		−4.6 （略）
	⋮（略）			

平成10年度の支払額　　平成11年度の割合　　平成11年度の支払額

4,301　　× （1 − 0.046） = 4,103.154　➡　約4,100億円

速解 電卓では、かけ算の順をかえて「（1 − 0.046）× 4,301」と計算すると速い

2 表に「人口」という項目はないが、「$\dfrac{高速道路延長}{人口}$」と「高速道路延長」から計算できる。人口を求める式は、「高速道路延長 ÷ $\dfrac{高速道路延長}{人口}$」。

国名	高速道路延長（km）	高速道路延長／国土面積（km／万km²）	高速道路延長／人口（km／万人）
			⋮（略）
イタリア	6,301	209	1.11
日　本	7,265	192	0.58

イタリアの高速道路延長　　イタリアの高速道路延長／人口　　イタリアの人口

6,301　　÷　　1.11　　= 5,676.5…　➡　約5,700万人

「$\dfrac{高速道路延長}{人口}$」の単位がkm／万人なので、求めた人の単位は「万人」

補足 なぜ、前述の計算で人口が求められるのか

「$\dfrac{高速道路延長}{人口}$」を割り算の式にすると、「高速道路延長 ÷ 人口」。これを、以下のように展開したのが、この問題で使った計算式。

高速道路延長 ÷ 人口 = $\dfrac{高速道路延長}{人口}$

人口 = 高速道路延長 ÷ $\dfrac{高速道路延長}{人口}$

正解	**1** 4,100億円	**2** 5,700万人

図表を見て次の問いに答えなさい。

1

【OECD諸国におけるハイテク産業輸出額の国別占有率の推移】

注：輸出額はドル換算されている。
資料：OECD「Main Science and Technology Indicators」
（『平成18年版 科学技術白書』文部科学省）

OECD諸国におけるハイテク産業輸出で、2003～2005年の総輸出額の増加率が2001～2003年と同じであり、なおかつ、2005年の日本の占有率が12.7％だったとすると、2005年の日本の輸出額は、およそいくらになるか。最も近いものを、以下の選択肢の中から1つ選びなさい。

○ 1,450億ドル　　○ 1,500億ドル　　○ 1,550億ドル　　○ 1,600億ドル

○ 1,650億ドル

2

【ヨーロッパへの技術輸出（産業別の比率：2003年度）】

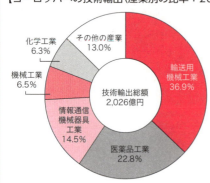

資料：総務省統計局「科学技術研究調査報告（平成16年版）」
（『我が国の産業技術に関する研究開発活動の動向－主要指標と調査データ第6版』経済産業省産業技術環境局技術調査室）

ある2つの産業のヨーロッパへの技術輸出額を合計すると、技術輸出総額に占める割合が30%より大きくなる。この2つの産業のうち一方の技術輸出額が127.638億円であるとき、もう一方の技術輸出額は、いくらになるか。最も近いものを、以下の選択肢の中から1つ選びなさい。

○658.216億円　　○681.593億円　　○713.864億円　　○747.594億円
○768.375億円

1 まず、総輸出額について、2003年が2001年の何倍かを求める。この倍率を2003年の総輸出額にかけると、2005年の総輸出額。最後に、2005年の総輸出額に、日本の占有率12.7%をかけ算して日本の輸出額を求める。億は省略して計算。

　　2003年の総額　　2001年の総額　　2001年に対する2003年の倍率
　　11,417　÷　10,355　＝　1.102…　÷　1.1

　　　　　　　2005年の総額

　2003年の総額　2001年に対する2003年の倍率　日本の割合　2005年の日本の額
　11,417　×　　　1.1　　　× 0.127 ＝ 1,594.9549　➡ 約1,600億ドル

速解 電卓で一気に計算するなら「11,417 ÷ 10,355 × 11,417 × 0.127 ＝ 1,598.6…」

2 まず、一方の産業の127.638億円が、技術輸出総額の何%にあたるかを求める。億は省略して計算。

　　一方の産業の金額　　技術輸出総額　　一方の産業の割合
　　127.638　÷　　2,026　＝ 0.063　＝　6.3%

一方の産業は6.3%（「化学工業」）。2つの産業の合計は30%より大きいので、引き算すると

　　30 − 6.3 ＝ 23.7%　➡　もう一方の産業は23.7%より大きい

グラフで23.7%より大きいのは「輸送用機械工業」だけ。金額を求める。

　技術輸出総額　　輸送用機械工業の割合　　輸送用機械工業の金額
　2,026　×　　　0.369　　　＝ 747.594　➡　747.594億円

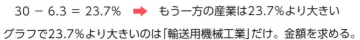

| 正解 | **1** 1,600億ドル | **2** 747.594億円 |

5 平均

● 「1社あたりの平均」「数年間の平均」など、さまざまな平均を求める
● 「1社あたりの平均」の計算方法は「合計÷社数」。「数年間の平均」は「合計÷年数」

例題

図表を見て次の問いに答えなさい。

1 【H市の気温の推移】

(℃)

8月と9月の最高気温と最低気温の差の平均は、およそ何℃か。最も近いものを、以下の選択肢の中から1つ選びなさい。

○ 8℃　　○ 9℃　　○ 10℃　　○ 11℃　　○ 12℃

2 【ケーブルテレビインターネット提供事業者数と契約数の推移】

(社)　　　　　　　　　　　　　　　　　　　　　　　　　　(万契約)

提供事業者数　　ケーブルインターネット契約数

(『情報通信白書 平成18年版』
総務省)

2004年度におけるケーブルテレビインターネット提供事業者1社あたりの平均契約数は、およそ何千契約か。最も近いものを、以下の選択肢の中から1つ選びなさい。

○5千契約　　○6千契約　　○7千契約　　○8千契約　　○9千契約

1 まず、8月と9月それぞれについて、最高気温と最低気温の差を求める。次に、求めた差を足してから2で割って、2か月（8月と9月）の差の平均を求める。

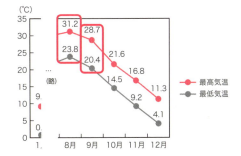
最高気温
最低気温

　　　　　最高　　　最低　　　差
8月　31.2 − 23.8 = 7.4
9月　28.7 − 20.4 = 8.3

　　8月の差　　9月の差　　　8月と9月の差の平均
（　7.4　+　8.3　）÷ 2 = 7.85 ≒ 8℃

速解 **電卓で一気に計算する**
上記を1つの式にまとめると「((31.2 − 23.8) + (28.7 − 20.4)) ÷ 2」。引き算のかっこ2つを外した「(31.2 − 23.8 + 28.7 − 20.4) ÷ 2」を電卓で一気に計算する。

2 2004年度について、「ケーブルインターネット契約数÷提供事業者数」で、1社あたりの平均契約数を求める。単位は、契約数のみ「万」。省略して計算して、最後に万を補う。

　　契約数　　事業者数　　平均契約数
295.9 ÷ 　372　 = 0.79…　➡　0.79万 ≒ 8千契約

| 正解 | **1** 8℃ | **2** 8千契約 |

図表を見て次の問いに答えなさい。

1 【電子計算機・同附属装置製造業の事業所数、従業者数、製造品出荷額等（従業員数4人以上の事業所）】

調査年 （西暦）	事業所数	従業者数 （人）	製造品出荷額等 （百万円）
1990	2,030	166,637	8,354,873
1991	2,041	164,852	8,760,751
1992	1,901	162,658	8,301,355
1993	1,776	160,238	8,296,638
1994	1,600	150,464	8,222,902
1995	1,569	146,665	8,358,646
1996	1,526	145,140	9,731,882
1997	1,516	142,508	10,063,290
1998	1,608	144,021	8,934,798

（統計数値は『工業統計調査』
通商産業省による）

1997年における1事業所あたりの平均従業者数は、1991年における1事業所あたりの平均従業者数と比べておよそ何人増加したか。最も近いものを、以下の選択肢の中から1つ選びなさい。

○12.5人　　○13.2人　　○14.7人　　○15.3人　　○16.4人

2 【日本の木材輸出額の推移】

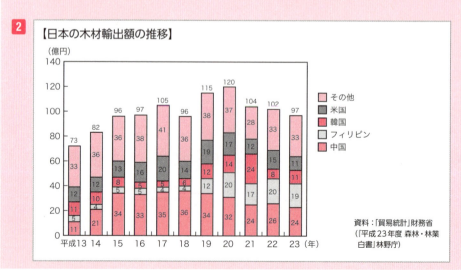

資料：「貿易統計」財務省
（『平成23年度 森林・林業
白書』林野庁）

平成13年から平成20年の間で、日本の木材輸出額がこの8年間の平均を上回った年は、何回あるか。以下の選択肢の中から1つ選びなさい。

○1回　　○2回　　○3回　　○4回　　○5回

1 1997年と1991年について、それぞれ「従業者数÷事業所数」で平均従業者数を求めてから、「1997年－1991年」で何人増加したかを求める。

調査年 (西暦)	事業所数	従業者数 (人)	製造品出荷額等 (百万円)
1990	2,030	166,637	8,354,873
1991	2,041	164,852	8,760,751
：(略)			
1997	1,516	142,508	10,063,290
1998	1,608	144,021	8,934,798

　　　　　　　　従業者数　　　事業所数　　平均従業者数
1997年　142,508 ÷ 1,516 ＝ 94.002… ≒ 94.00
1991年　164,852 ÷ 2,041 ＝ 80.770… ≒ 80.77

1997年　　1991年　　増加した人数
94.00 － 80.77 ＝ 13.23 ≒ 13.2人

速解 電卓のメモリー機能を活用すれば、計算過程のメモ書き時間を省ける
142508 [÷] 1516 [M＋]　◀━ 1997年を計算してメモリーに記憶
164852 [÷] 2041 [M－] [MR]　◀━ 1991年を計算して、メモリーの1997年から引き算。
　　　　　　　　　　　　　メモリーの計算結果(増加した人数)を呼び出す

2 まず、平成13年から平成20年までの木材輸出額を足してから8で割って、8年間の平均額を求める。次に、平成13年から平成20年の間で平均額を上回った年が何回あるかを数える。億は省略して計算。

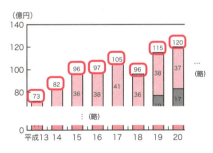

平成13年14年　15年　16年　17年　18年　19年　20年　　　8年間の平均額
(73 ＋ 82 ＋ 96 ＋ 97 ＋ 105 ＋ 96 ＋ 115 ＋ 120) ÷ 8 ＝ 98 ➡ 98億円
平均額98億円を上回った年は、平成17年、平成19年、平成20年の3回。

正解	**1** 13.2人	**2** 3回

6 比

●一方を1や100としたときに、もう一方がいくつで表せるかを求める
●「Aを1としたときのB」の計算方法は「B÷A」（1とするほうで割り算）。
　「Aを100としたときのB」は「Aを1としたときのB（B÷A）」を求めてから100倍

例題

図表を見て次の問いに答えなさい。

1 【Z地区の人口推移】

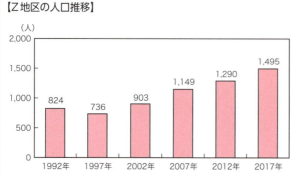

2017年のZ地区の人口を1とすると、1992年は、およそいくつで表されるか。最も

近いものを、以下の選択肢の中から1つ選びなさい。

○ 0.49　　○ 0.53　　○ 0.55　　○ 0.62　　○ 1.81

2 【ASEAN各国経済の比較】

	名目GDP	一人あたり名目GDP	実質GDP成長率	人口	国土面積
単位	10億ドル	ドル	％	百万人	千km²
インドネシア	878.2	3,592	6.2	244.5	1,910.9
タイ	365.6	5,678	6.4	64.4	513.1
マレーシア	303.5	10,304	5.6	29.5	330.8
シンガポール	276.5	51,162	1.3	5.4	0.7
フィリピン	250.4	2,614	6.6	95.8	300.0
ベトナム	138.1	1,528	5.0	90.4	331.0
ミャンマー	53.1	835	6.3	63.7	676.6
ブルネイ	16.6	41,703	1.3	0.4	5.8
カンボジア	14.2	934	6.5	15.3	181.0
ラオス	9.2	1,446	8.3	6.4	236.8

備考：1.国土面積は2011年、その他は2012年のデータ（推計を含む）。
　　　2.ミャンマーのGDPは財政年度（4-3月）ベース。
資料：IMF「WEO, April 2013」、国連「Demographic Yearbook 2011」
（『通商白書 2013年版』経済産業省）

マレーシアの人口を100とすると、フィリピンの人口は、およそいくつで表されるか。
最も近いものを、以下の選択肢の中から1つ選びなさい。

○ 31　　○ 33　　○ 310　　○ 325　　○ 330

1 「1992年の人口 ÷ 2017年の人口」で、2017年を1とし
たときの1992年の人口の割合を求める。

　　　1992年　　2017年　　2017年を1としたときの1992年
　　　824　÷　1,495　＝　0.551… ≒ 0.55

2 まず、「フィリピンの人口 ÷ マレーシアの人口」で、マレーシアを1としたときのフィリピンの人口の割合を求める。100倍すると、マレーシアを100としたときのフィリピンの人口がわかる。百万は省略して計算。

	名目 GDP	一人あたり名目 GDP	実質 GDP成長率	人口	国土面積
単位	10億ドル	ドル	％	百万人	千k㎡
インドネシア	878.2	3,592	6.2	244.5	1,910.9
タイ	365.6	5,678	6.4	64.4	513.1
マレーシア	303.5	10,304	5.6	29.5	330.8
シンガポール	276.5	51,162	1.3	5.4	0.7
フィリピン	250.4	2,614	6.6	95.8	300.0

：（略）

　　フィリピン　　マレーシア　　マレーシアを1としたときのフィリピン
　　95.8　÷　29.5　＝ 3.247… ≒ 3.25　➡　325

マレーシアを100とするので100倍

| 正解 | **1** 0.55 | **2** 325 |

図表を見て次の問いに答えなさい。

1 【各国の年齢構成（2000年）】

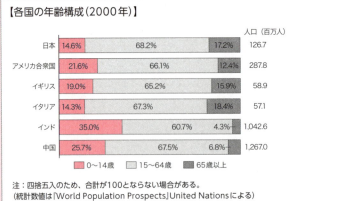

注：四捨五入のため、合計が100とならない場合がある。
（統計数値は『World Population Prospects』United Nationsによる）

日本の65歳以上の人口を1とすると、インドの65歳以上の人口は、およそいくつで表されるか。最も近いものを、以下の選択肢の中から1つ選びなさい。

○1.5　○2.1　○2.7　○3.3　○4.0

2 【主要国・地域の世界輸出入に占める割合】

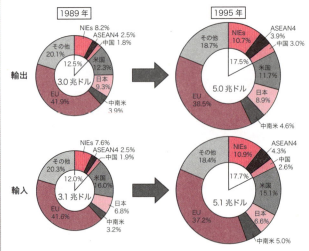

備考：グラフ中央の数字は世界全体の輸出（輸入）総額を示す。
　　　なお、輸出と輸入で統計の取り方が異なるので、世界の輸出総額と輸入総額は一致しない。

資料：IMF「DOT」
（『通商白書 平成9年版』通商産業省）

1995年の米国の輸入額を100とすると、輸入額全体は、およそいくつで表されるか。
最も近いものを、以下の選択肢の中から1つ選びなさい。

○ 598　　○ 623　　○ 647　　○ 662　　○ 701

1 日本とインドとでは総人口が異なるので、割合のままでは比較できない。「その国の総人口×65歳以上の割合」で、65歳以上の人口を求めてから、「インドの65歳以上÷日本の65歳以上」。百万は省略して計算。

	人口		65歳以上の割合		65歳以上の人口
日本	126.7	×	0.172	=	21.7924
インド	1,042.6	×	0.043	=	44.8318

インドの65歳以上　　日本の65歳以上　　日本の65歳以上を1としたときのインドの65歳以上
44.8318　　÷　　21.7924　= 2.05… ≒ 2.1

速解 電卓で一気に計算する
上記を1つの式にまとめると「1,042.6×0.043÷(126.7×0.172)」。かっこを外した「1,042.6×0.043÷126.7÷0.172」を電卓で一気に計算する。

2 使うのは1995年の輸入の円グラフ。「輸入額全体の割合÷米国の割合」で、米国を1としたときの輸入額全体の割合を求める。100倍すると、米国を100としたときの輸入額全体。

輸入額全体　　米国　　米国を1としたときの輸入額全体
100　　÷ 15.1 = 6.622…≒ 6.62　➡　662

米国を100とするので100倍

| 正解 | **1** 2.1 | **2** 662 |

7 文字式

- ●一方をXとしたときに、もう一方が何Xと表せるかを求める。
  「AをXとしたときのB」の計算方法は「B÷A×X」（Aを1としたときの値を求めてからX倍）
- ●一見難しそうだが、答えを分数式で表す問題の中には、計算不要のものもある

例題

図表を見て次の問いに答えなさい。

1 【アジアへの技術輸出（産業別の比率：2003年度）】

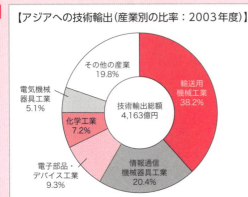

資料：総務省統計局「科学技術研究調査報告
（平成16年版）」
（『我が国の産業技術に関する研究開発活動の動
向－主要指標と調査データ－第6版』経済産
業省産業技術環境局技術調査室）

化学工業のアジアへの技術輸出額をXとすると、輸送用機械工業の同輸出額は、およ
そどのように表されるか。最も近いものを、以下の選択肢の中から1つ選びなさい。

○ 4.3X　　○ 4.8X　　○ 5.3X　　○ 5.8X　　○ 6.3X

2 【日本の地域別輸出構造の推移】

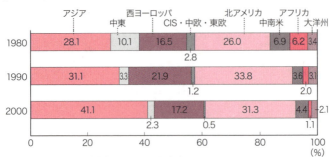

備考：四捨五入のため、合計が100とならない場合がある。
（『我が国の貿易に関するQ&A』経済産業省、「日本の地域別輸出構造の推移」より）

1980年の日本の輸出額全体をXとすると、北アメリカへの輸出額は、どのように表されるか。以下の選択肢の中から1つ選びなさい。

○ 50 / 13X　　○ 13 / 50X　　○ 50X / 13　　○ 26 / X　　○ 13X / 50

1 まず、「輸送用機械工業の割合÷化学工業の割合」で、化学工業を1としたときの輸送用機械工業の割合を求める。X倍すると、化学工業をXとしたときの、輸送用機械工業の技術輸出額がわかる。

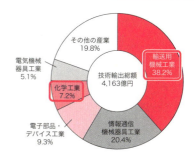

その他の産業 19.8%
輸送用機械工業 38.2%
電気機械器具工業 5.1%
技術輸出総額 4,163億円
化学工業 7.2%
情報通信機械器具工業 20.4%
電子部品・デバイス工業 9.3%

輸送用機械工業　　化学工業　　化学工業を1としたときの輸送用機械工業
　　38.2　　÷　　7.2　＝ 5.30… ≒ 5.3　➡　5.3X

化学工業をXとするのでX倍

2 まず、1980年について、「北アメリカへの輸出額の割合÷日本の輸出額全体の割合」で、日本の輸出額全体を1としたときの北アメリカへの輸出額の割合を求める。X倍すると、日本の輸出額全体をXとしたときの北アメリカへの輸出額。

選択肢には、北アメリカへの輸出額の割合と、日本の輸出額全体の割合を、分数の式にして約分したものが並んでいる。つまり、分数の式にして約分するところまでやればよい。

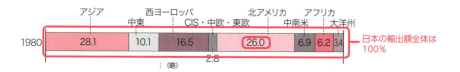

アジア　　西ヨーロッパ　　北アメリカ　　アフリカ
　　　中東　　CIS・中欧・東欧　　中南米　大洋州
1980　28.1　10.1　16.5　　26.0　6.9 6.2 3.4　日本の輸出額全体は100%
　　　　2.8
：（略）

北アメリカ　　輸出額全体　　輸出額全体を1としたときの北アメリカ

$$26.0 \div 100 = \frac{26.0^{13}}{100_{50}} = \frac{13}{50} \Rightarrow \frac{13}{50}X = \frac{13X}{50}$$

輸出額全体をXとするのでX倍

正解	**1** 5.3X	**2** 13X / 50

図表を見て次の問いに答えなさい。

1 【石油の用途別需要量の推移】

1980年度の石油精製の需要量をXとすると、1995年度の石油精製の需要量は、およそどのように表されるか。最も近いものを、以下の選択肢の中から1つ選びなさい。

○ 0.99X   ○ 1.01X   ○ 1.08X   ○ 1.21X   ○ 1.35X

2 【日本の技術輸出入額の国別構成比】

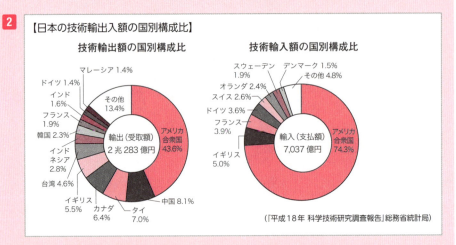

中国への技術輸出額をX、技術輸出額全体をYとすると、XとYの関係は、どのように表されるか。以下の選択肢の中から1つ選びなさい。

○X＝8.1 / 100Y　　○X＝100 / 8.1Y　　○Y＝8.1X / 100

○Y＝100X / 8.1　　○Y＝8.1 / 100X

---

1 まず、1980年度と1995年度について、それぞれ「需要量全体×石油精製の割合」で石油精製の需要量を求める。次に、「1995年度÷1980年度」で、1980年度を1としたときの需要量を求めてから、X倍する。千は省略して計算。

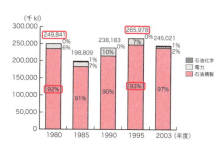

（千 kl）

石油化学
電力
石油精製

	需要量全体		石油精製の割合		石油精製の需要量
1980年度	249,841	×	0.92	=	229,853.72
1995年度	265,978	×	0.93	=	247,359.54

1995年度　　　　1980年度　　　　1980年度を1としたときの1995年度

247,359.54 ÷ 229,853.72 ＝ 1.076…≒ 1.08 ➡ 1.08X ← 1980年度をXとするのでX倍

速解 電卓で一気に計算する

上記を1つの式にまとめると「265,978×0.93÷（249,841×0.92）」。かっこを外した「265,978×0.93÷249,841÷0.92」を電卓で一気に計算する。

---

2 使うのは、技術輸出額の円グラフ。XとYを使って、「技術輸出額全体×中国の割合＝中国への技術輸出額」の式を作る。必要に応じて式を変形して、選択肢と一致するものを探す。

（Y）（X）

技術輸出額全体　中国の割合　中国への技術輸出額

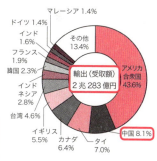

技術輸出額の国別構成比

$$Y \times \frac{8.1}{100} = X$$

「X＝」の選択肢には一致するものがない。式を「Y＝」に変形する

$$Y = X \div \frac{8.1}{100}$$

$$Y = \frac{100X}{8.1}$$

正解　**1** 1.08X　**2** Y＝100X / 8.1

8 正しいもの

●図表を正しく説明している文章を選ぶ。正しいものを1つ選ぶ問題と、正しいものがいくつあるかを答える問題がある
●正しいものを1つ選ぶ問題では、正解がわかったら、他の選択肢は検討不要

例題

図表を見て次の問いに答えなさい。

1　【主要国通貨の円換算率（IMF為替レート）】

国 / 年	米国 （円／ドル）	ドイツ （円／マルク）	フランス （円／フラン）	英国 （円／ポンド）
1991	134.71	81.18	23.88	238.36
1992	126.65	81.10	23.92	223.60
1993	111.20	67.26	19.64	167.02
1994	102.21	62.98	18.41	156.54
1995	94.06	65.63	18.84	148.47
1996	108.78	72.29	21.26	169.88
1997	120.99	69.77	20.73	198.15
1998	130.91	74.39	22.19	216.84

資料：IMF「INTERNATIONAL FINANCIAL STATISTICS」
（『平成19年版 科学技術白書』文部科学省）

次のうち、表から明らかに正しいといえるものはどれか。以下の選択肢の中から1つ選びなさい。

○ 2000年における米国ドルは、1998年より価値が高かったと推測できる

○ 米国ドルは1997年から1998年にかけて価値がおよそ8％上昇した

○ 表の国々の中で、国際競争力が最も強いのはイギリスである

○ 1996年において、ドイツの1マルクは、フランスの1フランのおよそ5倍の価値がある

○ 1991年において、最も価値が高いのはフランスフランである

1 選択肢のうち、表から明らかに正しいといえるものを1つ選ぶ。以下では5つの選択肢をすべて検討しているが、実際には正解がわかったら、他の選択肢は検討不要。

国 年	米国 (円／ドル)	ドイツ (円／マルク)	フランス (円／フラン)	英国 (円／ポンド)	
1991	134.71	81.18	23.88	238.36	③
：（略）					
1996	108.78	72.29	21.26	109.68	②
1997	120.99	69.77	20.73	198.15	①
1998	130.91	74.39	22.19	216.84	

✕ **2000年における米国ドルは、1998年より価値が高かったと推測できる**

2000年の米国ドルの情報は表にはない。1997年から1998年にかけて円に対して米国ドルが高くなっているが、その後も続くかどうかはわからない。

〇 **米国ドルは1997年から1998年にかけて価値がおよそ8%上昇した** ①

1ドルは1997年に「120.99円」、1998年に「130.91円」。

1998年　　　1997年　　　　　上昇率
$130.91 \div 120.99 - 1 = 0.081\cdots \fallingdotseq 8\%$ ➡ 上昇率は、約8%。これが正解

> **補足** **ドル高になるとドルの価値が上昇**
> 1997年には1ドルが「120.99円」だったのが、1998年には「130.91円」に上昇している。ドルの価値が上がり（ドル高）、円の価値が下がった（円安）といえる。

✕ **表の国々の中で、国際競争力が最も強いのはイギリスである**

国際競争力は、為替レートだけでは判断できない。

✕ **1996年において、ドイツの1マルクは、フランスの1フランのおよそ5倍の価値がある** ②

1996年の1マルクは「72.29円」、1フランは「21.26円」

マルク　　　フラン　　　マルクの倍率
$72.29 \div 21.26 = 3.4\cdots$ ➡ 5倍ではない

✕ **1991年において、最も価値が高いのはフランスフランである** ③

対円で考えるとフランスフランは一番安く、価値が高いとはいえない。

> **正解** **1** **米国ドルは1997年から1998年にかけて価値がおよそ8%上昇した**

図表を見て次の問いに答えなさい。

1

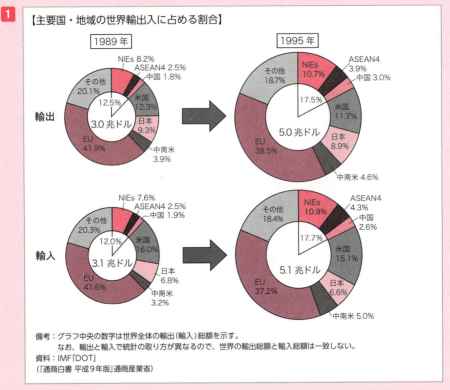

【主要国・地域の世界輸出入に占める割合】

備考：グラフ中央の数字は世界全体の輸出（輸入）総額を示す。
　　　なお、輸出と輸入で統計の取り方が異なるので、世界の輸出総額と輸入総額は一致しない。
資料：IMF「DOT」
（『通商白書 平成9年版』通商産業省）

次の記述のうち、グラフを正しく説明しているものは、いくつあるか。以下の選択肢の中から1つ選びなさい。

・輸出額、輸入額ともにEUが最も大きい

・中国が1995年の全世界の輸出額に占める割合は、1989年の2倍以上である

・1989年と比べ、1995年に全世界の輸出額に占める割合が減少している国・地域は、日本だけである

・日本の1995年の輸入額は、1989年より大きい

○0　　○1つ　　○2つ　　○3つ　　○4つ

1 選択肢それぞれについて、正しいかどうかを考える。

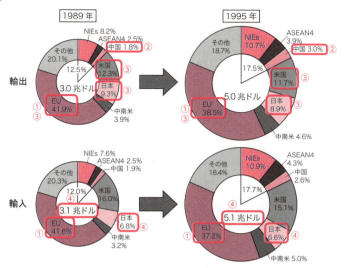

○ **輸出額、輸入額ともにEUが最も大きい** ①

4つの円グラフは、いずれもEUの占める割合が最も大きくなっている。正しい。

× **中国が1995年の全世界の輸出額に占める割合は、1989年の2倍以上である** ②

中国が全世界の輸出額に占める割合は、1989年が「1.8%」。2倍なら3.6%だが、1995年は「3.0%」であり2倍以下。正しくない。

× **1989年と比べ、1995年に全世界の輸出額に占める割合が減少している国・地域は、日本だけである** ③

日本だけでなく、米国やEUも全世界の輸出額に占める割合が減少。正しくない。

○ **日本の1995年の輸入額は、1989年より大きい** ④

日本の輸入額は「輸入総額×日本の輸入割合」で求める。1989年と1995年の日本の輸入額をそれぞれ計算して、どちらが大きいか比べる。

	輸入総額		日本の割合		日本の輸入額
1989年	3.1兆	×	0.068	=	0.2108兆
1995年	5.1兆	×	0.066	=	0.3366兆

速解 概算で1989年「3兆×0.07＝0.21兆」、1995年「5兆×0.07＝0.35兆」

1995年のほうが大きい。正しい。

正解	**1** 2つ

9 読み取り

- ●図表の値の大小を見比べるなど、計算がほとんどない読み取り主体の問題
- ●ダイヤグラムなど、日ごろ見慣れないグラフは見方を覚えておく

例題

図表を見て次の問いに答えなさい。

1 【教育分野別に見た公教育費総額（平成8年度）】

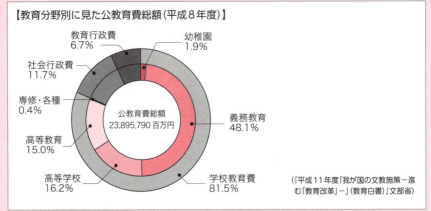

（『平成11年度「我が国の文教施策－進む「教育改革」－」（教育白書）』文部省）

次のうち、公教育費が2番目に少ないものはどれか。以下の選択肢の中から1つ選びなさい。

○幼稚園　　○高等学校　　○専修・各種　　○社会行政費　　○教育行政費

2 【ABC間のバスの運行】

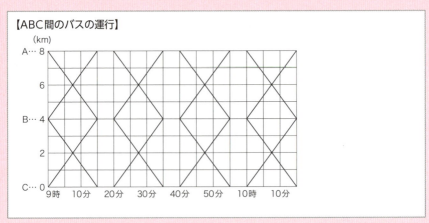

Cからは、9時台に何台バスが出るか。以下の選択肢の中から1つ選びなさい。

○3台　　○4台　　○6台　　○8台　　○左のいずれでもない

1 グラフの各項目の％の値を見比べて、公教育費が2番目に少ないものを探す。当てはまるのは、幼稚園。

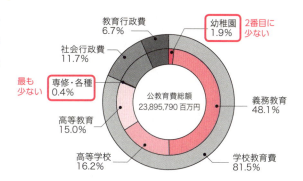

教育行政費 6.7%
幼稚園 1.9%　2番目に少ない
社会行政費 11.7%
専修・各種 0.4%　最も少ない
公教育費総額 23,895,790 百万円
義務教育 48.1%
高等教育 15.0%
高等学校 16.2%
学校教育費 81.5%

2 この問題のグラフは「ダイヤグラム」といい、交通機関の運行状況を表すために使われる。難しく見えるかもしれないが、ダイヤグラムの基本の見方がわかれば解ける簡単な問題。

ダイヤグラムは、上り下り両方の運行を表すことができる。9時台にCに接する線は6本ある

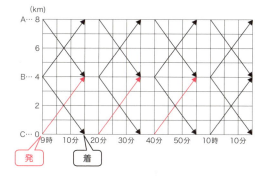

が、「C発」と「C着」の両方が含まれている。Bの時間を見て、Bが早ければ「B発→C着」、Cが早ければ「C発→B着」。

進行方向がわかりやすいように線を矢印に変えると、図の通り。Cから9時台に出るバスは、赤色の3台。

| 正解 | **1** 幼稚園 | **2** 3台 |

図表を見て次の問いに答えなさい。

1

【セメント産業における各種産業廃棄物・副産物の使用量の推移】

(単位：千t)

種類＼年度	平成3	平成4	平成5	平成6	平成7	平成8
高炉スラグ	13,498	13,555	13,103	12,860	12,486	13,892
石炭灰	2,383	2,545	2,767	2,872	3,103	3,402
副産石こう	2,216	2,212	2,192	2,286	2,502	2,522
ボタ	1,807	1,880	1,804	1,923	1,666	1,772
非鉄鉱滓	1,416	1,369	1,276	1,415	1,396	1,430
製鉄スラグ	1,270	1,132	1,065	970	1,181	1,246
汚泥、スラッジ	533	622	757	785	905	930
未燃灰、ばいじん、ダスト	439	475	510	367	487	441
鋳物砂	294	298	307	350	399	434
廃タイヤ	127	171	220	245	266	259
再生油	61	77	100	107	126	137
廃油	78	91	75	95	107	126
廃白土	37	35	43	59	94	68
建設廃材	9	5	1	39	107	58
その他	247	240	326	308	272	268
合計	24,415	24,708	24,545	24,863	25,097	26,986

資料：(社)セメント協会資料より環境庁作成
(『平成10年版環境白書』環境庁)

前年度に比べて、廃タイヤの使用量が減っているのは何年度か。以下の選択肢の中から1つ選びなさい。

○平成4年度　　○平成5年度　　○平成6年度　　○平成7年度　　○平成8年度

2

【海面漁業の世帯数と就業者数】

年次	漁業世帯数（1,000世帯）			漁業世帯員数（1,000人）	漁業就業者数（1,000人）						自営漁業就業者	漁業雇われ就業者
	計	個人漁業経営体	漁業従事者世帯		計	男						
						計	15～39歳	40～59	60歳以上			
昭和58年	312	199	113	1,309	447	368	112	192	64	301	146
63	278	182	95	1,111	392	324	88	161	76	270	123
平成5年	234	164	70	886	325	268	55	123	91	237	88
10	204	143	61	732	277	231	39	94	97	202	75
13	184	134	50	662	252	210	31	82	97	188	64
14	178	130	48	635	243	203	29	78	96	180	63
15	176	126	50	604	238	199	32	76	91	176	63
16	171	124	47	583	231	193	30	73	90	172	59
17	164	119	45	558	222	186	27	72	87	166	56
18	158	116	42	535	212	178	26	68	83	160	53

(『日本の統計 2009』総務省統計研修所編集、総務省統計局刊行)

漁業就業者の人数の大小について、正しい記述はどれか。以下の選択肢の中から1つ選びなさい。

○平成13年自営漁業就業者＞昭和63年自営漁業就業者

○昭和58年漁業雇われ就業者＞平成15年自営漁業就業者

○平成10年男＞平成14年自営漁業就業者

○平成14年男＞平成5年自営漁業就業者

○平成13年男＞昭和63年自営漁業就業者

1 前年度に比べて廃タイヤの使用量が減っている年度を表から探す。当てはまるのは、平成8年度。

（単位：千ｔ）

種類 ＼ 年度	平成3	平成4	平成5	平成6	平成7	平成8
：（略）						
廃 タ イ ヤ	127	171	220	245	266	259
：（略）						

2 選択肢に登場する項目の人数を、表から読み取って比べる。

年次	漁業世帯数（1,000世帯）			漁業世帯員数（1,000人）	漁業就業者数（1,000人）						
	計	個人漁業経営体	漁業従事者世帯		計	男				自営漁業就業者	漁業雇われ就業者
						計	15〜39歳	40〜59	60歳以上		
昭和58年	312	199	113	1,309	447	368	112	192	64	301	146
63	278	182	95	1,111	392	324	88	161	76	270	123
平成5年	234	164	70	886	325	268	55	123	91	237	88
10	204	143	61	732	277	231	39	94	97	202	75
13	184	134	50	662	252	210	31	82	97	188	64
14	178	130	48	635	243	203	29	78	96	180	63
15	176	126	50	604	238	199	32	76	91	176	63

：（略）

×平成13年自営漁業就業者＞昭和63年自営漁業就業者　　　188＜270

×昭和58年漁業雇われ就業者＞平成15年自営漁業就業者　　146＜176

○平成10年男＞平成14年自営漁業就業者　　　231＞180

×平成14年男＞平成5年自営漁業就業者　　　203＜237

×平成13年男＞昭和63年自営漁業就業者　　　210＜270

正しいのは、「平成10年男＞平成14年自営漁業就業者」。他の選択肢は、いずれも人数の大小が逆。

正解	**1** 平成8年度	**2** 平成10年男＞平成14年自営漁業就業者

10 選択肢に「わからない」がある問題

●図表の情報だけで求められないときには、「わからない」が正解。選択肢に「わからない」があるときには気をつけよう

例題

図表を見て次の問いに答えなさい。

1 【年間発電電力量の推移（一般電気事業用）】

（単位：億 kWh）

電源＼年度	1985 年	1990 年	1995 年
水力	807	881	854
火力	3,444	4,481	4,782
原子力	1,590	2,014	2,911

（統計数値は『電源開発の概要 その計画と基礎資料 平成 15 年度』経済産業省資源エネルギー庁電力・ガス事業部編、奥村印刷による）

1993年の火力による年間発電電力量は、何億kWhか。以下の選択肢の中から1つ選びなさい。

○ 4,481億kWh　　○ 4,536億kWh　　○ 4,662億kWh

○ 4,782億kWh　　○ 表からはわからない

2 【R産業の投資額】

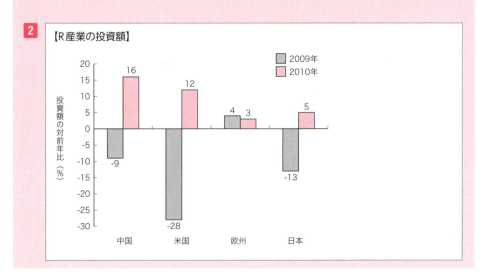

2009年の欧州のR産業の投資額をXとすると、2008年の同投資額は、およそどのように表されるか。最も近いものを、以下の選択肢の中から1つ選びなさい。

○ 0.96X　　○ 1.03X　　○ 1.04X　　○ 1.4X　　○グラフからはわからない

1 表には1993年の火力に関する情報はない。1993年の火力による年間発電電力量がいくらなのかはわからない。

> **補足　なぜ「表からはわからない」のか**
> もしも、火力による年間発電電力量が、一定の割合で増減するのなら、1990年と1995年の量を使って、1993年の量を計算できる。しかし、増減の割合は一定とは限らない。よって、表の情報だけでは、火力による年間発電電力量を求めることはできない。この問題のように「表からはわからない」という選択肢が正解のこともある。頭に入れておこう。

2 グラフは2009年と2010年のものだが、それだけで、2008年はわからないと判断しないこと。「投資額の対前年比（%）」のグラフなので、2009年の値から、2008年の値を求められる。2009年の欧州のR産業の投資額は、対前年比4%増。これは、2008年の投資額を100%としたときに、2009年は104%ということ。「2008年÷2009年」で2009年を1としたときの割合を求める。そのあとでX倍する。

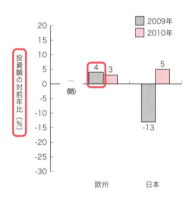

2008年の欧州　　2009年の欧州　　2009年を1としたときの2008年
$$100 \div 104 = 0.961\cdots \risingdotseq 0.96 \Rightarrow 0.96X$$

2009年をXとするのでX倍

正解	**1** 表からはわからない	**2** 0.96X

図表の読み取り　模擬テスト

制限時間17分　問題数20問

※実物は制限時間35分、問題数40問

図表を見て次の問いに答えなさい。

1【コンビニエンスストア年間商品販売額上位品目の割合（%）】

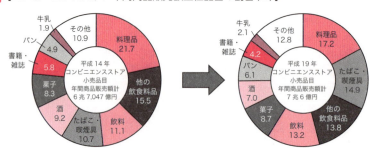

（『平成21年版 我が国の商業』経済産業省経済産業政策局調査統計部）

平成19年の菓子の年間販売額は、およそ何億円か。最も近いものを、以下の選択肢の中から1つ選びなさい。

○6,060億円　　○6,070億円　　○6,080億円　　○6,090億円　　○7,000億円

2【主要国通貨の円換算率（IMF 為替レート）】

国 年	米国 （円／ドル）	ドイツ （円／マルク）	フランス （円／フラン）	英国 （円／ポンド）
1991	134.71	81.18	23.88	238.36
1992	126.65	81.10	23.92	223.60
1993	111.20	67.26	19.64	167.02
1994	102.21	62.98	18.41	156.54
1995	94.06	65.63	18.84	148.47
1996	108.78	72.29	21.26	169.88
1997	120.99	69.77	20.73	198.15
1998	130.91	74.39	22.19	216.84

資料：IMF『INTERNATIONAL FINANCIAL
STATISTICS』
（『平成19年版 科学技術白書』文部科学省）

1992年時点で、5,000円を米国ドルに両替するとおよそ何ドルになるか。最も近いものを、以下の選択肢の中から1つ選びなさい。

○38.5ドル　　○39.1ドル　　○39.5ドル　　○41.1ドル　　○41.5ドル

3 【ごみ総排出量と1人1日当たりのごみ排出量の推移】

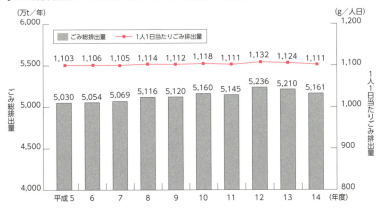

資料：環境省「日本の廃棄物処理」（平成17年1月）
（『平成17年版 環境白書』環境省）

ごみ総排出量が、前年度に比べて減少している年度をすべて列挙しているものを、以下の選択肢の中から1つ選びなさい。

○平成8年度、11年度、13年度　　○平成9年度、11年度、13年度、14年度

○平成11年度、13年度、14年度　　○平成11年度、14年度

○平成13年度、14年度

4 【帰国児童生徒数】

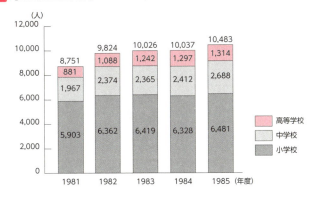

（統計数値は『学校基本調査』文部省による）

1983年度から1984年度にかけて、小学校の帰国児童数は、およそどのように変化したか。最も近いものを、以下の選択肢の中から1つ選びなさい。

○1.0%減少　　○1.2%減少　　○1.4%減少　　○1.6%減少　　○1.9%減少

【中学生趣味調査（Z中学校の全生徒1,500人）】

（単位：％）

生徒＼趣味	a	b	c	d	e	計
男　子	42.0	10.0	4.3	16.5	27.2	100.0
女　子	18.0	18.4	40.0	0	23.6	100.0
全生徒	34.0	12.8	16.2	11.0	26.0	100.0

Z中学校で、音楽を趣味とする生徒が男女合わせて192人いるとき、「音楽」は、表の a〜e のどれに当てはまるか。以下の選択肢の中から1つ選びなさい。

○a 　　　○b 　　　○c 　　　○d 　　　○e

---

6 【産業用丸太主要輸出入国の輸出入量の変化】

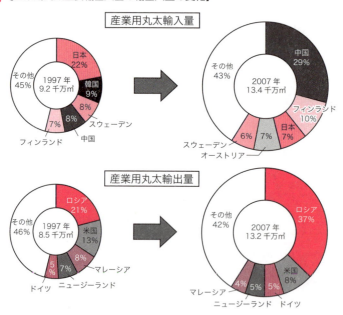

産業用丸太輸入量

1997年 9.2千万㎥
日本 22%
韓国 9%
中国 8%
スウェーデン 8%
フィンランド 7%
その他 45%

2007年 13.4千万㎥
中国 29%
フィンランド 10%
日本 7%
オーストリア 7%
スウェーデン 6%
その他 43%

産業用丸太輸出量

1997年 8.5千万㎥
ロシア 21%
米国 13%
マレーシア 8%
ニュージーランド 7%
ドイツ 5%
その他 46%

2007年 13.2千万㎥
ロシア 37%
米国 8%
ドイツ 5%
ニュージーランド 5%
マレーシア 4%
その他 42%

資料：FAO「FAOSTAT」（2009年1月12日最終更新で、2009年3月31日現在で有効なもの）
（『平成20年度 森林・林業白書』林野庁）

1997年から2007年にかけて、ニュージーランドの産業用丸太輸出量は、およそどのように変化したか。最も近いものを、以下の選択肢の中から1つ選びなさい。

○605万㎥減少した 　　　○132万㎥減少した 　　　○65万㎥減少した

○65万㎥増加した 　　　○132万㎥増加した

7 【広東省の実質GDP成長率及び直接投資受け入れ状況】

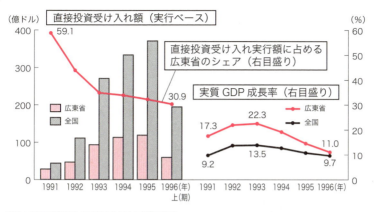

備考：直接投資受け入れの1996年は上半期の数値。
資料：中国国家統計局「中国統計年鑑」、広東省社会経済統計信息服務中心編「広東社会経済統計月報」
（「通商白書 平成9年版」通商産業省）

1996年における全国の実質GDPの成長率は、1991年に比べておよそ何％増加したか。最も近いものを、以下の選択肢の中から1つ選びなさい。

○ 5.4%　　○ 7.1%　　○ 9.7%　　○ 11.2%　　○ 13.6%

8 【事業所数と出荷額の産業別構成比（従業者10人以上の事業所）】

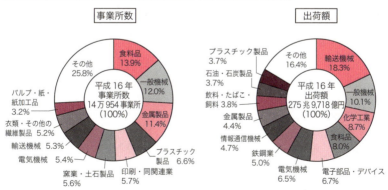

注：四捨五入のため、合計が100とならない場合がある。
（「2006 わが国の工業～さらなる発展をめざす製造業～」経済産業省経済産業政策局調査統計部）

輸送機械の事業所数をXとすると、事業所数全体は、どのように表されるか。以下の選択肢の中から1つ選びなさい。

○ 5.3X　　○ 5.3／100X　　○ 100X／5.3　　○ X＋5.3　　○ X－5.3

【各国の年齢構成（2000年）】

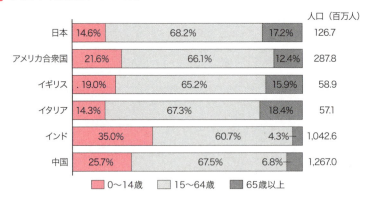

注：四捨五入のため、合計が100とならない場合がある。
（統計数値は『World Population Prospects』United Nationsによる）

インドの0〜14歳の人口と、同国の15歳以上の人口の比は、およそいくつか。最も近いものを、以下の選択肢の中から1つ選びなさい。

○ 1：4　　○ 2：9　　○ 7：10　　○ 7：13　　○ 2：17

---

10 【高速道路整備水準の国際比較】

国名	高速道路延長 (km)	高速道路延長 国土面積 (km／万km²)	高速道路延長 人口 (km／万人)	高速道路延長 √面積・人口 (km／√万km²万人)	高速道路延長 自動車保有台数 (km／万台)
アメリカ	73,271	75	2.83	14.6	3.78
ドイツ	11,143	312	1.37	20.7	2.64
イギリス	3,141	137	0.56	8.7	1.38
フランス	9,000	163	1.56	15.9	3.01
イタリア	6,301	209	1.11	15.2	2.05
日　　本	7,265	192	0.58	10.6	1.12

（『建設白書 平成10年』建設省）

イタリアの自動車保有台数は、イギリスの自動車保有台数に比べておよそ何万台多いか。最も近いものを、以下の選択肢の中から1つ選びなさい。

○ 200万台　　○ 400万台　　○ 600万台　　○ 800万台　　○ 1,000万台

11 【コンビニエンスストア年間商品販売額上位品目の割合（%）】

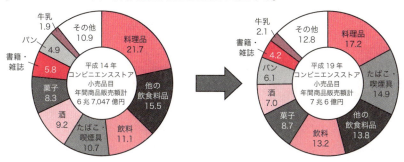

（『平成21年版 我が国の商業』経済産業省経済産業政策局調査統計部）

平成14年の料理品の年間販売額が、前年と比べて12.5%減少したとすると、前年の同販売額は、およそ何億円か。最も近いものを、以下の選択肢の中から1つ選びなさい。

○ 16,430億円　　○ 16,630億円　　○ 16,830億円　　○ 17,030億円

○ 17,230億円

12 【セメント産業における各種産業廃棄物・副産物の使用量の推移】

（単位：千t）

種類 ＼ 年度	平成3	平成4	平成5	平成6	平成7	平成8
高 炉 ス ラ グ	13,498	13,555	13,103	12,860	12,486	13,892
石 炭 灰	2,383	2,545	2,767	2,872	3,103	3,402
副 産 石 こ う	2,216	2,212	2,192	2,286	2,502	2,522
ボ タ	1,807	1,880	1,804	1,923	1,666	1,772
非 鉄 鉱 滓	1,416	1,369	1,276	1,415	1,396	1,430
製 鉄 ス ラ グ	1,270	1,132	1,065	970	1,181	1,246
汚 泥、ス ラ ッ ジ	533	622	757	785	905	930
未燃灰、ばいじん、ダスト	439	475	510	367	487	441
鋳 物 砂	294	298	307	350	399	434
廃 タ イ ヤ	127	171	220	245	266	259
再 生 油	61	77	100	107	126	137
廃 油	78	91	75	95	107	126
廃 白 土	37	35	43	59	94	68
建 設 廃 材	9	5	1	39	107	58
そ の 他	247	240	326	308	272	268
合 計	24,415	24,708	24,545	24,863	25,097	26,986

資料：(社)セメント協会資料より環境庁作成
（『平成10年版環境白書』環境庁）

セメント産業における各種産業廃棄物・副産物の使用量で、合計の対前年度増加率が3番目に大きいのは何年度か。以下の選択肢の中から1つ選びなさい。

○平成4年度　　○平成5年度　　○平成6年度　　○平成7年度　　○平成8年度

13 【OECD諸国におけるハイテク産業別輸出額占有率（2003年）】

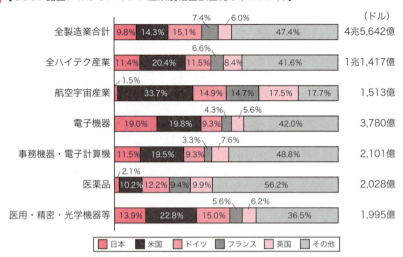

注：輸出額はドル換算されている。
資料：OECD「Main Science and Technology Indicators」、「STAN Database」
（『平成18年版 科学技術白書』文部科学省）

次のうち、グラフから明らかに正しいといえるものはどれか。以下の選択肢の中から
1つ選びなさい。

○英国の輸出額が最も小さい産業は、電子機器である

○航空宇宙産業には、どの国もあまり力を入れていない

○OECD諸国は、他の国よりもハイテク産業が盛んである

○OECD諸国において、全製造業のうち医薬品の輸出額が占める割合は、およそ4.4
　％である

○全ハイテク産業において、ドイツの輸出額は、米国のおよそ1.8倍である

14 【日本の地域別輸出構造の推移】

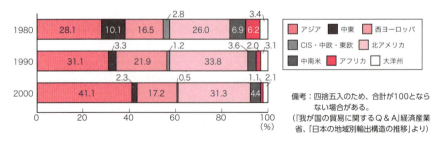

備考：四捨五入のため、合計が100となら
ない場合がある。
（『我が国の貿易に関するQ＆A』経済産業
省、「日本の地域別輸出構造の推移」より）

1980年の北アメリカへの輸出額をXとすると、1990年の同輸出額は、およそどのように表されるか。最も近いものを、以下の選択肢の中から1つ選びなさい。

○ 0.77X ○ 7.8X ○ 1.3X ○ 3X ○ グラフからはわからない

---

15 【ロシアの品目別輸入統計（2007年）】

（単位：100万ドル、%）

	金額	構成比	前年からの伸び率
機械・設備・輸送機器	98,069.5	51.4	55.7
化学品・ゴム	26,721.1	14.0	26.3
食料品・農産品（繊維を除く）	26,146.8	13.7	28.3
金属および同製品	14,817.1	7.8	53.7
繊維・同製品・靴	7,874.4	4.1	62.3
木材・パルプ製品	5,037.3	2.6	34.5
鉱物製品	4,543.9	2.4	41.9
燃料・エネルギー製品	2,452.4	1.3	34.1
輸入総額	190,833.7	100.0	45.7

注：ベラルーシを含まず。総額にはその他を含む。
出所：ロシア連邦税関局「ロシア連邦外国貿易通関統計年鑑」（2006年、2007年）
（『輸入統計（品目別）－ロシア－』ジェトロ）

2006年において、ロシアの木材・パルプ製品の輸入額は、およそ何万ドルか。最も近いものを、以下の選択肢の中から1つ選びなさい。

○ 369,500万ドル ○ 372,000万ドル ○ 374,500万ドル
○ 377,000万ドル ○ 379,500万ドル

---

16 【世界各国の商品Qの販売台数推移】

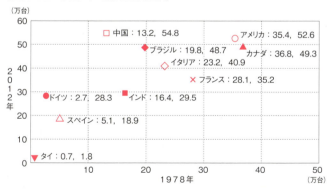

1978年～2012年のカナダの商品Qの販売増加数は、フランスの同増加数のおよそ何倍か。最も近いものを、以下の選択肢の中から1つ選びなさい。

○ 1.64倍 ○ 1.72倍 ○ 1.76倍 ○ 1.87倍 ○ 1.97倍

17 【新築一戸建て供給戸数】

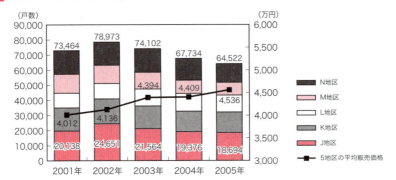

5地区の新築一戸建て供給戸数合計において、2004年の対前年比減少率を100とすると、2003年の対前年比減少率は、およそいくつで表せるか。最も近いものを、以下の選択肢の中から1つ選びなさい。

○8.6　　　○35.8　　　○62.6　　　○71.8　　　○103.6

18 【世帯主の年齢階級別1世帯当たりの貯蓄・負債現在高、年間収入、持家率】

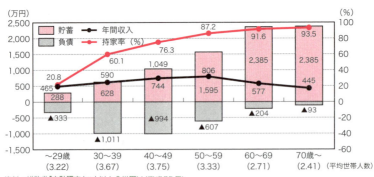

資料：総務省「家計調査（二人以上の世帯）」（平成25年）
（『平成27年版 高齢社会白書』内閣府）

次の記述のうち、グラフを正しく説明しているものは、いくつあるか。以下の選択肢の中から1つ選びなさい。

・年間収入の前年比増加率が一番大きいのは、40〜49歳である

・1世帯当たりの貯蓄において、59歳以下の合計と、60歳以上の合計とでは、60歳以上のほうが大きい

・持家率が上がると負債が増える

・貯蓄に対する負債の比率は、最も多い世代では150%を超える

○0　　○1つ　　○2つ　　○3つ　　○4つ

19【R産業の投資額】

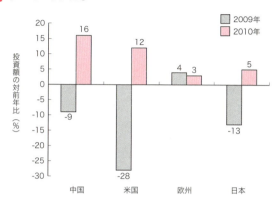

米国の2009年のR産業の投資額をXとすると、2010年の同投資額は、およそのように表されるか。最も近いものを、以下の選択肢の中から1つ選びなさい。

○12X　　○12＋X　　○X－16　　○1.12X　　○1.2X

20【新築一戸建て供給戸数】

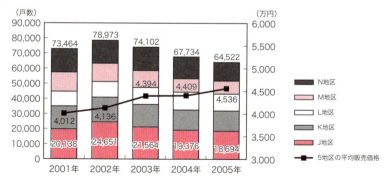

5地区合計の新築一戸建て供給戸数の2001年～2005年の間の平均を1とすると、供給戸数合計が0.95～1.05までの間に当てはまる年は、何回あるか。以下の選択肢の中から1つ選びなさい。

○0回　　○1回　　○2回　　○3回　　○4回以上

図表の読み取り　模擬テスト

解説と正解

1 円グラフが2つあり、どちらにも菓子があるので、間違えないようにしよう。使うのは「平成19年」の円グラフ。平成19年の販売額計に、菓子の割合をかけ算する。販売額計の「7兆6億円」は、億を省略して「70,006」で計算して、最後に億を補う。

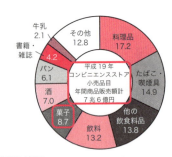

販売額計　菓子割合　菓子販売額
$70,006 × 0.087 = 6,090.522$ ➡ 約6,090億円

正解　6,090億円

2 1992年の円と米国ドルの換算率は、「126.65円／ドル」。これは、126.65円が1ドルにあたるということ。
5,000円を126.65円で割り算すればよい。

年＼国	米国 （円／ドル）	ドイツ （円／マルク）	
1991	134.71	81.18	… (略)
1992	126.65	81.10	

∶（略）

日本円　換算率　米国ドル
$5,000 ÷ 126.65 = 39.47… ≒ 39.5ドル$

正解　39.5ドル

3 ごみ総排出量の数値を読み取って、前年度より減少している年度を選ぶ。
該当するのは、平成11年度、13年度、14年度。

正解　平成11年度、13年度、14年度

4 小学校の帰国児童数について、「1984年度の数÷1983年度の数－1」で増減率を求める。答えがマイナスになれば減少率。

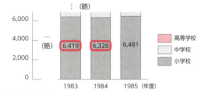

高等学校
中学校
小学校

1984年度　1983年度　　答えがマイナスなら減少率
6,328 ÷ 6,419 － 1 ＝ －0.0141… ➡ 約1.4％減少

正解	**1.4％減少**

5 「音楽を趣味とする生徒数÷全生徒数」で、音楽を趣味とする生徒の割合を求めて、表の「全生徒」欄の割合と一致するものを探す。音楽を趣味とする生徒数は、設問から192人。全生徒数は、表のタイトルから1,500人。

【中学生趣味調査（Z中学校の全生徒 1,500人 ）】

(単位：%)

趣味 生徒	a	b	c	d	e	計
男　子	42.0	10.0	4.3	16.5	27.2	100.0
女　子	18.0	18.4	40.0	0	23.6	100.0
全生徒	34.0	12.8	16.2	11.0	26.0	100.0

音楽が趣味の生徒数　全生徒数　音楽が趣味の生徒割合
192 ÷ 1,500 ＝ 0.128 ＝ 12.8％

正解	**b**

6 まず、1997年と2007年のニュージーランドの産業用丸太輸出量について、それぞれ「輸出量全体×ニュージーランドの割合」で数量を求める。次に、「2007年－1997年」で差を求める。千万は省略して計算。

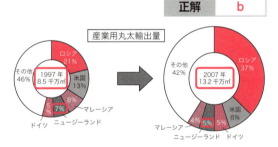

産業用丸太輸出量

産業用丸太輸出量　ニュージーランドの割合　ニュージーランドの量
1997年　8.5　×　0.07　＝ 0.595
2007年　13.2　×　0.05　＝ 0.66

2007年　1997年　変化した量
0.66 － 0.595 ＝ 0.065 ➡ 0.065千万 ＝ 65万㎥増加した

正解	**65万㎥増加した**

速解 電卓のメモリー機能を活用すれば、計算過程のメモ書き時間を省ける
13.2［×］0.05［M＋］　◀ 2007年を計算してメモリーに記憶
8.5［×］0.07［M－］［RM］　◀ 1997年を計算してメモリーから引き算。メモリーを呼び出す

7 全国の実質GDP成長率について、「1996年÷1991年－1」で増加率を求める。

実質GDP成長率（右目盛り）
広東省　17.3　22.3
全国　9.2　13.5　9.7　11.0
1991 1992 1993 1994 1995 1996(年)

1996年　1991年　　　増加率
9.7　÷　9.2　−　1 = 0.0543… ≒ 5.4%

正解	**5.4%**

> **別解** 「1991年と1996年の成長率の差÷1991年」を求める
> 計算すると「(9.7 − 9.2) ÷ 9.2 = 0.0543…≒5.4%」。

8 「事業所数全体の割合÷輸送機械の事業所数の割合」で、輸送機械を1としたときの全体の割合を求めてから、X倍する。

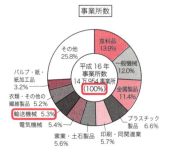

事業所数

平成16年
事業所数
14万5954事業所
(100%)

食料品 13.9%
一般機械 12.0%
金属製品 11.4%
プラスチック製品 6.6%
印刷・同関連業 5.7%
窯業・土石製品 5.6%
電気機械 5.4%
輸送機械 5.3%
衣類・その他の繊維製品 5.2%
パルプ・紙・紙加工品 3.2%
その他 25.8%

全体　輸送機械　輸送機械を1としたときの全体

$$100 ÷ 5.3 = \frac{100}{5.3} \Rightarrow \frac{100}{5.3} X = \frac{100X}{5.3}$$

輸送機械をXとするのでX倍

正解	**100X / 5.3**

9 インドの人口について、「0～14歳の割合：15歳以上の割合」で比の式を作る。そのままでは、選択肢に一致するものがないので、同じ数で割り算して、もっと簡単な比に直す。

イギリス 19.0%　58.9
イタリア 14.3%　67.3%　18.4%　57.1
インド 35.0%　60.7%　4.3%　1,042.6
中国 25.7%　67.5%　6.8%　1,267.0

全体　0～14歳　15歳以上
100 − 35.0 = 65.0

■ 0～14歳　□ 15～64歳　■ 65歳以上

※15歳以上に当てはまるのは「15～64歳」と「65歳以上」。2つの割合を足すか、全体の100%から0～14歳の35.0%を引く。

0～14歳　15歳以上
35.0　：　65.0

⬇ それぞれ5で割り算する

7：13

正解	**7：13**

10 まず、イタリアとイギリスについて、「高速道路延長

$\div \dfrac{\text{高速道路延長}}{\text{自動車保有台数}}$」で、自動車保有台数を求める。

次に、「イタリア－イギリス」で台数の差を求める。

国名	高速道路延長 (km)		高速道路延長 自動車保有台数 (km/万台)
：(略)			
イギリス	3,141	… (略)	1.38
フランス	9,000		3.01
イタリア	6,301		2.05
：(略)			

	高速道路延長		高速道路延長/自動車保有台数		自動車保有台数		
イタリア	6,301	÷	2.05	=	3,073.6…	➡	約3,074万台
イギリス	3,141	÷	1.38	=	2,276.0…	➡	約2,276万台

イタリア	イギリス	台数の差

3,074万 － 2,276万 = 798万 ≒ 800万台

「$\dfrac{\text{高速道路延長}}{\text{自動車保有台数}}$」の単位がkm/万台
なので、求めた台数の単位は「万台」

正解 **800万台**

補足 **なぜ、前述の計算で自動車保有台数が求められるのか**

「$\dfrac{\text{高速道路延長}}{\text{自動車保有台数}}$」を割り算の式にすると、「高速道路延長÷自動車保有台数」。これを以下のように

展開したのが、この問題で使った計算式。

$$\text{高速道路延長} \div \text{自動車保有台数} = \dfrac{\text{高速道路延長}}{\text{自動車保有台数}}$$

$$\text{自動車保有台数} = \text{高速道路延長} \div \dfrac{\text{高速道路延長}}{\text{自動車保有台数}}$$

---

11 まず、平成14年の料理品について、「販売額計×料理

品の割合」で販売額を求める。これが、前年より12.5

％減少した額なので、平成13年の販売額は「平成14

年の販売額÷(1－0.125)」。億は省略して計算。

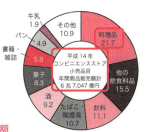

平成14年の販売額計	料理品割合	平成14年の料理品販売額

67,047 × 0.217 = 14,549.199

平成14年の料理品販売額	(1－減少率)	平成13年の料理品販売額

14,549.199 ÷ (1－0.125) = 16,627.656 ➡ 約16,630億円

正解 **16,630億円**

速解 **電卓のメモリー機能を活用すれば、計算過程のメモ書き時間を省ける**

1 [－] 0.125 [M＋] ◀ 1－減少率を計算してメモリーに記憶

67047 [×] 0.217 [÷] [MR] [＝] ◀ 平成14年の料理品を計算後、[÷]を押してからメモリーを

呼び出し計算する([＝]を押す)

12 それぞれの年度の合計について「その年度÷前年度−1」で、対前年度の増加率を求め、3番目に大きいものを選ぶ（千は省略して計算）。合計は年度ごとに増加しており、減少しているのは平成5年度だけ。平成5年度は最下位だとわかるので計算を省略する。

種類　　　年度	平成3	平成4	平成5	平成6	平成7	平成8
高 炉 ス ラ グ	13,498	13,555	13,103	12,860	12,486	13,892
石　炭　灰	2,383	2,545	2,767	2,872	3,103	3,402
： （略）						
そ の 他	247	240	326	308	272	268
合　　　　計	24,415 →	24,708 →	24,545 →	24,863 →	25,097 →	26,986

　　　　　　　　　その年度　　　前年度　　　増加率
平成4年度　24,708 ÷ 24,415 − 1 = 0.0120…　➡　3番目

平成5年度　減少しているので、計算を省略

平成6年度　24,863 ÷ 24,545 − 1 = 0.0129…　➡　2番目

平成7年度　25,097 ÷ 24,863 − 1 = 0.0094…

平成8年度　26,986 ÷ 25,097 − 1 = 0.0752…　➡　1番目

正解　**平成4年度**

> **別解**　電卓に打ち込む量は増えるが「増えた数÷前年度の数」でも計算できる
>
> 　　　　　　　その年度　　　前年度　　　前年度　　　増加率
> 平成4年度　(24,708 − 24,415) ÷ 24,415 = 0.0120…
> 平成6年度　(24,863 − 24,545) ÷ 24,545 = 0.0129…
> 平成7年度　(25,097 − 24,863) ÷ 24,863 = 0.0094…
> 平成8年度　(26,986 − 25,097) ÷ 25,097 = 0.0752…

13 選択肢のうち、グラフから明らかに正しいといえるものを1つ選ぶ。

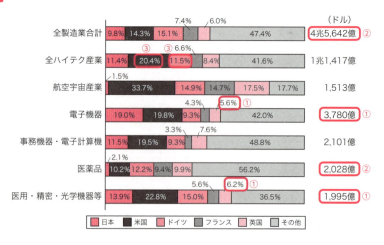

✗**英国の輸出額が最も小さい産業は、電子機器である** ①

英国の輸出額は「輸出総額×英国の割合」。電子機器より輸出総額が小さい産業の中で、英国の割合が最も小さい医用・精密・光学機器等と比較してみる。億は省略して計算。

	輸出総額		英国の割合		英国の輸出額
電子機器	3,780	×	0.056	=	211.68
医用・精密・光学機器等	1,995	×	0.062	=	123.69

電子機器より、医用・精密・光学機器等のほうが、輸出額が小さい。

※最も小さいものがどれかを判明させる必要はない。電子機器より小さいものがあれば誤り。

✗**航空宇宙産業には、どの国もあまり力を入れていない**

力を入れているかどうかは、グラフからはわからない。

✗**OECD諸国は、他の国よりもハイテク産業が盛んである**

他の国よりもハイテク産業が盛んかどうかは、グラフからはわからない。

○**OECD諸国において、全製造業のうち医薬品の輸出額が占める割合は、およそ4.4％である** ②

「医薬品の輸出総額÷全製造業合計の輸出総額」を求める。億は省略して計算。

医薬品		全製造業合計		医薬品の割合	
2,028	÷	45,642	=	0.0444…	≒ 4.4%

✗**全ハイテク産業において、ドイツの輸出額は、米国のおよそ1.8倍である** ③

全ハイテク産業に占める割合は、ドイツが11.5%、米国が20.4%で、ドイツのほうが少ない（1倍未満）。

正解	**OECD諸国において、全製造業のうち医薬品の輸出額が占める割合は、およそ4.4％である**

14 このグラフに示されているのは構成比（割合）だけで、実際の金額はわからない。よって、違う年どうし（1980年と1990年）の比較はできない。

正解	**グラフからはわからない**

15 表の金額は2007年のもの。木材・パルプ製品について、「2007年の金額÷(1＋前年からの伸び率)」で、2006年の金額を求める。百万は省略して計算。

（単位：100万ドル、％）

	金額	構成比	前年からの伸び率
機械・設備・輸送機器	98,069.5	51.4	55.7
：（略）			
繊維・同製品・靴	7,874.4	4.1	62.3
木材・パルプ製品	5,037.3	2.6	34.5
：（略）			

　　　2007年　　（1＋伸び率）　　2006年
　　5,037.3 ÷ 　1.345　＝ 3,745.20…　➡　3,745.2百万ドル ≒ 374,500万ドル

正解	**374,500万ドル**

16 この問題のグラフは「散布図」という。縦軸と横軸、2つの数値が交わるところに点が打たれていて、2つの数値の相関関係を見るのに使われる。数値は「1978年の台数,2012年の台数」

の順に示されている。例えば、カナダの「36.8,49.3」なら、1978年が「36.8万台」で、2012年が「49.3万台」。

まず、カナダとフランスの販売台数について、それぞれ「2012年－1978年」で増加数を求める。次に、増加数について、「カナダ÷フランス」で何倍かを求める。万は省略して計算。

　　　　　　2012年　　1978年　　販売増加数
カナダ　　49.3 － 36.8 ＝12.5
フランス　35.2 － 28.1 ＝ 7.1

　カナダ　　フランス　　カナダの倍率
　12.5 ÷ 　7.1　 ＝ 1.760… ≒ 1.76倍

正解	**1.76倍**

速解 電卓のメモリー機能を活用すれば、計算過程のメモ書き時間を省ける

35.2 [－] 28.1 [M＋]　◀ フランスを計算してメモリーに記憶

49.3 [－] 36.8 [÷] [MR] [＝]　◀ カナダを計算後、[÷]を押してからメモリーのフランスを呼び出し計算する([＝]を押す)

17 まず、2003年と2004年の供給戸数合計について、それぞれ「その年÷前年－1」で、対前年比減少率を求める。次に、対前年比減少率について、「2003年÷2004年」で、

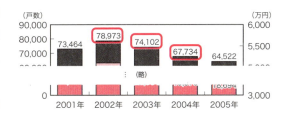

2004年を1としたときの2003年の割合を求める。100倍すると、2004年の対前年比減少率を100としたときの、2003年の対前年比減少率。

その年　　　前年　　　　マイナスなら減少率
2003年　74,102 ÷ 78,973 － 1 ＝ －0.06167…　➡　約6.17％減少
2004年　67,734 ÷ 74,102 － 1 ＝ －0.08593…　➡　約8.59％減少

2003年　　2004年　　　2004年を1としたときの2003年
6.17 ÷ 8.59 ＝ 0.7182… ≒ 0.718　➡　71.8

> 2004年を100とするので100倍

正解	**71.8**

速解 電卓のメモリー機能を活用すれば、計算過程のメモ書き時間を省ける

減少率はマイナスのまま割り算する（両方ともマイナスなので答えはプラス）。

67734 [÷] 74102 [－] 1 [M＋]　　　◀ 2004年を計算してメモリーに記憶

74102 [÷] 78973 [－] 1 [÷] [MR] [×] 100 [＝]　◀ 2003年を計算後、[÷]を押してから

メモリーの2004年を呼び出し計算。さらに100倍する

18 選択肢それぞれについて、正しいかどうかを考える。

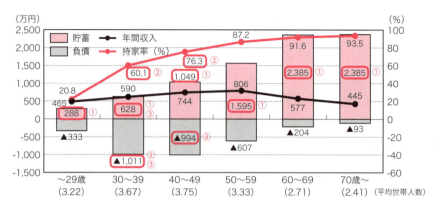

× **年間収入の前年比増加率が一番大きいのは、40～49歳である**

グラフには前年の情報はないので、わからない。

○ **1世帯当たりの貯蓄において、59歳以下の合計と、60歳以上の合計とでは、60歳以上のほうが大きい** ①

貯蓄の合計を比べると、以下のように60歳以上のほうが大きい。万は省略して計算。

<table>
<tr><td></td><td>～29歳</td><td>30～39歳</td><td>40～49歳</td><td>50～59歳</td><td>合計</td></tr>
<tr><td>59歳以下</td><td>288 +</td><td>628 +</td><td>1,049 +</td><td>1,595 =</td><td>3,560</td></tr>
</table>

<table>
<tr><td></td><td>60～69歳</td><td>70歳～</td><td>合計</td></tr>
<tr><td>60歳以上</td><td>2,385 +</td><td>2,385 =</td><td>4,770</td></tr>
</table>

× **持家率が上がると負債が増える** ②

必ずしもそうとはいえない。例えば、30～39歳と40～49歳とでは、40～49歳のほうが持家率は上なのに、負債は少ない。

○ **貯蓄に対する負債の比率は、最も多い世代では150％を超える** ③

棒グラフの見た目（貯蓄の棒グラフに比べて、負債の棒グラフが一番長いもの）から、30～39歳が、貯蓄に対する負債の比率が最も多い。30～39歳の「負債÷貯蓄」を計算すると、以下のように150％を超える。万は省略して計算。

負債　　貯蓄　　貯蓄に対する負債の比率
1,011 ÷ 628 = 1.609… ≒ 161％

正解	**2つ**

19 グラフから、米国の2010年の投資額は、対前年比12%増。これは、2009年の投資額を1としたときに、2010年は1.12ということ。求めるのは、2009年の投資額をXとしたときなので、「1.12」をX倍すると、「1.12X」。

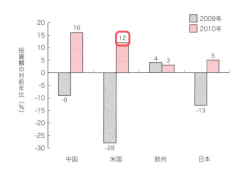

| 正解 | **1.12X** |

20 まず、2001年〜2005年までの新築一戸建て供給戸数を足してから5で割って、5年間の平均供給戸数を求める。次に、平均供給戸数に、0.95と、1.05をそれぞれか

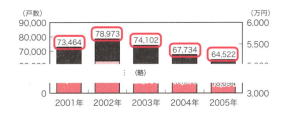

け算して、供給戸数がその範囲内に当てはまる年が何回あるかを数える。

   2001年   2002年   2003年   2004年   2005年   5年間の平均供給戸数

$(73{,}464 + 78{,}973 + 74{,}102 + 67{,}734 + 64{,}522) \div 5 = 71{,}759$

平均の0.95倍　$71{,}759 \times 0.95 = 68{,}171.05$戸

平均の1.05倍　$71{,}759 \times 1.05 = 75{,}346.95$戸

68,171.05戸〜75,346.95戸の間に当てはまる年は、2001年、2003年の2回。

| 正解 | **2回** |

四則逆算とは？

● 方程式の答えを速く正確に推測

四則逆算は、方程式の答えを、速く正確に推測できるかを調べるテストです。

式の一部が□になった計算式（方程式）が出題され、□に入る数値を5つの選択肢の中から選びます。計算には、電卓と計算用紙を使用することができます。

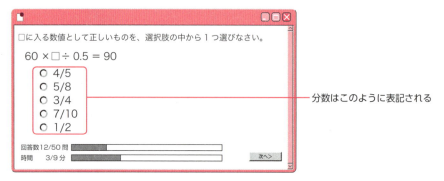

分数はこのように表記される

● 速度を競う問題

四則逆算の問題数と制限時間は、以下の通りです。

科目名	問題数	制限時間
四則逆算	50問	9分

問題自体は、中学生までに習うレベルの方程式です。難問ではなく、電卓を使用することもできます。しかし油断は禁物です。制限時間9分で50問ということは、**1問を10秒程度で解かなければなりません。「四則逆算」は、解けるか解けないかを問う問題ではなく、速度を競う問題なのです。**

● 先に進んだら前の問題には戻れない

多くの場合、「次へ」ボタンを押して次の問題に進むと、前の問題には戻れません。企業によっては、「前へ」ボタンで前の問題に戻ることができるタイプが実施されることもありますが、わずかです。

四則逆算の攻略法

■● 先に進むほど難しくなるので、はじめは短時間で解く

先に進むほど問題の難易度が上がります。はじめのほうの比較的易しい問題は短時間で解くように心がけ、難易度が高い問題に時間を残しましょう。

本書の模擬テストは、実物と同じく、先に進むほど難しくなるように作ってあります。時間を計りながら挑戦して、自分に合った時間配分を考えてみてください。

■● 電卓は必ず用意し、使い慣れておこう

1問でも多く解くためには電卓が欠かせません。電卓は必ず用意し、練習段階から使い慣れておきましょう。効率のよい電卓の打ち方を覚えることも速度向上に役立ちます。43ページの「電卓を使いこなして速度アップ」をお読みください。

■● 要領よく問題を解く力が問われている

短時間で問題を解くためには、1つ1つの計算速度だけでなく、要領のよさが大切です。例えば、選択肢が大きく離れているときは概算する、式を入れ替えて計算しやすい順にするなど、問題に応じて工夫をしましょう。電卓の使いこなしも含め、**四則逆算で問われているのは、要領よく問題を解く力なのです。**

■● 割り切れる分数は小数にして、電卓で計算

式や選択肢に含まれる分数がすべて割り切れる場合は、「分子÷分母」で小数にして電卓で計算するとよいでしょう。本書では、分数がすべて割り切れる場合は、できるだけ電卓で計算する方法を紹介します。

分母が2、4、5、8、10、16、20なら、必ず割り切れる分数です（分母が20以下の場合）。$\frac{1}{2} = 0.5$、$\frac{1}{5} = 0.2$など、できるだけ暗記しておくと、計算の手間が省けます。

式や選択肢に割り切れない分数がある場合は、電卓は使わずに、分数の筆算をするほうがよいでしょう。なお、式や選択肢に含まれる分数がすべて割り切れる場合でも、

電卓よりも分数の筆算が速いという人は、分数で計算してかまいません。臨機応変に、自分が一番速く解ける方法で解けばよいのです。

巻末の「3つの表」を速度向上に役立てよう

巻末に、九九の表を20×20まで延長した「20×20の表」、分数と小数の換算表である「分数→小数 換算表」と「小数→分数 換算表」をつけました。

速度向上のツールとして役立ててください。記憶力に自信のある人は、拡大コピーして壁に貼り、暗記用に使うのもいいでしょう。

本書の問題に繰り返し取り組んで、力をつけよう！

計算速度を上げるためには、たくさんの問題を繰り返し解いて慣れることです。本番のつもりで時間を計り、模擬テストをどこまで速く解けるか試してみましょう。

本書の解説ページでは、考え方がわかりやすいよう、式の移し方を丁寧に記します。**実際には、式の移項は頭の中ですませて、いきなり電卓で計算するのが最も速い方法**です。問題によっては、分数の筆算が必要だったり、部分的にメモをとるほうが楽なものもあるので、何回も本書の問題に取り組んで、自分が最短で解ける方法を身につけてください。

なお、Web画面では、分数が5/7というように表記されます。慣れておくために、本書の問題はすべてこの表記にしてあります。解説中の計算過程は、わかりやすさを優先して $\frac{5}{7}$ という表記にしてあります。

方程式を解くコツ

数字を右辺に移して□＝の式にする

＋ の方程式 $\square + 2 = 5$ $\square = 5 - 2$ −に変える

                 $3 + \square = 5$ $\square = 5 - 3$ −に変える

− の方程式 $\square - 4 = 2$ $\square = 2 + 4$ ＋に変える

                 $6 - \square = 2$ $\square = 6 - 2$ 後ろの−ごと移す

× の方程式 $\square \times 3 = 6$ $\square = 6 \div 3$ ÷に変える

                 $2 \times \square = 6$ $\square = 6 \div 2$ ÷に変える

÷ の方程式 $\square \div 2 = 3$ $\square = 3 \times 2$ ×に変える

                 $6 \div \square = 3$ $\square = 6 \div 3$ 後ろの÷ごと移す

右辺に移すときは、左辺の計算順が後のものが先

$$\square \underset{先}{\times} 2 \underset{}{-} 3 = 5 \;\Rightarrow\; \square = (5 \underset{先}{+} 3) \underset{後}{\div} 2$$

後

□×2−3＝5
   □×2＝5＋3
      □＝8÷2 と同じ

計算のおさらい

計算順のきまり

● かけ算・割り算は、足し算・引き算よりも先に計算

● かっこがあるときは、かっこの中を先に計算

かっこをはずすとき

● 引き算のかっこをはずすと、かっこ内の－は＋になる

　例：$6-(2-1) = 6-2+1=5$

● 割り算のかっこをはずすと、かっこ内の÷は×になる

　例：$12\div(4\div2)=12\div4\times2=6$

分数は整数の式に変えられる

● 分数は、「分子÷分母」の式に変えられる

　例：$\dfrac{3}{5}=3\div5=0.6$

● 「÷分数」を整数の式にするときは、「÷分子×分母」となるので注意

　例：$6\div\dfrac{3}{5}=6\div3\times5=10$

分数のおさらい

＋ － 通分（分子と分母に同じ数をかける）で分母を揃えて計算

$$\frac{1}{2} + \frac{1}{3}$$ ← 分母が6になるよう通分

$$= \frac{1\times3}{2\times3} + \frac{1\times2}{3\times2}$$

$$= \frac{3}{6} + \frac{2}{6}$$ ← 分母が揃ったら足し算

$$= \frac{5}{6}$$

$$\frac{2}{3} - \frac{1}{6}$$ ← 分母が6になるよう通分

$$= \frac{2\times2}{3\times2} - \frac{1}{6}$$

$$= \frac{4}{6} - \frac{1}{6}$$ ← 分母が揃ったら引き算

$$= \frac{\overset{1}{3}}{\underset{2}{6}}$$ ← 約分（分子と分母を同じ数で割る）

$$= \frac{1}{2}$$

✕ 分母どうし、分子どうしをかけ算

$$\frac{3}{4} \times \frac{1}{3}$$ ← 分母どうし、分子どうしをかけ算

$$= \frac{\overset{1}{3}\times1}{4\times\underset{1}{3}}$$ ← 約分（分子と分母を同じ数で割る）

$$= \frac{1}{4}$$

÷ 割る数の分子と分母を入れ替えてかけ算

$$\frac{1}{3} \div \frac{5}{6}$$ ← $÷\frac{5}{6}$は$×\frac{6}{5}$にする

$$= \frac{1}{3} \times \frac{6}{5}$$ ← 分母どうし、分子どうしをかけ算

$$= \frac{1\times\overset{2}{6}}{\underset{1}{3}\times5}$$ ← 約分（分子と分母を同じ数で割る）

$$= \frac{2}{5}$$

1 整数の計算

●式を電卓で計算しやすい順にして、一気に計算。数字を右辺に移すときは、左辺の計算順が後のものが先
●選択肢をうまく使うと、計算を減らせる問題もある

例題

□に入る数値として正しいものを、選択肢の中から1つ選びなさい。

1 □ − 4672 = 8204

○14026　　○3532　　○10746　　○423　　○12876

2 □ ÷ 4 = 31 + 13

○11　　○176　　○18　　○184　　○43

3 830 − □ = 530 − (300 − 140)

○140　　○920　　○370　　○690　　○460

4 37 × 3 = □ × 12 + 15

○4　　○6　　○8　　○10　　○12

5 (□ − 6) × (27 − 19) = 96

○18　　○27　　○12　　○6　　○24

---

1 □ − 4672 = 8204　　　　　◀ 4672を右辺に移す（＋4672に変わる）

　　　　□ = 8204 + 4672　　◀ 赤字の部分を、電卓で計算

　　　　□ = 12876

> **速解** 選択肢の数値が大きく離れていることに注目。一番上の桁だけ暗算
> 一番上の桁だけ「8 ＋ 4 ＝ 12」と暗算し、答えは12000台か13000台なので「12876」を選ぶ。
> ※1つ下の桁の足し算で繰り上がりがなければ12000台、あれば13000台となる。

2 $\square \div 4 = 31 + 13$　　　◀ 4を右辺に移す（×4に変わる）

　　　$\square = (31 + 13) \times 4$　　　◀ 赤字の部分を、電卓で左から順に計算

　　　$\square = 176$

> **速解** 選択肢は1の位がすべて異なることに注目。1の位だけ暗算
> 1の位だけ「(1 + 3) × 4 = 1**6**」と暗算し、1の位が6の「17**6**」を選ぶ。

3 $830 - \square = 530 - (300 - 140)$　　　◀ 830を右辺に移す（830 -のまま右辺の先頭へ）

　　　$\square = 830 - (530 - (300 - 140))$　　　◀ かっこをはずす

　　　$\square = 830 - 530 + 300 - 140$　　　◀ 赤字の部分を、電卓で左から順に計算

　　　$\square = 460$

> **速解** 電卓で「右辺の答え－830」を計算してプラス・マイナスを逆にする
> 右辺のかっこをはずして、電卓で「530 - 300 + 140」と計算し、そこから左辺の「830」を引く。引く順が逆になるので計算結果は「- 460」。プラスにした「460」が正解。
> ※引く順を逆にすると、プラス・マイナスが逆転した答えになる。

4　　　$37 \times 3 = \square \times 12 + 15$　　　◀ 左右の式を入れ替える（□が左辺にくる）

　　$\square \times 12 + 15 = 37 \times 3$　　　◀ 12と15を右辺に移す（左辺の計算順が後の15が先）

　　　　$\square = (37 \times 3 - 15) \div 12$　　　◀ 赤字の部分を、電卓で左から順に計算

　　　　$\square = 8$

5 $(\square - 6) \times (27 - 19) = 96$　　　◀ 6と(27 - 19)を右辺に移す

　　　$\square = 96 \div (27 - 19) + 6$　　　◀ 27 - 19を、暗算または電卓で計算

　　　$\square = 96 \div 8 + 6$　　　◀ 赤字の部分を、電卓で左から順に計算

　　　$\square = 18$

> **速解** 電卓のメモリー機能を使うと、メモをとらずにかっこの式を計算できる
> 27 [－] 19 [M+]　　　◀ かっこ内を計算してメモリーに記憶（答えの8が記憶される）
> 96 [÷] [MR] [＋] 6 [＝]　　　◀ [MR]でメモリー呼び出し（8が呼び出される）。[＝]で答えは18
> メモリーのボタンは電卓によって異なるので、詳しくは電卓の説明書で確認を。

正解	**1** 12876	**2** 176	**3** 460	**4** 8	**5** 18

□に入る数値として正しいものを、選択肢の中から1つ選びなさい。

1 $96 \div (\square - 3) = 8$

○9　○12　○15　○22　○25

2 $\square \times 10 \div 7 = 16 \div 14$

○0.125　○0.25　○0.8　○4　○8

3 $18 \div 12 = \square \div 3$

○13/6　○1/2　○8/3　○3/2　○9/2

4 $84 \div (23 - \square) = 6$

○8　○14　○18　○9　○37

---

1 $96 \div (\square - 3) = 8$　　　←　96と3を右辺に移す（96は96÷のまま右辺の先頭へ）

$\quad\quad\quad \square = \mathbf{96 \div 8 + 3}$　　←　赤字の部分を、電卓で左から順に計算

$\quad\quad\quad \square = 15$

2 「$10 \div 7$」と「$16 \div 14$」は割り切れないが、選択肢は整数と小数なので、計算過程で割り切れるはず。こういうときは、かけ算を先にして、割り算を後にする。

$\quad\quad \square \times 10 \div 7 = 16 \div 14$　　←　10と7を右辺に移す

$\quad\quad\quad\quad \square = 16 \div 14 \times 7 \div 10$　　←　割り切れるように、かけ算を先にする

$\quad\quad\quad\quad \square = \mathbf{16 \times 7 \div 14 \div 10}$　　←　赤字の部分を、電卓で左から順に計算

$\quad\quad\quad\quad \square = 0.8$

> **速解** 割り切れないまま電卓で計算
> 計算すると「$16 \div 14 \times 7 \div 10 = 0.799\cdots$」。最も近い選択肢の「0.8」を選ぶ。

3 選択肢に割り切れない分数があるので、式を分数にして筆算する。

$$18 \div 12 = \square \div 3$$ ← 左右の式を入れ替える

$$\square \div 3 = 18 \div 12$$ ← 3を右辺に移す

$$\square = 18 \div 12 \times 3$$ ← ÷12は ×$\frac{1}{12}$ にして計算

$$\square = \frac{\overset{3}{18} \times 1 \times 3}{\underset{2}{12}}$$ ← 約分を忘れない

$$\square = \frac{9}{2}$$

別解 「18÷12×3＝4.5」を電卓で計算してから分数に。あるいは比で解く

比の考え方で解く方法を紹介する。左辺の割る数と割られる数を、それぞれ÷4すると、右辺の割る数と割られる数になる。

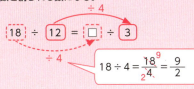

4 「84÷」と「23－」という、右辺の先頭に符号付きで移すものばかり。まとめて移すと計算順を間違えやすいので、左辺の数を1つずつ右辺に移すとよい。

$$84 \div (23 - \square) = 6$$ ← 84を右辺に移す

$$23 - \square = \mathbf{84 \div 6}$$ ← 23を右辺に移す。84÷6は電卓で計算しておく

$$\square = \mathbf{23 - 14}$$ ← 赤字の部分を、暗算または電卓で計算

$$\square = 9$$

補足 まとめて移す場合の式は、「□＝23－(84÷6)」

速解 電卓では、引く順を逆にして「84÷6－23＝－9 ➡ 9」と計算

あるいは、メモリー機能を使ってもよい。

84 [÷] 6 [M+]　← 84÷6を計算してメモリーに記憶

23 [－] [MR] [＝]　← [MR]でメモリー呼び出し。[＝]で答えは9

正解	**1** 15	**2** 0.8	**3** 9/2	**4** 9

2 小数と％の計算

- ●計算の前に選択肢を見る。選択肢に割り切れない分数がある場合は筆算する。それ以外は電卓で計算できる
- ●％の式は、小数にして計算する（例：32％＝0.32）

例題

□に入る数値として正しいものを、選択肢の中から1つ選びなさい。

1 $\square \times 0.0025 = 0.5 \times 0.5$

○0.1　　○1　　○10　　○100　　○1000

2 $8.4 - 3.7 + 2.1 = 7.5 + \square$

○0.7　　○−0.8　　○0.8　　○−0.7　　○−0.5

3 270の□％＝64.8

○18　　○24　　○32　　○48　　○42

4 $60 \times \square \div 0.5 = 90$

○4/5　　○5/8　　○3/4　　○7/10　　○1/2

5 $0.6 \div 0.42 = \square$

○7/10　　○10/7　　○7　　○7/100　　○1/7

1 $\square \times 0.0025 = 0.5 \times 0.5$　　　　◀ 0.0025を右辺に移す

$\square = 0.5 \times 0.5 \div 0.0025$　　　　◀ 赤字の部分を、電卓で左から順に計算

$\square = 100$

速解 「0.5×0.5」だけ計算して、左右の式を見比べる
「0.5×0.5＝0.25」だけ計算。0.25は0.0025より2桁大きいから、「100」が正解。

2 $8.4 - 3.7 + 2.1 = 7.5 + \square$ ← 左右の式を入れ替える

$\qquad 7.5 + \square = 8.4 - 3.7 + 2.1$ ← 7.5を右辺に移す

$\qquad\qquad \square = \mathbf{8.4 - 3.7 + 2.1 - 7.5}$ ← 赤字の部分を、電卓で左から順に計算

$\qquad\qquad \square = -0.7$

3 $270の\square\% = 64.8$ ←「の」をかけ算の式にする（270×□%となる）

$\qquad 270 \times \square\% = 64.8$ ← 270を右辺に移す

$\qquad\qquad \square\% = \mathbf{64.8 \div 270}$ ← 赤字の部分を、電卓で計算

$\qquad\qquad \square\% = 0.24$ ← 0.24を100倍して%にする

$\qquad\qquad\quad \square = 24$

4 選択肢は分数だが、小数にしたときに割り切れるものばかり（分母が20以下の場合、分母

が2、4、5、8、10、16、20なら、必ず割り切れる分数）。電卓で計算してから分数にする。

$\qquad 60 \times \square \div 0.5 = 90$ ← 60と0.5を右辺に移す

$\qquad\qquad \square = \mathbf{90 \times 0.5 \div 60}$ ← 赤字の部分を、電卓で左から順に計算

$\qquad\qquad \square = 0.75$ ← 0.75を分数にする

$\qquad\qquad \square = \dfrac{3}{4}$

> **補足** **0.75を分数にするには**
> 「$0.75 = \dfrac{75}{100}^{\,3}_{\,4}$」と求める。なお、選択肢が割り切れない分数（例：「$\dfrac{1}{6} = 0.166\cdots$」）のときは、小数との換算がしづらいので、電卓は使わずに筆算をするほうがよいだろう。

5 選択肢に割り切れない分数があるので、式を分数にして筆算する。

$\qquad 0.6 \div 0.42 = \square$ ← 左右の式を入れ替える

$\qquad\qquad \square = 0.6 \div 0.42$ ← 0.6は$\dfrac{6}{10}$、÷0.42は×$\dfrac{100}{42}$にして計算

$\qquad\qquad \square = \dfrac{{}^{1}6 \times 100^{10}}{{}^{1}10 \times 42_{7}}$ ← 約分を忘れない

$\qquad\qquad \square = \dfrac{10}{7}$

正解	**1** 100	**2** −0.7	**3** 24	**4** 3/4	**5** 10/7

□に入る数値として正しいものを、選択肢の中から1つ選びなさい。

1 $500 \div 0.5 = 500 \times \square$

○2　○0.01　○0.2　○20　○1

2 □の35% = 315

○860　○920　○820　○900　○960

3 $1.13 + 2.37 = 7 \times 2.5 \times \square$

○5%　○10%　○20%　○25%　○40%

4 $3.6 \times 0.8 + 0.2 \times 2.4 = 1.2 \times \square$

○2.8　○24　○12.8　○0.4　○10.6

5 $7 \times \square \div 1.2 = 0.63 \times 10 \div 3.6$

○2/5　○3/10　○9/20　○1/5　○7/10

---

1 $500 \div 0.5 = 500 \times \square$　　　◀ 左右の式を入れ替える

$500 \times \square = 500 \div 0.5$　　　◀ 左辺の500を右辺に移す

$\square = 500 \div 0.5 \div 500$　　　◀ 赤字の部分を、電卓で左から順に計算

$\square = 2$

速解 0.5の逆数が□に入る

左辺は「$500 \div 0.5$」、右辺は「$500 \times \square$」なので、0.5の逆数が□に入る。0.5（分数にすると「$\frac{1}{2}$」）の逆数は「2」。

※逆数とは、ある分数の分子と分母を入れ替えたもの。分数の割り算は、逆数にしてかけ算する。

つまり、「$\div \frac{1}{2}$」は「$\times 2$」になる。

2　□の35% ＝ 315　　　←「の」をかけ算の式にする。%は100で割って小数にする

　　　□× 0.35 ＝ 315　　　← 0.35を右辺に移す

　　　　　　□ ＝ **315 ÷ 0.35**　　← 赤字の部分を、電卓で計算

　　　　　　□ ＝ 900

3　1.13 ＋ 2.37 ＝ 7 × 2.5 × □　　　← 左右の式を入れ替える

　　　7 × 2.5 × □ ＝ 1.13 ＋ 2.37　　← 7と2.5を右辺に移す

　　　　　　□ ＝ **(1.13 ＋ 2.37) ÷ 2.5 ÷ 7**　← 赤字の部分を、電卓で左から順に計算

　　　　　　□ ＝ 0.2　　　← 選択肢が%なので、0.2を100倍する

　　　　　　□ ＝ 20%

4　かけ算・足し算がまじった式なので、計算順に注意。かけ算が先で足し算が後。

　　　3.6 × 0.8 ＋ 0.2 × 2.4 ＝ 1.2 × □　　　← 左右の式を入れ替える

　　　　　1.2 × □ ＝ 3.6 × 0.8 ＋ 0.2 × 2.4　← 1.2を右辺に移す。計算順をかっこでくくる

　　　　　　□ ＝ **((3.6 × 0.8) ＋ (0.2 × 2.4)) ÷ 1.2**　← 内側のかっこを先に計算

　　　　　　□ ＝ **(2.88 ＋ 0.48) ÷ 1.2**　← 赤字の部分を、電卓で左から順に計算

　　　　　　□ ＝ 2.8

速解 **電卓のメモリー機能を使って、計算過程のメモ書きを省く**

3.6 [×] 0.8 [M＋]　　← 1つ目のかっこ内を計算して、メモリーに記憶

0.2 [×] 2.4 [M＋]　　← 2つ目のかっこ内を計算して、メモリーに追加

[MR] [÷] 1.2 [＝]　　← [MR]でメモリー呼び出し。[＝]で答えは2.8

5　選択肢は分数だが割り切れるものばかりなので、電卓で計算してから分数にする。

　　　7 × □ ÷ 1.2 ＝ 0.63 × 10 ÷ 3.6　　　← 7と1.2を右辺に移す

　　　　　　□ ＝ **0.63 × 10 ÷ 3.6 × 1.2 ÷ 7**　← 赤字の部分を、電卓で左から順に計算

　　　　　　□ ＝ 0.3　　　← 分数にする

　　　　　　□ ＝ $\dfrac{3}{10}$

正解	**1** 2	**2** 900	**3** 20%	**4** 2.8	**5** 3/10

3 分数の計算

- 分数も電卓で計算できる。コツは「小数にする」「分子÷分母の式にする」「分子が1の分数のかけ算・割り算は、逆数にして×÷を変える（例：×$\frac{1}{3}$＝÷3、÷$\frac{1}{3}$＝×3）」
- 電卓が向かないのは、割り切れない分数の足し算・引き算、および、選択肢に割り切れない分数があるとき

例題

□に入る数値として正しいものを、選択肢の中から1つ選びなさい。

1 (1/4 ＋□) × 21 ＝ 378 ÷ 30

○ 0.3　○ 0.25　○ 0.4　○ 0.35　○ 0.2

2 □ × 1/3 ÷ 8 ＝ 24 − 9

○ 360　○ 792　○ 40　○ 15　○ 144

3 3/7 × □ ＝ 1/7 ＋ 1/2

○ 1/7　○ 3/2　○ 7　○ 2/3　○ 3

4 7/4 ÷ 1/8 ＝ □ ÷ 1/2

○ 4　○ 28　○ 16　○ 14　○ 7

---

1 選択肢は小数。$\frac{1}{4}$を小数の0.25にして、電卓で計算する。

(1/4 ＋□) × 21 ＝ 378 ÷ 30　　　　← $\frac{1}{4}$と21を右辺に移す

□ ＝ 378 ÷ 30 ÷ 21 − $\frac{1}{4}$　　　← $\frac{1}{4}$を小数にする

□ ＝ 378 ÷ 30 ÷ 21 − 0.25　　　← 赤字の部分を、電卓で左から順に計算

□ ＝ 0.35

補足 「$\frac{1}{4}$ ＝ 0.25」は、電卓で「分子÷分母」(1 ÷ 4 ＝ 0.25)と計算してもよい

2 選択肢が整数なので、電卓で計算する。$\dfrac{1}{3}$ は逆数の3にして、×÷を変える。

$\square \times 1/3 \div 8 = 24 - 9$　　　　◀ $\dfrac{1}{3}$ と8を右辺に移す

$\quad\quad \square = (24 - 9) \times 8 \div \dfrac{1}{3}$　　◀ $\div \dfrac{1}{3}$ を×3にする

$\quad\quad \square = \mathbf{(24 - 9) \times 8 \times 3}$　　◀ 赤字の部分を、電卓で左から順に計算

$\quad\quad \square = 360$

---

3 割り切れない分数の足し算があり、選択肢にも割り切れない分数があるので、筆算する。

$3/7 \times \square = 1/7 + 1/2$　　◀ 右辺の分母を14に揃える（$\dfrac{1}{7}$ の分子と分母に×2、$\dfrac{1}{2}$ の分子と分母に×7）

$\dfrac{3}{7} \times \square = \dfrac{2}{14} + \dfrac{7}{14}$　　◀ $\dfrac{3}{7}$ を右辺に移す。$\dfrac{2}{14} + \dfrac{7}{14}$ は計算しておく（$\dfrac{9}{14}$ となる）

$\quad\quad \square = \dfrac{9}{14} \div \dfrac{3}{7}$　　◀ $\div \dfrac{3}{7}$ は×$\dfrac{7}{3}$ にして計算

$\quad\quad \square = \dfrac{\overset{3}{9} \times \overset{1}{7}}{\underset{2}{14} \times \underset{1}{3}}$　　◀ 約分を忘れない

$\quad\quad \square = \dfrac{3}{2}$

---

4 選択肢が整数なので、分数を整数の式にして、電卓で計算する。はじめに「$\div \dfrac{1}{8}$」を「×8」、「$\div \dfrac{1}{2}$」を「×2」にすると、式の見通しがよくなる。

$7/4 \div 1/8 = \square \div 1/2$　　◀ $\div \dfrac{1}{8}$ を×8、$\div \dfrac{1}{2}$ を×2にする

$\dfrac{7}{4} \times 8 = \square \times 2$　　◀ 左右の式を入れ替える

$\quad\quad \square \times 2 = \dfrac{7}{4} \times 8$　　◀ 2を右辺に移す。$\dfrac{7}{4}$ を7÷4（分子÷分母の式）にする

$\quad\quad \square = \mathbf{7 \div 4 \times 8 \div 2}$　　◀ 赤字の部分を、電卓で左から順に計算

$\quad\quad \square = 7$

別解 **分数のほうが速いという人は、分数のまま計算してかまわない**

$7/4 \div 1/8 = \square \div 1/2$　　◀ 左右の式を入れ替える。$\dfrac{1}{2}$ を反対の辺に移す

$\quad\quad \square = \dfrac{7}{4} \div \dfrac{1}{8} \times \dfrac{1}{2}$　　◀ $\div \dfrac{1}{8}$ は×8にして計算

$\quad\quad \square = \dfrac{7 \times \overset{2}{8} \times 1}{\underset{1}{4} \times \underset{1}{2}}$　　◀ 約分を忘れない

$\quad\quad \square = 7$

正解	**1** 0.35	**2** 360	**3** 3/2	**4** 7

□に入る数値として正しいものを、選択肢の中から1つ選びなさい。

1 3/4 +□= 1.3

○9/10　○9/20　○11/10　○11/20　○1/8

2 9÷21 =□×1/7÷4

○1/3　○3/4　○3　　○9　　○12

3 0.6 +□= 7/9 + 13/18

○0.8　　○0.9　　○1　　○1.1　　○1.2

4 0.9 ×□÷4/5 = 24÷2/3

○24　　○32　　○36　　○30　　○28

---

1 式も選択肢も割り切れる分数。$\dfrac{3}{4}$ を小数にして電卓で計算し、最後に分数にする。

$3/4 +\square= 1.3$　　　← $\dfrac{3}{4}$ を右辺に移す

$\square= 1.3 - \dfrac{3}{4}$　　← $\dfrac{3}{4}$ を小数にする

$\square= 1.3 - 0.75$　　← 赤字の部分を、電卓で計算

$\square= 0.55$　　　　← 分数にする

$\square= \dfrac{\overset{11}{\cancel{55}}}{\underset{20}{\cancel{100}}}$　　　　← 約分を忘れない

$\square= \dfrac{11}{20}$

> **別解** 分数のほうが速いという人は、分数のまま計算してかまわない
>
> $3/4 +\square= 1.3$　　　← $\dfrac{3}{4}$ を右辺に移す
>
> $\square= 1.3 - \dfrac{3}{4}$　← 1.3を分数にし、$\dfrac{3}{4}$ と分母を揃える（両方の分母を20にする）
>
> $\square= \dfrac{26}{20} - \dfrac{15}{20}$　← 計算する
>
> $\square= \dfrac{11}{20}$

2 選択肢に割り切れない分数があるので、筆算する。

$$9 \div 21 = \square \times 1/7 \div 4$$ ← 左右の式を入れ替える

$$\square \times \frac{1}{7} \div 4 = 9 \div 21$$ ← $\frac{1}{7}$ と4を右辺に移す

$$\square = 9 \div 21 \times 4 \div \frac{1}{7}$$ ← ÷21は×$\frac{1}{21}$、÷$\frac{1}{7}$ は×7にして計算

$$\square = \frac{\overset{3}{9} \times 1 \times 4 \times \overset{1}{7}}{\underset{\times 1}{21}}$$ ← 約分を忘れない

$$\square = 12$$

> **速解** **割り切れないまま電卓で計算**
>
> 選択肢の割り切れない分数は $\frac{1}{3}$ だけ。換算に手間取らないと判断して、電卓で計算してもよい。「$\square = 9 \div 21 \times 4 \div \frac{1}{7}$」にした後で、「$9 \div 21 \times 4 \times 7 = 11.99\cdots$」と計算。最も近い選択肢は「12」。割り切れるよう計算したいなら「$9 \times 4 \times 7 \div 21 = 12$」とかけ算を先にする。

3 式の中の分数は割り切れないものばかりだが、選択肢は整数と小数。おそらく、分数どうしを足し算すると、割り切れる分数になるのだと予想。分数どうしは筆算して足し算して、あとは電卓で計算する。

$$0.6 + \square = 7/9 + 13/18$$ ← 右辺の分母を18に揃える

$$0.6 + \square = \frac{14}{18} + \frac{13}{18}$$ ← 0.6を右辺に移す。$\frac{14}{18} + \frac{13}{18}$ は計算しておく

$$\square = \frac{27}{18} - 0.6$$ ← $\frac{27}{18}$ を27÷18にする

$$\square = \mathbf{27 \div 18 - 0.6}$$ ← 赤字の部分を、電卓で左から順に計算

$$\square = 0.9$$

> **補足** $\frac{27}{18}$ は約分できる数だが、整数の式にして電卓で計算するので、約分不要

4 選択肢が整数なので、分数を整数の式にして、電卓で計算する。分数のかけ算を整数の式にするには「×分子÷分母」。分数の割り算（「÷分数」）を整数の式にするには「÷分子×分母」。

$$0.9 \times \square \div 4/5 = 24 \div 2/3$$ ← 0.9と$\frac{4}{5}$ を右辺に移す

$$\square = 24 \div \frac{2}{3} \times \frac{4}{5} \div 0.9$$ ← 分数を整数の式にする（÷$\frac{2}{3}$ は÷2×3、×$\frac{4}{5}$ は×4÷5）

$$\square = \mathbf{24 \div 2 \times 3 \times 4 \div 5 \div 0.9}$$ ← 赤字の部分を、電卓で左から順に計算

$$\square = 32$$

正解	**1** 11/20	**2** 12	**3** 0.9	**4** 32

4 ■が複数あるときの計算

●■どうしの足し算、引き算は、数字の部分をかっこでくくってまとめる
●「■×■」に当てはまる数の計算は、電卓の「$\sqrt{\ }$」（ルート）ボタンを使うと楽

例題

□に入る数値として正しいものを、選択肢の中から1つ選びなさい。

1 □×12＋□×6＝54（□には同じ値が入る）

○7　　○6　　○5　　○4　　○3

2 □×□＋71＝240（□には同じ値が入る）

○17　　○13　　○16　　○12　　○14

3 1.2＋□＝3.9－□－□（□には同じ値が入る）

○0.1　　○1.1　　○0.9　　○2.7　　○1.3

4 80÷□＝□×5（□には同じ値が入る）

○20　　○0.4　　○16　　○4　　○2

1 2つの□の足し算は、数字の部分をかっこでくくってまとめる。

□×12＋□×6＝54（□には同じ値が入る）　　　← 12と6をかっこでくくる

□×**(12＋6)**＝54　　　← 12＋6を、暗算または電卓で計算

□×18＝54　　　← 18を右辺に移す

□＝**54÷18**　　　← 赤字の部分を、電卓で計算

□＝3

2 「□×□」に当てはまる数の計算は、電卓の「√」(ルート) ボタンを使うと楽。

$$□×□+71=240 \quad (□には同じ値が入る) \quad ← 71を右辺に移す$$

$$□×□=\mathbf{240-71} \quad ← 赤字の部分を、電卓で計算$$

$$□×□=169 \quad ← 2乗して169になる数が正解なので、\sqrt{169}を求める$$

（電卓で「169[√]」と操作すると「13」と答えが出る）

$$□=13$$

別解 電卓の「√」ボタンは使わず、選択肢を2乗して169になるものを探す
2乗で1の位が9になる「17」と「13」に選択肢を絞り込んで、「$17×17=289$ **×**」「$13×13=169$ **○**」と計算するのが効率的。

3 3つ以上の□の足し算、引き算も解き方は同じ。数字の部分をかっこでくくってまとめる。□は「$1×□$」と考える。

$$1.2+□=3.9-□-□ \quad (□には同じ値が入る) \quad ← 1.2を右辺、□を左辺に移す$$

$$□+□+□=3.9-1.2 \quad ← □は「1×□」と考える。左辺の1をかっこでくくる$$

$$\mathbf{(1+1+1)}×□=3.9-1.2 \quad ← 1+1+1を暗算$$

$$3×□=3.9-1.2 \quad ← 3を右辺に移す$$

$$□=\mathbf{(3.9-1.2)÷3} \quad ← 赤字の部分を、電卓で左から順に計算$$

$$□=0.9$$

4 □が2つあって片方は「$÷□$」という、少し解き方に戸惑う問題。まず、「$÷□$」を右辺に移して、わかりやすい式にする。

$$80÷□=□×5 \quad (□には同じ値が入る) \quad ← □を右辺に移す$$

$$80=□×5×□ \quad ← 左右の式を入れ替える$$

$$□×5×□=80 \quad ← 5を右辺に移す$$

$$□×□=\mathbf{80÷5} \quad ← 赤字の部分を、電卓で計算$$

$$□×□=16 \quad ← 2乗して16になる数が正解 (電卓で求めるには「16[√]」と操作)$$

$$□=4$$

正解	**1** 3	**2** 13	**3** 0.9	**4** 4

四則逆算　模擬テスト

制限時間9分　問題数50問

□ に入る数値として正しいものを、選択肢の中から1つ選びなさい。

1 □＋96.1＝6870

○677.39　　○5909　　○6973.9　　○6773.9　　○697.39

2 □×6＝67－4

○10　　○12.5　　○12　　○10.5　　○13.8

3 □＝7/28

○14%　　○4%　　○25%　　○30%　　○20%

4 □÷3＝6.7＋7＋4.3

○18　　○45.6　　○69　　○6　　○54

5 0.009＝□×0.0003

○3　　○0.3　　○30　　○0.03　　○0.003

6 23×3＝□×5＋34

○4　　○5　　○6　　○7　　○8

7 （47－□）÷9＝5

○2　　○7　　○20　　○40　　○45

8 438÷□＝30

○43　　○146　　○1.43　　○14.6　　○131.4

9 □×0.9＝81÷0.9

○100　　○0.9　　○10　　○90　　○73

10 1.8×□＝6

○3/7　　○10/3　　○5/6　　○7/3　　○3/10

11 $\square \times 1/4 \div 5 = 16 - 9$

    ○120   ○8.75   ○140   ○87.5   ○165

12 $784 = \square \times \square$ （□には同じ値が入る）

    ○18   ○28   ○38   ○48   ○58

13 $\square \div 12 = 17 \div 4$

    ○47   ○51   ○54   ○48   ○34

14 $13 \times 6 + 7 = \square \times 1/2$

    ○150   ○85   ○170   ○42.5   ○160

15 $600 - (200 - 180) = 500 + \square$

    ○−120   ○80   ○20   ○180   ○120

16 $9/4 \times 28 = \square \div 3$

    ○21   ○189   ○81   ○198   ○129

17 $\square + 20 + 60 = 100 \div 4$

    ○55   ○−55   ○20   ○−40   ○40

18 $14 - 6 = 43 - \square - 19$

    ○32   ○8   ○16   ○12   ○24

19 $320の\square\% = 51.2$

    ○28   ○16   ○42.25   ○6.25   ○34

20 $36 \div \square - 9 \div \square = 3$ （□には同じ値が入る）

    ○12   ○8   ○9   ○11   ○0.1

21 $0.3 + \square = 3/10 + 4/5$

    ○0.6   ○0.4   ○0.8   ○4   ○8

22 $800 - (\square + 430) = 75 + 125$

    ○600   ○370   ○1430   ○170   ○−370

23 $24 \div \square = 3/4 \times 8$

    ○2   ○3   ○4   ○6   ○8

24 $4 \times \square = 24 \div 9$

    ○2/3   ○32/3   ○3/32   ○3/2   ○1/3

25 $0.02 \div 0.1 = 10 \div \square$

○ 5 　○ 0.2 　○ 20 　○ 50 　○ 2

26 $3/25 + 3/5 = \square$

○ 46% 　○ 58% 　○ 60% 　○ 72% 　○ 84%

27 $\square \times \square = 6 \div 25/6$ 　（□には同じ値が入る）

○ 1.1 　○ 0.9 　○ 1.4 　○ 1.2 　○ 1.5

28 $989 \div \square = 43 \div 5$

○ 1.15 　○ 11.5 　○ 115 　○ 1150 　○ 11500

29 $78 \div (21 - \square) = 6$

○ 6 　○ 9 　○ 13 　○ 20 　○ 8

30 $3/28 = 1/7 \div \square$

○ 4/3 　○ 3/196 　○ 3/7 　○ 196/3 　○ 3/4

31 $0.029 + 0.04 = 6.9 \div \square$

○ 345 　○ 10 　○ 34.5 　○ 100 　○ 1000

32 $3.4 \times 0.5 + 8.5 \times 2.5 = \square \times 1.7$

○ 15 　○ 40 　○ 8.5 　○ 12 　○ 13.5

33 $17/4 + 1/2 = \square + 5/4$

○ 3 　○ 3.5 　○ 4 　○ 4.5 　○ 5

34 $1.6 \times 3 \div 2 = 6 \times \square \div 1.5$

○ 7/10 　○ 3/5 　○ 4/5 　○ 1/2 　○ 9/10

35 $1 \times 7/8 = 1 \div \square$

○ 7/8 　○ 1/7 　○ 8/7 　○ 1/8 　○ 3/8

36 $300 \div \square = 5/4 - 0.5$

○ 225 　○ 40 　○ 22 　○ 400 　○ 2250

37 $13/10 + 7/5 = 30 \times \square$

○ 0.27% 　○ 0.9% 　○ 2.7% 　○ 9% 　○ 27%

38 $3 \times (\square - 2.5) = 9 \div 3/7$

○ 4.5 　○ 10 　○ 18.5 　○ 9.5 　○ 7

39 $0.01 \div \square = 2.7 \div 30$

　○ 9/100　○ 1/9　○ 9/10　○ 100/9　○ 9

40 $(1.7 + \square) \times 3 = 7 \div 7/9$

　○ 0.3　○ 1　○ 2.3　○ 2　○ 1.3

41 $(\square + 3) \div (\square - 3) = 3$ 　（□には同じ値が入る）

　○ 3　○ 6　○ 4　○ 9　○ 12

42 $6/7 \times \square = 420 \div 6 \div 5$

　○ 7　○ 3/49　○ 12　○ 49/3　○ 1/12

43 $8 \times \square \div 12 = 112 \div 8 \div 3$

　○ 14　○ 7　○ 8　○ 12　○ 24

44 $6.5 \div \square = 4 \div 3 + 5/6$

　○ 3　○ 5.5　○ 14　○ 2　○ 7

45 $17 \div 4 = (3/4 - \square) \times 17$

　○ 0.25　○ 0.75　○ 0.5　○ 0.375　○ 0.625

46 $(23 - 7) \times 5 = (\square + 1)(\square - 1)$ 　（□には同じ値が入る）

　○ 25　○ 3　○ 14　○ 9　○ 6

47 $1/2 \div (0.45 - \square) = 1 \div 1/2$

　○ 0.5　○ 0.45　○ 0.2　○ 0.25　○ 0.15

48 $29 \div \square \div 6 = 2.9 \times 5$

　○ 30　○ 3　○ 2/3　○ 3/10　○ 1/3

49 $81 \div (7 - \square) = 9 \div 0.5$

　○ 11/5　○ 3/4　○ 5/2　○ 11/4　○ 3/2

50 $6/5 + 3/10 = 48 \div \square + 27 \div \square$ 　（□には同じ値が入る）

　○ 100　○ 30　○ 50　○ 150　○ 200

四則逆算　模擬テスト

1　□＋96.1＝6870　　　　◀ 96.1を右辺に移す（−96.1に変わる）

　　　□＝**6870−96.1**　　　◀ 赤字の部分を、電卓で計算

　　　□＝6773.9

正解	6773.9

速解 **6870と比べて、約100小さいものを選択肢から探す**
選択肢から「6700」台のものを探すと、当てはまるのは「6773.9」だけ。

2　□×6＝67−4　　　　◀ 6を右辺に移す（÷6に変わる）

　　　□＝**(67−4)÷6**　　◀ 赤字の部分を、電卓で左から順に計算

　　　□＝10.5

正解	10.5

別解 **途中まで暗算して当てはまる選択肢を選ぶ**
「67−4＝63」を暗算し、「63÷6＝10余りあり」だから、10より大きく11より小さい選択肢の「10.5」が正解。

3　□＝7/28　　　◀ $\frac{7}{28}$ を7÷28（分子÷分母の式）にする

　　　□＝**7÷28**　　◀ 赤字の部分を、電卓で計算

　　　□＝0.25　　　◀ 選択肢が％なので、0.25を100倍する

　　　□＝25%

正解	25%

4　□÷3＝6.7＋7＋4.3　　　　◀ 3を右辺に移す（×3に変わる）

　　　□＝**(6.7＋7＋4.3)×3**　　◀ 赤字の部分を、電卓で左から順に計算

　　　□＝54

正解	54

5 $0.009 = \square \times 0.0003$ ← 左右の式を入れ替える（□が左辺にくる）

$\square \times 0.0003 = 0.009$ ← 0.0003を右辺に移す

$\square = \mathbf{0.009 \div 0.0003}$ ← 赤字の部分を、電卓で計算

$\square = 30$

正解	30

> **別解** 整数にして暗算する
> はじめに両辺に10000をかけ算して小数を整数にし、「90 ÷ 3 = 30」と暗算。

6 $23 \times 3 = \square \times 5 + 34$ ← 左右の式を入れ替える

$\square \times 5 + 34 = 23 \times 3$ ← 5と34を右辺に移す（左辺の計算順が後の34が先）

$\square = \mathbf{(23 \times 3 - 34) \div 5}$ ← 赤字の部分を、電卓で左から順に計算

$\square = 7$

正解	7

7 $(47 - \square) \div 9 = 5$ ← 47と9を右辺に移す（47は47－のまま右辺の先頭へ）

$\square = 47 - \mathbf{(5 \times 9)}$ ← 5×9を暗算

$\square = \mathbf{47 - 45}$ ← 赤字の部分を、暗算または電卓で計算

$\square = 2$

正解	2

> **速解** 電卓で「5×9－47」を計算して、プラス・マイナスを逆にする
> 計算すると「5 × 9 － 47 = － 2」。プラスにした「2」が正解。
> ※引く順を逆にすると、プラス・マイナスが逆転した答えになる。

8 $438 \div \square = 30$ ← 438を右辺に移す（438÷のまま右辺の先頭へ）

$\square = \mathbf{438 \div 30}$ ← 赤字の部分を、電卓で計算

$\square = 14.6$

正解	14.6

> **別解** 選択肢が離れているので概算
> 下1桁を省いて「43 ÷ 3 = 14.3…」と概算し、最も近い「14.6」を選ぶ。

9 $\square \times 0.9 = 81 \div 0.9$ ← 左辺の0.9を右辺に移す

        $\square = 81 \div 0.9 \div 0.9$ ← 赤字の部分を、電卓で左から順に計算

        $\square = 100$

正解	100

別解 「0.9 × 0.9 = 0.81」と81を見比べる

設問の「÷0.9」を左辺に移すと「$\square \times 0.9 \times 0.9 = 81$」。左辺を計算すると「$\square \times 0.81 = 81$」。0.81を100倍すると81なので、「100」が正解。

10 選択肢に割り切れない分数があるので、小数を分数にして筆算する。

     $1.8 \times \square = 6$ ← 1.8を右辺に移す

        $\square = 6 \div 1.8$ ← 1.8を分数にする

        $\square = 6 \div \dfrac{18}{10}$ ← $\div \dfrac{18}{10}$ は $\times \dfrac{10}{18}$ にして計算

        $\square = \dfrac{\overset{1}{6} \times 10}{\underset{3}{18}}$ ← 約分を忘れない

        $\square = \dfrac{10}{3}$

正解	10/3

速解 小数のまま電卓で計算。当てはまる選択肢を探す

電卓で「$6 \div 1.8 = 3.33\cdots$」と計算。選択肢で3〜4の間は「$\dfrac{10}{3}$」だけ。これが正解。

11 $\square \times 1/4 \div 5 = 16 - 9$ ← $\dfrac{1}{4}$ と5を右辺に移す

        $\square = (16 - 9) \times 5 \div \dfrac{1}{4}$ ← $\div \dfrac{1}{4}$ を $\times 4$ にする

        $\square = (16 - 9) \times 5 \times 4$ ← 赤字の部分を、電卓で左から順に計算

        $\square = 140$

正解	140

別解 $\dfrac{1}{4}$ を0.25にして、「$(16 - 9) \times 5 \div 0.25$」と計算

12 「□×□」に当てはまる数の計算は、電卓の「$\sqrt{\ }$」（ルート）ボタンを使うと楽。

$$784 = □×□ \quad（□には同じ値が入る）\quad ⬅ \text{左右の式を入れ替える}$$

$$□×□ = 784 \quad ⬅ \text{2乗して784になる数が正解なので、} \sqrt{784} \text{を求める}$$
（電卓で「784 [$\sqrt{\ }$]」と操作すると「28」と答えが出る）

$$□ = 28$$

正解	28

別解 **電卓の「$\sqrt{\ }$」ボタンを使わずに解くときは、選択肢の10の位だけ2乗**

選択肢が10きざみなので、選択肢の10の位だけ2乗して答えを推測する。

$$10×10 = 100$$
$$20×20 = 400 \quad\Big\} \quad 784は400～900の間の数なので、□は20～30の間の数。当てはまる$$
$$30×30 = 900 \quad \text{選択肢は「28」だけ。}$$

13 $□ ÷ 12 = 17 ÷ 4 \quad ⬅ \text{12を右辺に移す}$

$$□ = \textbf{17 ÷ 4 × 12} \quad ⬅ \text{赤字の部分を、電卓で左から順に計算}$$

$$□ = 51$$

正解	51

別解 **比で解く**

右辺の割る数と割られる数を、それぞれ×3すると、左辺の割る数と割られる数になる。

$$□ ÷ 12 = 17 ÷ 4$$
×3
×3　17×3=51

14 $13 × 6 + 7 = □ × 1/2 \quad ⬅ \text{左右の式を入れ替える}$

$$□ × \frac{1}{2} = 13 × 6 + 7 \quad ⬅ \frac{1}{2} \text{を右辺に移す}$$

$$□ = (13 × 6 + 7) ÷ \frac{1}{2} \quad ⬅ ÷\frac{1}{2} \text{を×2にする}$$

$$□ = \textbf{(13 × 6 + 7) × 2} \quad ⬅ \text{赤字の部分を、電卓で左から順に計算}$$

$$□ = 170$$

正解	170

別解 $\frac{1}{2}$を0.5にして、「(13×6+7)÷0.5」と計算

15 $600 - (200 - 180) = 500 + \square$ ← 左右の式を入れ替える

$\qquad 500 + \square = 600 - (200 - 180)$ ← 左辺の500を右辺に移す

$\qquad\qquad \square = 600 - (200 - 180) - 500$ ← かっこをはずす

$\qquad\qquad \square = \mathbf{600 - 200 + 180 - 500}$ ← 赤字の部分を、電卓で左から順に計算

$\qquad\qquad \square = 80$

正解	80

16 選択肢が整数なので、分数を整数の式にして、電卓で計算する。

$\qquad 9/4 \times 28 = \square \div 3$ ← 左右の式を入れ替える

$\qquad\qquad \square \div 3 = \dfrac{9}{4} \times 28$ ← 3を右辺に移す。$\dfrac{9}{4}$ を9÷4にする

$\qquad\qquad\quad \square = \mathbf{9 \div 4 \times 28 \times 3}$ ← 赤字の部分を、電卓で左から順に計算

$\qquad\qquad\quad \square = 189$

正解	189

> **別解** **分数のほうが速いという人は、分数のまま計算してかまわない**
>
> $\qquad 9/4 \times 28 = \square \div 3$ ← 左右の式を入れ替える。3を反対の辺に移す
>
> $\qquad\qquad \square = \dfrac{9}{4} \times 28 \times 3$
>
> $\qquad\qquad \square = \dfrac{9 \times \overset{7}{28} \times 3}{\underset{1}{4}}$ ← 約分を忘れない
>
> $\qquad\qquad \square = 189$

17 $\square + 20 + 60 = 100 \div 4$ ← 20と60を右辺に移す

$\qquad\qquad \square = \mathbf{100 \div 4 - 60 - 20}$ ← 赤字の部分を、電卓で左から順に計算

$\qquad\qquad \square = -55$

正解	−55

18 $\qquad 14 - 6 = 43 - \square - 19$ ← 左右の式を入れ替える

$43 - \square - 19 = 14 - 6$ ← 43と19を右辺に移す（まず19を右辺に移して14−6＋19。これをかっこでくくってから43−を右辺の先頭へ）

$\qquad\qquad \square = 43 - (14 - 6 + 19)$ ← かっこをはずす

$\qquad\qquad \square = \mathbf{43 - 14 + 6 - 19}$ ← 赤字の部分を、電卓で左から順に計算

$\qquad\qquad \square = 16$

正解	16

別解 左右の数字の部分を先に計算。「8 = 24 −□」にしてから「□= 16」

19 320の□% = 51.2　　　　　　◀ 「の」をかけ算の式にする（320 ×□%となる）

320 ×□% = 51.2　　　　　　◀ 320を右辺に移す

□% = **51.2 ÷ 320**　　　◀ 赤字の部分を、電卓で計算

□% = 0.16　　　　　　　◀ 0.16を100倍して%にする

□ = 16

正解	16

20 2つの□の引き算は、数字の部分をかっこでくくってまとめる。

36 ÷□− 9 ÷□= 3（□には同じ値が入る）　◀ 36と9をかっこでくくる

(36 − 9) ÷□= 3　　　　　　　　　◀ (36 − 9)を右辺に移す

□ = **(36 − 9) ÷ 3**　　　　　◀ 赤字の部分を、暗算または電卓で計算

□ = 9

正解	9

21 選択肢が整数と小数なので、分数を小数にして、電卓で計算する。

0.3 +□= 3/10 + 4/5　　　　◀ 0.3を右辺に移す

$\square = \dfrac{3}{10} + \dfrac{4}{5} - 0.3$　　◀ $\dfrac{3}{10}$と$\dfrac{4}{5}$を小数にする

□ = **0.3 + 0.8 − 0.3**　◀ 赤字の部分を、電卓で左から順に計算

□ = 0.8

正解	0.8

速解 $\dfrac{3}{10}$と0.3は同じ数。「$\dfrac{3}{10} - 0.3 = 0$」を式から取り除くと、「□ = $\dfrac{4}{5}$」で「0.8」

22 800 − (□+ 430) = 75 + 125　　　　◀ 800と430を右辺に移す

□ = 800 − (75 + 125) − 430　◀ かっこをはずす

□ = **800 − 75 − 125 − 430**　◀ 赤字の部分を、電卓で左から順に計算

□ = 170

正解	170

別解 先に「75 + 125 = 200」を暗算してから、「800 − 200 − 430」を計算

23 選択肢が整数なので、分数を小数にして、電卓で計算する。

$24 \div \square = 3/4 \times 8$ ← 24を右辺に移す

    $\square = 24 \div \left(\dfrac{3}{4} \times 8 \right)$ ← かっこをはずす。$\dfrac{3}{4}$ は小数にする ※あるいは ÷3×4と式にする

    $\square = \mathbf{24 \div 0.75 \div 8}$ ← 赤字の部分を、電卓で左から順に計算

    $\square = 4$

正解	4

別解 左辺も右辺も分数にすると、分子は24

左辺の「$24 \div \square$」は、分数にすると「$\dfrac{24}{\square}$」。さらに右辺を計算して「$\dfrac{24}{\square} = \dfrac{24}{4}$」なので「$\square = 4$」。

24 選択肢に割り切れない分数があるので、式を分数にして筆算する。

$4 \times \square = 24 \div 9$ ← 4を右辺に移す

    $\square = 24 \div 9 \div 4$ ← ÷9は×$\dfrac{1}{9}$、÷4は×$\dfrac{1}{4}$ にして計算

    $\square = \dfrac{\overset{2}{\cancel{24}} \times 1 \times 1}{\underset{3}{\cancel{9}} \times \underset{1}{\cancel{4}}}$ ← 約分を忘れない

    $\square = \dfrac{2}{3}$

正解	2/3

速解 暗算してから分数にする、あるいは、電卓で計算してから分数にする

「$24 \div 9 \div 4$」の計算順を「$24 \div 4 \div 9$」に変え、暗算で「$24 \div 4 = 6$」を求めてから「$6 \div 9 = \dfrac{\overset{2}{\cancel{6}}}{\underset{3}{\cancel{9}}}$」 $= \dfrac{2}{3}$」と考えると速い。あるいは、電卓で「$24 \div 9 \div 4 = 0.66\cdots$」と計算してから分数にする。

25 $0.02 \div 0.1 = 10 \div \square$ ← 左右の式を入れ替える

    $10 \div \square = 0.02 \div 0.1$ ← 10を右辺に移す

    $\square = 10 \div (0.02 \div 0.1)$ ← かっこをはずす

    $\square = \mathbf{10 \div 0.02 \times 0.1}$ ← 赤字の部分を、電卓で左から順に計算

    $\square = 50$

正解	50

別解 比で解く

$\times 500$

$\boxed{0.02} \div \boxed{0.1} = \boxed{10} \div \boxed{\square}$

$\times 500$ $0.1 \times 500 = 50$

26 選択肢は％。分数の足し算があるが、割り切れる分数なので、電卓で計算する。

$3/25 + 3/5 = \square$　　◀ 左右の式を入れ替える

$$\square = \frac{3}{25} + \frac{3}{5}$$　　◀ $\frac{3}{25}$を3÷25にする。$\frac{3}{5}$は小数にする

$$\square = 3 \div 25 + 0.6$$　　◀ 赤字の部分を、電卓で左から順に計算

$$\square = 0.72$$　　◀ 0.72を100倍して％にする

$$\square = 72\%$$

正解	**72%**

別解 **分数のまま足し算してから、最後に％にする**
足し算は分母を25に揃えて「$\frac{3}{25} + \frac{15}{25} = \frac{18}{25}$」。最後に「$18 \div 25 = 0.72 = 72\%$」と％にする。

27 「$\square \times \square$」に当てはまる数の計算で、右辺が分数。右辺を同じ分数どうしのかけ算にする。

$\square \times \square = 6 \div 25/6$（$\square$には同じ値が入る）　◀ $\div \frac{25}{6}$ は $\times \frac{6}{25}$ にして計算

$$\square \times \square = \frac{6 \times 6}{25}$$　　◀ 同じ分数どうしのかけ算にする

$$\square \times \square = \frac{6}{5} \times \frac{6}{5}$$　　◀ $\square = \frac{6}{5}$ とわかる

$$\square = \frac{6}{5}$$　　◀ 小数にする

$$\square = 1.2$$

正解	**1.2**

別解 **電卓で「$6 \div 25 \times 6 = 1.44$」を計算。「1.44[√]」と操作して「1.2」を求める**

28 $989 \div \square = 43 \div 5$　　◀ 989を右辺に移す

$$\square = 989 \div (43 \div 5)$$　　◀ かっこをはずす

$$\square = 989 \div 43 \times 5$$　　◀ 赤字の部分を、電卓で左から順に計算

$$\square = 115$$

正解	**115**

29 「78÷」と「21−」という右辺の先頭に符号付きで移すものばかり。まとめて移すと計算順を間違えやすいので、左辺の数を1つずつ右辺に移す。

$$78 \div (21 - \square) = 6$$ ← 78を右辺に移す

$$21 - \square = \mathbf{78 \div 6}$$ ← 21を右辺に移す。78÷6は、電卓で計算しておく

$$\square = \mathbf{21 - 13}$$ ← 赤字の部分を、電卓で計算

$$\square = 8$$

正解	8

補足 まとめて移す場合の式は、「$\square = 21 - (78 \div 6)$」

速解 電卓では、引く順を逆にして「$78 \div 6 - 21 = -8$ ➡ 8」と計算
あるいは、メモリー機能を使ってもよい。

78 [÷] 6 [M+] ← 78÷6を計算してメモリーに記憶

21 [−] [MR] [=] ← [MR]でメモリー呼び出し。[=]で答えは8

30 選択肢に割り切れない分数があるので、筆算する。

$$3/28 = 1/7 \div \square$$ ← 左右の式を入れ替える

$$\frac{1}{7} \div \square = \frac{3}{28}$$ ← $\frac{1}{7}$ を右辺に移す

$$\square = \frac{1}{7} \div \frac{3}{28}$$ ← $\div \frac{3}{28}$ は $\times \frac{28}{3}$ にして計算

$$\square = \frac{1 \times \overset{4}{28}}{\underset{1}{7} \times 3}$$ ← 約分を忘れない

$$\square = \frac{4}{3}$$

正解	4/3

速解 両辺に7をかける
両辺に7をかけて、分数を約分すると「$\frac{3}{4} = 1 \div \square$」になる。$\square$ は「$\frac{3}{4}$」の逆数の「$\frac{4}{3}$」。

31

$$0.029 + 0.04 = 6.9 \div \square$$ ← 左右の式を入れ替える

$$6.9 \div \square = 0.029 + 0.04$$ ← 6.9を右辺に移す

$$\square = 6.9 \div \mathbf{(0.029 + 0.04)}$$ ← 0.029＋0.04を、暗算または電卓で計算

$$\square = \mathbf{6.9 \div 0.069}$$ ← 赤字の部分を、電卓で計算

$$\square = 100$$

正解	100

速解 「0.029＋0.04」と6.9を見比べる

左辺の「0.029＋0.04＝0.069」だけ計算。0.069は6.9より2桁小さいので、「100」が正解。

32 かけ算・足し算がまじった式なので、計算順に注意。かけ算が先で足し算が後。

$3.4 \times 0.5 + 8.5 \times 2.5 = \square \times 1.7$　　◀ 左右の式を入れ替える

　　　$\square \times 1.7 = 3.4 \times 0.5 + 8.5 \times 2.5$　　◀ 1.7を右辺に移す。計算順をかっこでくくる

　　　　$\square = ((3.4 \times 0.5) + (8.5 \times 2.5)) \div 1.7$　　◀ 内側のかっこを先に計算

　　　　$\square = (1.7 + 21.25) \div 1.7$　　◀ 赤字の部分を、電卓で左から順に計算

　　　　$\square = 13.5$

正解	13.5

速解 電卓のメモリー機能を使って、計算過程のメモ書きを省く

3.4 [×] 0.5 [M＋]　　◀ 1つ目のかっこ内を計算して、メモリーに記憶

8.5 [×] 2.5 [M＋]　　◀ 2つ目のかっこ内を計算して、メモリーに追加

[MR] [÷] 1.7 [＝]　　◀ [MR]でメモリー呼び出し。[＝]で答えは13.5

33 選択肢は整数と小数だが、通分しやすい分数なので、分数のまま計算してから小数にする。

$17/4 + 1/2 = \square + 5/4$　　　　◀ 左右の式を入れ替える

　　　$\square + \dfrac{5}{4} = \dfrac{17}{4} + \dfrac{1}{2}$　　　　◀ $\dfrac{5}{4}$ を右辺に移す。分母を4に揃える

　　　　$\square = \dfrac{17}{4} + \dfrac{2}{4} - \dfrac{5}{4}$　　　◀ 計算する（約分は不要）

　　　　$\square = \dfrac{14}{4}$　　　　　　　　◀ 分子÷分母の式にする

　　　　$\square = 14 \div 4$　　　　　　◀ 赤字の部分を、電卓で計算

　　　　$\square = 3.5$

正解	3.5

別解 分数を、整数の式と小数にして、電卓のメモリー機能で計算

「$\square = \dfrac{17}{4} + \dfrac{1}{2} - \dfrac{5}{4}$」を「$\square = (17 \div 4) + 0.5 - (5 \div 4)$」にして、電卓で計算する。

17 [÷] 4 [＋] 0.5 [M＋]　　◀ 0.5までを計算して、メモリーに記憶

5 [÷] 4 [M－] [MR]　　◀ 5÷4を計算して、メモリーから引く。[MR]でメモリー呼び出し。答えは3.5

34 選択肢は分数だが割り切れるものばかりなので、電卓で計算してから分数にする。

$1.6 \times 3 \div 2 = 6 \times \square \div 1.5$　　　← 左右の式を入れ替える

$6 \times \square \div 1.5 = 1.6 \times 3 \div 2$　　　← 6と1.5を右辺に移す

$\square = \mathbf{1.6 \times 3 \div 2 \times 1.5 \div 6}$　　　← 赤字の部分を、電卓で左から順に計算

$\square = 0.6$　　　← 分数にする

$\square = \dfrac{3}{5}$

正解	3/5

35 選択肢に割り切れない分数があるので、筆算する。

$1 \times 7/8 = 1 \div \square$　　　← 左右の式を入れ替える。$1 \times \dfrac{7}{8}$ は、$\dfrac{7}{8}$ にする

$1 \div \square = \dfrac{7}{8}$　　　← 1を右辺に移す

$\square = 1 \div \dfrac{7}{8}$　　　← $\div \dfrac{7}{8}$ は$\times \dfrac{8}{7}$ にして計算（$1 \times \dfrac{8}{7}$ となる）

$\square = \dfrac{8}{7}$

正解	8/7

> **速解** 左辺は「$1 \times \dfrac{7}{8}$」、右辺は「$1 \div \square$」なので、「$\dfrac{7}{8}$」の逆数が「$\square$」
>
> これに気づけば、計算するまでもなく「$\dfrac{8}{7}$」が正解とわかる。

36 選択肢が整数なので、分数を整数の式にして、電卓で計算する。

$300 \div \square = 5/4 - 0.5$　　　← 300を右辺に移す。$\dfrac{5}{4}$ を5÷4にする

$\square = 300 \div (\mathbf{5 \div 4 - 0.5})$　　　← かっこ内（赤字）を、電卓で左から順に計算

$\square = \mathbf{300 \div 0.75}$　　　← 赤字の部分を、電卓で計算

$\square = 400$

正解	400

> **速解** 電卓のメモリー機能を使って、計算過程のメモ書きを省く
>
> 5 [÷] 4 [−] 0.5 [M＋]　　　← かっこ内を計算して、メモリーに記憶
>
> 300 [÷] [MR] [＝]　　　← [MR]でメモリー呼び出し。[＝]で答えは400

> **別解** 0.5を分数の $\dfrac{2}{4}$ にして右辺を計算
>
> 右辺は「$\dfrac{5}{4} - \dfrac{2}{4} = \dfrac{3}{4}$」とすぐに計算できる。300を右辺に移して「$300 \div \dfrac{3}{4} = 300 \div 3 \times 4 = 400$」で「400」が正解。

37 選択肢は％。分数の足し算があるが、割り切れる分数なので、電卓で計算する。

$13/10 + 7/5 = 30 \times \square$ ← 左右の式を入れ替える

$$30 \times \square = \frac{13}{10} + \frac{7}{5}$$ ← 30を右辺に移す

$$\square = (\frac{13}{10} + \frac{7}{5}) \div 30$$ ← 分数を小数にする

$\square = (1.3 + 1.4) \div 30$ ← 赤字の部分を、電卓で左から順に計算

$\square = 0.09$ ← 選択肢が％なので、0.09を100倍する

$\square = 9\%$

正解	9%

38 選択肢が整数と小数なので、分数を整数の式にして、電卓で計算する。分数の割り算（「÷分数」）を整数の式にするには「÷分子×分母」。

$3 \times (\square - 2.5) = 9 \div 3/7$ ← 3と2.5を右辺に移す

$$\square = 9 \div \frac{3}{7} \div 3 + 2.5$$ ← $\div \frac{3}{7}$ を÷3×7(÷分子×分母の式)にする

$\square = 9 \div 3 \times 7 \div 3 + 2.5$ ← 赤字の部分を、電卓で左から順に計算

$\square = 9.5$

正解	9.5

39 選択肢に割り切れない分数があるので、右辺は電卓で計算して、あとは筆算する。

$0.01 \div \square = 2.7 \div 30$ ← 右辺を電卓で計算

$0.01 \div \square = 0.09$ ← 0.01を右辺に移す

$\square = 0.01 \div 0.09$ ← 割り算を分数の式にする

$$\square = \frac{0.01}{0.09}$$ ← 分子と分母に×100

$$\square = \frac{1}{9}$$

正解	1/9

40 選択肢が整数と小数なので、分数を整数の式にして、電卓で計算する。

$(1.7 + \square) \times 3 = 7 \div 7/9$ ← $\div \frac{7}{9}$ を÷7×9にする。1.7と3を右辺に移す

$\square = 7 \div 7 \times 9 \div 3 - 1.7$ ← 赤字の部分を、電卓で左から順に計算

$\square = 1.3$

正解	1.3

41 まず、「÷（□－3）」を右辺に移して、わかりやすい式にする。

$$(□＋3)÷(□－3)＝3 \text{（□には同じ値が入る）}$$ ← （□－3）を右辺に移す

$$□＋3＝3×(□－3)$$ ← 右辺の式を展開（(3×□)－(3×3)となる）

$$□＋3＝(3×□)－9$$ ← 左右の式を入れ替える

$$(3×□)－9＝□＋3$$ ← 9を右辺、右辺の□を左辺に移す

$$\textbf{(3×□)－□＝3＋9}$$ ← 左辺と右辺をそれぞれ計算

$$2×□＝12$$ ← 2を右辺に移す

$$□＝\textbf{12÷2}$$ ← 赤字の部分を暗算、または電卓で計算

$$□＝6$$

正解	6

別解 「（□＋3）÷（□－3）＝3」なので、「□＋3」は「□－3」の3倍
選択肢の数値を当てはめて、「□＋3」が「□－3」の3倍になるものを選ぶ。

　　　　　　　□＋3　　　□－3
　3の場合　　3＋3＝6　　3－3＝0　➡　× 6は0の3倍ではない
　6の場合　　6＋3＝9　　6－3＝3　➡　○ 9は3の3倍　　※正解が見つかったので以降は省略

42 選択肢に割り切れない分数があるので、右辺は電卓で計算して、あとは筆算する。

$$6/7×□＝\textbf{420÷6÷5}$$ ← $\frac{6}{7}$ を右辺に移す。420÷6÷5は電卓で計算しておく（14となる）

$$□＝14÷\frac{6}{7}$$ ← $÷\frac{6}{7}$ は $×\frac{7}{6}$ にして計算

$$□＝\frac{\overset{7}{14}×7}{6_3}$$ ← 約分を忘れない

$$□＝\frac{49}{3}$$

正解	49/3

別解 割り切れないまま電卓で計算
計算すると「420÷6÷5÷6×7＝16.33…」。選択肢のうち、1より大きい分数は「$\frac{49}{3}$」だけ。

43 「8 ÷ 12」と「112 ÷ 8 ÷ 3」は割り切れないが、選択肢は整数なので、計算過程で割り切れるはず。こういうときは、かけ算を先にして、割り算を後にする。

$8 × □ ÷ 12 = 112 ÷ 8 ÷ 3$　　　← 8と12を右辺に移す

$\qquad □ = 112 ÷ 8 ÷ 3 × 12 ÷ 8$　　← 割り切れるように、かけ算を先にする

$\qquad □ = \mathbf{112 × 12 ÷ 8 ÷ 3 ÷ 8}$　← 赤字の部分を、電卓で左から順に計算

$\qquad □ = 7$

正解	7

速解 割り切れないまま電卓で計算
計算すると「112 ÷ 8 ÷ 3 × 12 ÷ 8 = 6.99…」。最も近い選択肢の「7」を選ぶ。

44 選択肢は整数と小数だが、割り切れない分数の足し算がある。足し算まで筆算して、あとは電卓で計算する。

$6.5 ÷ □ = 4 ÷ 3 + 5/6$　　← 4÷3を分母6の分数にする（$\frac{4}{3}$ にしてから分子と分母に×2）

$6.5 ÷ □ = \dfrac{8}{6} + \dfrac{5}{6}$　　← 6.5を右辺に移す。$\dfrac{8}{6} + \dfrac{5}{6}$ は計算しておく

$\qquad □ = 6.5 ÷ \dfrac{13}{6}$　　← $÷\dfrac{13}{6}$ を÷13×6にする

$\qquad □ = \mathbf{6.5 ÷ 13 × 6}$　　← 赤字の部分を、電卓で左から順に計算

$\qquad □ = 3$

正解	3

45 選択肢が小数なので、分数を小数にして電卓で計算する。

$\qquad 17 ÷ 4 = (3/4 − □) × 17$　　← 左右の式を入れ替える

$\left(\dfrac{3}{4} − □\right) × 17 = 17 ÷ 4$　　← $\dfrac{3}{4}$ と17を右辺に移す

$\qquad □ = \dfrac{3}{4} − \mathbf{(17 ÷ 4 ÷ 17)}$　← かっこ内（赤字）を、電卓で左から順に計算。$\dfrac{3}{4}$ は0.75にする

$\qquad □ = \mathbf{0.75 − 0.25}$　　← 赤字の部分を、暗算または電卓で計算

$\qquad □ = 0.5$

正解	0.5

別解 「17 ÷ 4 ÷ 17」は計算順を変え、「17 ÷ 17 ÷ 4 = 1 ÷ 4 = $\dfrac{1}{4}$」と暗算
以降も、分数のまま「$\dfrac{3}{4} − \dfrac{1}{4} = \dfrac{2}{4}$」と計算、最後に「$\dfrac{2}{4} = 0.5$」と小数にする。

46 「(□＋1)(□－1)」は、方程式の公式「$(x+a)(x-a) = x^2 - a^2$」で式を展開する。

$(23 - 7) \times 5 = (□＋1)(□－1)$ （□には同じ値が入る） ← 左辺を電卓で計算

$80 = (□＋1)(□－1)$ ← 右辺を展開する（公式により「$□^2 - 1^2$」。$1^2 = 1$）

$80 = □^2 - 1$ ← 左右の式を入れ替える

$□^2 - 1 = 80$ ← 1を右辺に移して（$□^2 = 80 + 1$）、右辺を暗算する

$□^2 = 81$ ← 2乗して81になる数が正解（電卓で求めるには「81 [√]」と操作）

$□ = 9$

正解	9

別解 左辺を計算。「$80 = (□＋1)(□－1)$」としてから、答えを「9」と予想
おおざっぱに同じ数のかけ算で考えると、$9 \times 9 = 81$なので80に近い。□に9を当てはめてみると、
「$(□＋1)(□－1) = (9＋1)(9－1) = 10 \times 8 = 80$」で正解。

47 選択肢が小数なので、分数を小数にして電卓で計算する。

$1/2 \div (0.45 - □) = 1 \div 1/2$ ← 右辺の$\div \frac{1}{2}$は×2にして暗算（$1 \times 2 = 2$となる）

$\frac{1}{2} \div (0.45 - □) = 2$ ← $\frac{1}{2}$を右辺に移す（$\frac{1}{2}$は0.5にする）

$0.45 - □ = 0.5 \div 2$ ← 0.45を右辺に移す。$0.5 \div 2$は暗算、または電卓で計算しておく

$□ = 0.45 - 0.25$ ← 赤字の部分を、暗算または電卓で計算

$□ = 0.2$

正解	0.2

速解 電卓では、引く順を逆にして「$0.5 \div 2 - 0.45 = -0.2$ ➡ 0.2」
あるいは、メモリー機能を使ってもよい。

48 選択肢に割り切れない分数があるので、式を分数にして筆算する。

$29 \div □ \div 6 = 2.9 \times 5$ ← 29と6を右辺に移す

$□ = 29 \div (2.9 \times 5 \times 6)$ ← かっこをはずす

$□ = 29 \div 2.9 \div 5 \div 6$ ← $\div 2.9$は$\times \frac{10}{29}$、$\div 5$は$\times \frac{1}{5}$、$\div 6$は$\times \frac{1}{6}$にして計算

$□ = \dfrac{\overset{1}{29} \times \overset{1}{10} \times 1 \times 1}{\underset{1}{29} \times \underset{1}{5} \times \underset{3}{6}}$ ← 約分を忘れない

$□ = \dfrac{1}{3}$

正解	1/3

別解 **割り切れないまま電卓で計算**

「29 ÷ 2.9 ÷ 5 ÷ 6 ＝ 0.33…」と計算してから分数にする。

49 選択肢は分数だが割り切れるものばかりなので、電卓で計算してから分数にする。

$81 \div (7 - \square) = 9 \div 0.5$　　　　　　　◀ 81を右辺に移す

$\quad\quad 7 - \square = 81 \div (9 \div 0.5)$　　　　◀ かっこをはずす。7を右辺に移す

$\quad\quad\quad\quad \square = 7 - \mathbf{(81 \div 9 \times 0.5)}$　◀ かっこ内（赤字）を、電卓で左から順に計算

$\quad\quad\quad\quad \square = \mathbf{7 - 4.5}$　　　　　◀ 赤字の部分を、暗算または電卓で計算

$\quad\quad\quad\quad \square = 2.5$　　　　　　　◀ 分数にする

$\quad\quad\quad\quad \square = \dfrac{25}{10}\,^5_2$

$\quad\quad\quad\quad \square = \dfrac{5}{2}$

正解	**5/2**

速解 電卓では、引く順を逆にして「$81 \div 9 \times 0.5 - 7 = -2.5$ ➡ **2.5**」

あるいは、メモリー機能を使ってもよい。

50 選択肢が整数なので、分数を小数にして、電卓で計算する。

$\quad\quad 6/5 + 3/10 = 48 \div \square + 27 \div \square$ （□には同じ値が入る）　◀ 左右の式を入れ替える

$48 \div \square + 27 \div \square = \dfrac{6}{5} + \dfrac{3}{10}$　◀ 左辺は数の部分をかっこでくくる。右辺は分数を小数にする

$\quad\quad \mathbf{(48 + 27) \div \square = 1.2 + 0.3}$　◀ 左辺と右辺をそれぞれ計算

$\quad\quad\quad\quad 75 \div \square = 1.5$　　　　◀ 75を右辺に移す

$\quad\quad\quad\quad \square = \mathbf{75 \div 1.5}$　　　　◀ 赤字の部分を、電卓で計算

$\quad\quad\quad\quad \square = 50$

正解	**50**

速解 電卓のメモリー機能を使って、計算過程のメモ書きを省く

6 [÷] 5 [M＋]　　　　　　◀ $\dfrac{6}{5}$ を分子÷分母の式で計算して、メモリーに記憶

3 [÷] 10 [M＋]　　　　　◀ $\dfrac{3}{10}$ を式で計算して、メモリーに追加

48 [＋] 27 [÷] [MR] [＝]　◀ [MR]でメモリー呼び出し。[＝]で答えは50

表の空欄の推測とは？

空欄に入る数値を推測する

表の空欄の推測は、表の数値から法則を見つけて、空欄に入る数値を推測するテストです。表の数値をもとに正しい判断や推論を行う力が問われます。

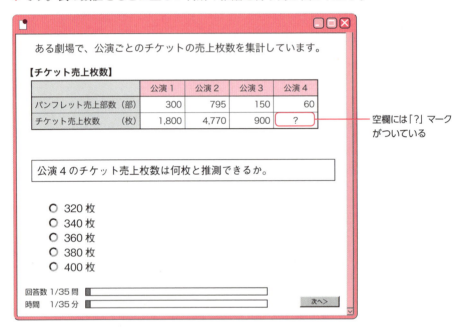

ある劇場で、公演ごとのチケットの売上枚数を集計しています。

【チケット売上枚数】

	公演 1	公演 2	公演 3	公演 4
パンフレット売上部数（部）	300	795	150	60
チケット売上枚数　　（枚）	1,800	4,770	900	?

空欄には「?」マークがついている

公演 4 のチケット売上枚数は何枚と推測できるか。

○ 320 枚
○ 340 枚
○ 360 枚
○ 380 枚
○ 400 枚

回答数 1/35 問
時間　1/35 分

次へ>

表は問題ごとにすべて異なる

表は問題ごとにすべて異なります。図表の読み取りと違い、同じ表が何度も登場することはありません。

回答は選択肢の中から1つ選びます。選択肢の選び方やテストの進め方は、図表の読み取り・四則逆算と同じです。**計算用紙と電卓の使用も可能です。**

表の空欄の推測の問題は、「GAB」と組み合わせて、ペーパーテストで実施されることもあるようです。

◼◯ 1問1分で解く

　表の空欄の推測には、問題数と制限時間が異なる2タイプがあります。以前は、制限時間が短いタイプが主流でしたが、近年は長いタイプの実施が多くなっています。

　どちらのタイプも、1問あたりに使える時間が短いのが特徴です。制限時間内に全問を解くには、1問1分で解く必要があります。

科目名	問題数	制限時間
表の空欄の推測	20問	20分
	35問	35分

表の空欄の推測の攻略法

⬛🔴 求められるのは柔軟な思考力

　表の空欄の推測では、問題ごとに発想を切りかえて、さまざまな角度から空欄の値を推測することが大切です。**知識や解法にとらわれない柔軟な思考力**が求められます。この点が、図表の読み取り・四則逆算とは大きく異なります。

⬛🔴 先に進むほど難しくなるので、はじめは短時間で解く

　先に進むほど問題の難易度が上がります。1問あたりに使える時間が短いので、時間配分が大切です。**はじめのほうの比較的易しい問題は短時間で解くように心がけ、難易度が高い問題に時間を残しましょう。**

　本書の模擬テストは、実物と同じく、先に進むほど難しくなるように作ってあります。時間を計りながら挑戦して、自分に合った時間配分を考えてみてください。

⬛🔴 「?」がある項目と連動する項目を探す

　空欄の値を導き出すときに使うのは、一部の項目だけです。空欄の値に関係がある項目を素早く探し出すことが大切です。

　関係ある項目の探し方は問題によってさまざまですが、覚えやすくて使う頻度も高いのが、**空欄の項目を小さい順に見ていき、同じ順番になる項目を探す**という方法です。

⬛🔴 先入観にとらわれずに、数値から傾向をつかむ

　表のタイトル、項目名、問題文なども、法則を見つける上でのヒントにはなりますが、「常識から考えたらこういう法則のはず」といった先入観にとらわれすぎないように気をつけましょう。

　登場する法則は、必ずしも実際の社会で使われるものとは一致しません。**数値から傾向をつかむことが大切**です。

■● 計算しやすい数値を使う

表の中には、法則を見つけやすい**キリのいい数値**が混ざっていることがあります。こういう数値を**うまく見つけて使う**ことが、時間短縮につながります。**電卓も時間短縮に役立ちます。必ず用意**しましょう。

■● 出題パターンをふまえて、要領よく解くことが大切

表の空欄の推測の出題パターンは、大きく分けると、**「計算で答えを求めるタイプ」**と**「具体的な数値を求めなくても、当てはまる範囲から答えの選択肢が絞り込めるタイプ」**です。

当てはまる範囲から選択肢を絞り込むタイプの中には、計算で求めると手間がかかって、なかなか解けない問題もあります。必ずしも正確な値を**計算する必要はありません。選択肢をうまく使って、手早く答えにたどり着きましょう。**

1 比例

● 「ある項目が別の項目の何倍」という比例の関係にあるもの
● 「?」の項目と連動する項目を探して、関係を考える。さまざまな方向から法則を考えて、一番早く見つかった法則を使おう

例題

1 ある劇場で、公演ごとのチケットの売上枚数を集計しています。

【チケット売上枚数】

		公演1	公演2	公演3	公演4
パンフレット売上部数	（部）	300	795	150	60
チケット売上枚数	（枚）	1,800	4,770	900	?

公演4のチケット売上枚数は何枚と推測できるか。

○ 320枚　　○ 340枚　　○ 360枚　　○ 380枚　　○ 400枚

2 ある会社で、社員が先月使用した経費について集計しています。

【先月使用した経費】

		社員A	社員B	社員C	社員D	社員E
接待交際費	（円）	96,000	72,000	24,000	48,000	36,000
会議費	（円）	8,000	24,000	4,000	12,000	15,000
出張回数	（回）	8	?	2	4	3
手土産代	（円）	12,000	3,000	8,000	6,000	1,000

社員Bの出張回数は何回と推測できるか。

○ 4回　　○ 5回　　○ 6回　　○ 7回　　○ 8回

1 法則　チケット売上枚数は、パンフレット売上部数の6倍

		公演1	公演2	公演3	公演4
パンフレット売上部数	（部）	×6 300	×6 795	×6 150	×6 60
チケット売上枚数	（枚）	1,800	4,770	900	?

チケット売上枚数は、パンフレット売上部数に比例して増えている。各公演の「チケ

ット売上枚数÷パンフレット売上部数」を計算すると、いずれも6倍。

公演4のパンフレット売上部数を6倍すれば、チケット売上枚数が求められる。

公演4のパンフレット　　6倍　　公演4のチケット

$$60 \quad \times \quad 6 \quad = 360枚$$

別解 公演どうしでパンフレット売上部数とチケット売上枚数を比べる

パンフレットもチケットも2倍

	公演1	公演2	公演3	公演4
パンフレット売上部数　(部)	300	795	150	60
チケット売上枚数　　　(枚)	1,800	4,770	900	?

パンフレットが5倍なので、チケットも5倍と推測

公演1のパンフレットとチケットは、どちらも公演3の2倍。公演1は、パンフレットが公演4の5倍なので、チケットも5倍と推測。計算すると「1,800÷5＝360枚」。

2 法則　出張1回あたりの接待交際費は12,000円

		社員A	社員B	社員C	社員D	社員E
接待交際費	(円)	96,000	72,000	24,000	48,000	36,000
会議費	(円)	8,000	24,000	4,000	12,000	15,000
出張回数	(回)	8	?	2	4	3
手土産代	(円)	12,000	3,000	8,000	6,000	1,000

×12,000

出張回数が2→3→4→8回と少ないものから順に、他の項目の変化を見ると、接待交際費だけが、同じ順番で増えている。「接待交際費÷出張回数」を計算すると、どの社員も1回あたり12,000円。

Bの接待交際費　　1回あたり　　Bの出張回数

$$72,000 \quad ÷ \quad 12,000 \quad = 6回$$

補足　1問あたりに使える時間が短い。時間短縮を意識して問題を解こう

例えば、この問題の場合、1回12,000円という法則は、全員分確認する必要はなく、何人か確かめて法則が見つかれば、残りの確認は省略してかまわない。

別解 社員どうしで出張回数と接待交際費を比べる

社員C→Dはどちらも2倍、社員D→Aも2倍。ここから、社員Bは、接待交際費が社員Eの2倍なので、出張回数も2倍だと推測。計算すると「3×2＝6回」。

正解　**1 360枚**　　**2 6回**

1 ある保険会社で、新商品の保険の今月末までの営業成績を集計しています。

【新商品の契約件数】

		Aさん	Bさん	Cさん	Dさん	Eさん
訪問件数	（件）	180	218	280	252	240
契約件数	（件）	27	33	42	38	？
契約目標件数	（件）	30	30	35	35	30
先月契約件数	（件）	26	28	32	28	29

Eさんの契約件数は何件と推測できるか。

○ 27件　　○ 31件　　○ 34件　　○ 36件　　○ 38件

2 あるシャッター会社で、シャッター工事の見積金額を検討しています。

【シャッター工事見積金額】

		Aビル	Bビル	Cビル	Dビル	Eビル	Fビル
設置箇所	（か所）	30	2	15	10	3	8
小計	（万円）	2,400	300	1,125	1,500	90	520
値引額	（万円）	1,080	135	506.25	675	40.5	？
見積額	（万円）	1,320	165	618.75	825	49.5	？

Fビルのシャッター工事の値引額はいくらと推測できるか。

○ 192万円　　○ 208万円　　○ 210万円　　○ 226万円　　○ 234万円

1 法則　契約件数は、訪問件数の約0.15倍

		Aさん	Bさん	Cさん	Dさん	Eさん
訪問件数	（件）①	180	218	280	252	240
契約件数	（件）②	27	33	42	38	?
契約目標件数	（件）	30	30	35	35	30
先月契約件数	（件）	26	28	32	28	29
	②÷①	0.15	0.151…	0.15	0.150… 約0.15と推測	

契約件数につれて大きくなるのは、訪問件数だけ。2つの関係を調べると、契約件数は、訪問件数の約0.15倍。Eさんの契約件数は、訪問件数の約0.15倍だと推測。

Eの訪問件数　　0.15倍　　Eの契約件数
240　　×　0.15　＝　36件

補足　**正解が絞り込める程度の傾向がわかれば充分と割り切る**

正確には、「訪問件数×0.15」の小数点以下を切り上げると、契約件数と一致する。例えば、Bさんは「218×0.15＝32.7≒33件」。正確な法則を導き出すとすっきりするが、その分の時間がかかる。制限時間内に多くの問題をこなすためには、正解が絞り込める程度の傾向がわかれば充分と割り切ることも大切。

2 法則　値引額は、小計の0.45倍

		Aビル	Bビル	Cビル	Dビル	Eビル	Fビル
設置箇所	（か所）	30	2	15	10	3	8
小計	（万円）	2,400	300	1,125	1,500	90	520
値引額	（万円）	1,080	135	506.25	675	40.5	?
見積額	（万円）	1,320	165	618.75	825	49.5	?

×0.45

Fビルの項目のうち、数値がわかるのは、設置箇所と小計のみ。そのうち、値引額につれて大きくなるのは、小計のほう。2つの関係を調べると、値引額は、小計の0.45倍。Fビルの値引額は、小計の0.45倍だと推測。

Fの小計　　0.45倍　　Fの値引額
520　　×　0.45　＝　234万円

正解	**1** 36件	**2** 234万円

2 大小

● 「ある項目が大きいものほど、別の項目が大きい」 といった大小関係から、当てはまる
選択肢を1つに絞り込むもの
● 「?」 が何と何の間かを見つければ、具体的な数値を求めずに、答えが決まる

例題

1 あるメーカーで、5つの直販店の9月の売上実績をまとめています。

【9月の売上実績】

	A店	B店	C店	D店	E店
売上目標　（万円）	810	720	840	780	750
売上実績　（万円）	740	641	764	695	?
スタッフ数　（人）	16	16	25	19	20

E店の売上実績はいくらと推測できるか。

○ 584万円　　○ 601万円　　○ 628万円　　○ 640万円　　○ 675万円

2 ある研究所で、インフルエンザに感染する確率を調査しています。

【インフルエンザの感染確率】

	A班	B班	C班	D班	E班	F班
平均年齢　（歳）	32	28	24	20	23	26
湿度　（%）	40	40	40	60	60	60
室温　（℃）	16	16	16	16	16	16
接触時間　（分）	10	20	30	10	20	30
感染確率　（%）	7	?	15	4	8	12

B班でインフルエンザに感染する確率は何%と推測できるか。

○ 3%　　○ 7%　　○ 11%　　○ 15%　　○ 19%

1 法則　売上目標が大きいものほど、売上実績が大きい

売上目標がB→E→D店の順なので、
売上実績もB→E→D店の順と推測

	A店	B店	C店	D店	E店
売上目標　（万円）	810	720	840	780	750
売上実績　（万円）	740	641	764	695	?
スタッフ数　（人）	16	16	25	19	20

売上実績が641→695→740→764万円と小さいものから順に、その店の他の項目を見ていくと、売上目標だけが同じ順番で大きくなる。売上目標はB→E→D店の順で、720→750→780万円と大きくなるので、売上実績も同じ順番で641→?→695万円と大きくなると推測。選択肢を見ると、641万円より大きく695万円より小さいのは、675万円だけ。

> **別解**　「売上実績÷売上目標」を計算
> 計算すると、店によって多少異なるが約0.9倍。これをE店に当てはめると、売上目標は「750×0.9＝675万円」。

2 法則　湿度が同じなら、接触時間が長いものほど感染確率が高い

	A班	B班	C班	D班	E班	F班
平均年齢　（歳）	32	28	24	20	23	26
湿度　　　（%）	40	40	40	60	60	60
室温　　　（℃）	16	16	16	16	16	16
接触時間　（分）	10	20	30	10	20	30
感染確率　（%）	7	?	15	4	8	12

B班の感染確率は、A班とC班の間と推測

湿度が同じD・E・F班は、接触時間が長いほど感染確率が高い。A・C班も同様。B班はA・C班と湿度が同じなので、接触時間がA→B→C班と長くなるのにつれ、感染確率も7→?→15%と高くなると推測。選択肢のうち、7%より高く15%より低いのは、11%だけ。

> **別解**　湿度40%と60%について、接触時間が同じ班どうしの感染確率を比較
> 接触時間が同じA・D班では、湿度40%のA班の感染確率が、3%高い。C・F班も同様。ここから、B班はE班よりも感染確率が3%高いと推測。B班の感染確率は「8＋3＝11%」。

正解	**1** 675万円	**2** 11%

1 ある石材店で、記念碑の価格を検討しています。

【記念碑の価格表】

		A	B	C	D	E	F
価格	（万円）	90	76	80	120	105	?
大きさ	（号）	8	8	9	9	10	9
石のランク	（等級）	1	2	3	1	3	2
人気順位	（位）	2	1	3	6	5	4
製作日数	（日）	40	40	60	70	60	60

Fの価格はいくらと推測できるか。

○70万円　　○78万円　　○80万円　　○102万円　　○126万円

2 G地区の幼稚園で、保育料について検討しています。

【G地区 幼稚園保育料一覧表】

		A幼稚園	B幼稚園	C幼稚園	D幼稚園	E幼稚園	F幼稚園
在園児数	（人）	170	200	120	260	130	170
教職員数	（人）	10	10	6	13	10	12
クラス数	（クラス）	6	8	6	10	7	8
給食の回数	（回／週）	5	5	3	3	3	3
保育料	（円）	36,000	34,000	32,000	32,000	36,000	?

F幼稚園の保育料はいくらと推測できるか。

○28,000円　　○30,000円　　○32,000円　　○35,000円　　○37,000円

1 **法則 同じ大きさなら、石のランクが上のものほど価格は高い**

Fの価格はCとDの間と推測

		A	B	C	D	E	F
価格	（万円）	90	76	80	120	105	?
大きさ	（号）	8	8	9	9	10	9
石のランク	（等級）	1	2	3	1	3	2
人気順位	（位）	2	1	3	6	5	4
製作日数	（日）	40	40	60	70	60	60

大きさが同じA・Bは、石のランクが上のAのほうが価格は高い。C・Dも同様。FはC・Dと同じ大きさなので、石のランクがC→F→Dと上がるにつれ、価格も80→?→120万円と高くなると推測。選択肢のうち、Cより高くDより安いのは、102万円だけ。

別解 **製作日数が同じなら、人気順位が上のものほど価格が安い**

C・E・Fの人気順位は、E→F→Cの順に上がるので、価格は105→?→80万円と安くなると推測。当てはまる選択肢は102万円だけ。

2 **法則 給食の回数が同じなら、教職員数1人あたりの在園児数が少ないほど、保育料が高い**

「給食の回数」も「教職員1人あたりの在園児数」も同じなら、保育料は同じ

		A幼稚園	B幼稚園	C幼稚園	D幼稚園	E幼稚園	F幼稚園
在園児数	（人）①	170	200	120	260	130	170
教職員数	（人）②	10	10	6	13	10	12
クラス数	（クラス）	6	8	6	10	7	8
給食の回数 （回／週）		5	5	3	3	3	3
保育料	（円）	36,000	34,000	32,000	32,000	36,000	?
①÷②		17	20	20	20	13	14.16…

教職員1人あたりの在園児数

「給食の回数」が同じなら、「教職員1人あたりの在園児数」が少ないほど、保育料は高い

給食の回数が同じ幼稚園どうしでは、教職員1人あたりの在園児数が少ないほど、保育料が高い。F幼稚園と給食の回数が同じなのは、C・D・E幼稚園。教職員1人あたりの在園児数がC・D→F→E幼稚園と少なくなるのにつれ、保育料はC・D→F→E幼稚園と高くなると推測。選択肢のうち、C・D幼稚園より高く、E幼稚園より安いのは35,000円だけ。

正解	**1** 102万円	**2** 35,000円

3 算出式

●いくつかの項目を使って、「?」の項目の算出式が作れるもの
●項目名をヒントに、算出式が作れる問題もある

例題

1 あるアクセサリーメーカーでは、5つの工房で自社ブランドの製品を作っています。

【工房別出荷額】

	A工房	B工房	C工房	D工房	E工房
材料費　　（万円）	390	400	670	420	560
スタッフ数　（人）	5	7	10	6	8
出荷額　　（万円）	3,390	4,600	6,670	?	5,360

D工房の出荷額はいくらと推測できるか。

○ 3,100万円　　○ 3,540万円　　○ 3,810万円　　○ 4,020万円　　○ 4,650万円

2 ある店で、カーテン加工の見積金額を検討しています。

【カーテン加工の見積金額】

	A	B	C	D	E	F
生地の単価　　（円/m）	750	750	1,000	1,000	1,400	1,400
使う生地の量　　（m）	10	12	10	8	10	12
加工賃　　（円/m）	1,400	1,400	1,600	1,600	1,800	1,800
加工時間　　（時間）	10	12	12	12	16	16
見積金額　　（円）	21,500	25,800	26,000	20,800	32,000	?

Fの見積金額はいくらと推測できるか。

○ 32,000円　　○ 34,600円　　○ 38,400円　　○ 42,000円　　○ 45,600円

1 法則　出荷額は「材料費＋（600万円×スタッフ数）」

	A工房	B工房	C工房	D工房	E工房
材料費　　　（万円）①	390	400	670	420	560
スタッフ数　　（人）②	5	7	10	6	8
出荷額　　　（万円）	3,390	4,600	6,670	?	5,360
①＋（600×②）	3,390	4,600	6,670	4,020	5,360

A工房の材料費は「**390**」万円で、出荷額は「3,**390**」万円と、390の数値が一致。C工房の材料費は「**670**」万円で、出荷額は「6,**670**」万円と、670の数値が一致。出荷額から材料費を引いて、スタッフ数で割り算すると、どちらも600万円。ここから、出荷額の算出式は「材料費＋（600万円×スタッフ数）」だと推測。D工房を、この算出式に当てはめて計算する。

Dの材料費　　　600万円　　Dのスタッフ数　　Dの出荷額
420　＋（　600　×　　6　　）＝ 4,020万円

2 法則　見積金額は「（生地の単価＋加工賃）×使う生地の量」

	A	B	C	D	E	F
生地の単価　　（円/m）①	750	750	1,000	1,000	1,400	1,400
使う生地の量　　（m）②	10	12	10	8	10	12
加工賃　　　（円/m）③	1,400	1,400	1,600	1,600	1,800	1,800
加工時間　　　（時間）	10	12	12	12	16	16
見積金額　　　（円）	21,500	25,800	26,000	20,800	32,000	?
（①＋③）×②	21,500	25,800	26,000	20,800	32,000	

数値が一致する

生地の単価と加工賃が1mあたりの金額なので、見積金額は、「（生地の単価＋加工賃）×使う生地の量」だと推測。計算するといずれも一致。Fも同様に計算する。

Fの生地の単価　　Fの加工賃　　Fの使う生地の量　　Fの見積金額
（　1,400　＋　1,800　）×　　12　　＝ 38,400円

正解	**1** 4,020万円	**2** 38,400円

1 ある会社で、アルバイトの今月の給料についてまとめています。

【アルバイト給料】

		Aさん	Bさん	Cさん	Dさん	Eさん	Fさん
給料	(円)	65,600	82,050	69,800	75,500	?	82,250
時給	(円)	1,250	1,350	1,150	1,050	1,150	1,250
勤続年数	(年)	3	4	2	1	2	3
合計勤務時間数	(時間)	52	59	60	70	40	65
うち18時以降 勤務時間数	(時間)	3	12	4	10	8	5

Eさんの給料はいくらと推測できるか。

○47,200円　○47,600円　○48,300円　○48,900円　○49,100円

2 ある旅行会社で、大阪発2泊3日の国内旅行のツアー料金を検討しています。

【国内旅行のツアー料金】

		企画A	企画B	企画C	企画D	企画E	企画F
ツアー料金	(円)	31,780	23,100	47,040	20,300	34,650	?
片道正規交通費	(円)	17,000	7,000	25,000	10,000	13,000	12,000
正規旅館代	(円/泊)	6,000	10,000	9,000	5,000	12,500	8,000
大阪からの距離	(km)	400	500	1,000	340	600	900
旅館からの バックマージン	(円)	600	1,000	800	1,000	1,500	1,400

企画Fのツアー料金はいくらと推測できるか。

○25,860円　○27,020円　○28,640円　○29,180円　○30,500円

1 法則　給料は「（時給×合計勤務時間数）＋（200円×うち18時以降勤務時間数）」

		Aさん	Bさん	Cさん	Dさん	Eさん	Fさん
給料	（円）	65,600	82,050	69,800	75,500	?	82,250
時給	（円）①	1,250	1,350	1,150	1,050	1,150	1,250
勤続年数	（年）	3	4	2	1	2	3
合計勤務時間数	（時間）②	52	59	60	70	40	65
うち18時以降 勤務時間数	（時間）③	3	12	4	10	8	5
①×② 200×③		65,000 600	79,650 2,400	69,000 800	73,500 2,000	46,000 1,600	81,250 1,000

合計

まず、給料に関係しそうな「時給×合計勤務時間数」を計算してみる。Aさんは65,000円で、給料には600円足りない。Bさん以降も、計算すると足りない金額が生じる。足りない金額を「うち18時以降勤務時間数」で割り算すると、いずれも200円。ここから、18時以降の時給は200円上乗せと推測。給料の算出式は「（時給×合計勤務時間数）＋（200円×うち18時以降勤務時間数）」。Eさんに当てはめて計算する。

Eの時給　　Eの合計時間　　　200円　　Eの18時以降時間　　Eの給料
（ 1,150 ×　　40　 ）＋（ 200 ×　　8　　 ）＝ 47,600円

2 法則　ツアー料金は「（（片道正規交通費＋正規旅館代）×2 －旅館からのバックマージン）×0.7」

		企画A	企画B	企画C	企画D	企画E	企画F
ツアー料金	（円）	31,780	23,100	47,040	20,300	34,650	?
片道正規交通費	（円）①	17,000	7,000	25,000	10,000	13,000	12,000
正規旅館代	（円/泊）②	6,000	10,000	9,000	5,000	12,500	8,000
大阪からの距離	（km）	400	500	1,000	340	600	900
旅館からの バックマージン	（円）③	600	1,000	800	1,000	1,500	1,400
（①＋②）×2－③		45,400	33,000	67,200	29,000	49,500	38,600

×0.7

ツアー料金に関係しそうな金額の項目を使って、算出式を考える。かかる費用は、交通費が往復なので表の2倍、旅館代は2泊なので2倍。ここからバックマージンを引いて、ツアー料金と比べるとちょうど0.7倍。これを企画Fに当てはめて計算。

Fの片道正規交通費　Fの正規旅館代　　2倍　Fのバックマージン　0.7倍　Fのツアー料金
（（ 12,000 ＋ 8,000 ）× 2 － 1,400 ）× 0.7 ＝ 27,020円

正解	**1** 47,600円	**2** 27,020円

4 推移

- ●「何人増えるごとに、いくら増える」といった、増減の推移に法則があるもの
- ●数列の要領で、横方向に差分をとったり、割り算をしたりして、法則を見つける

例題

1 ある会社で、研修の出席人数と費用を計算しています。

【研修の出席人数と費用】

出席人数　（人）	25	30	35	40	45
費用　　　（円）	24,750	28,500	32,250	36,000	?

45人出席したときの費用はいくらと推測できるか。

○ 39,750円　　○ 41,500円　　○ 44,100円　　○ 45,300円　　○ 48,250円

2 ある県で、2つの海水浴場の利用者数の推移について調べています。

【海水浴場の利用者数】

	2012年	2013年	2014年	2015年	2016年
A海水浴場　（千人）	90	180	60	240	48
B海水浴場　（千人）	160	80	240	60	?

2016年のB海水浴場の利用者数は何千人と推測できるか。

○ 240千人　　○ 260千人　　○ 280千人　　○ 300千人　　○ 320千人

1 **法則　出席人数が5人増えるごとに、費用が3,750円増える**

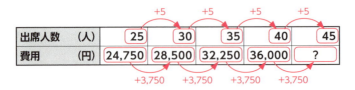

出席人数は5人ずつ増えて、費用は3,750円ずつ増えている。よって、40人の費用に、5人分の3,750円を足せば、45人の費用がわかる。

40人の費用	5人増の費用	45人の費用
36,000	+ 3,750	= 39,750円

> **参考** 費用の算出式を求めると
>
> 「費用÷出席人数」で1人あたりの費用を調べると、25人のときは990円、30人のときは950円…で、一定の額にならない。実は、人数に関係なく6,000円がかかり、そこに1人あたり750円(5人分なら3,750円)を加算する仕組み。

2 **法則** 利用者数の前年比は、A海水浴場とB海水浴場とで逆数(Aが2倍なら、Bは$\frac{1}{2}$倍。Aが$\frac{1}{3}$倍なら、Bは3倍)

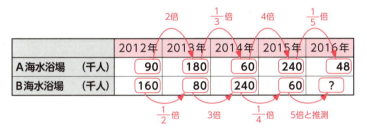

利用者数は、A海水浴場が増える年は、B海水浴場が減る。反対にA海水浴場が減る年は、B海水浴場が増える。

利用者数について、「ある年÷前年」で前年比を計算してみる。2012年から2013年は、A海水浴場が2倍で、B海水浴場は$\frac{1}{2}$倍。2013年から2014年は、A海水浴場が$\frac{1}{3}$倍で、B海水浴場は3倍。どの年の前年比も、B海水浴場は、A海水浴場の逆数(分数の分子と分母を逆にした数)になっている。

2016年のA海水浴場は、2015年の$\frac{1}{5}$倍。ここから、2016年のB海水浴場は、2015年の5倍と推測できる。

2015年のB	5倍	2016年のB
60	× 5	= 300千人

正解	**1** 39,750円	**2** 300千人

1 ある文化教室で、1年間の講座の会員数を集計しています。

【講座開講数と会員数】

		2005年	2006年	2007年	2008年	2009年
新規の講座数	（講座）	14	17	10	7	13
廃止の講座数	（講座）	4	9	5	3	6
全講座の会員数合計	（人）	420	465	360	315	?

2009年の全講座の会員数合計は何人と推測できるか。

○ 350人　　○ 365人　　○ 386人　　○ 405人　　○ 455人

2 ある印刷会社で、価格表をまとめています。

【印刷価格表】

部数	（部）	20,000	21,000	22,000	23,000	24,000	25,000	26,000
印刷日数	（日）	3	3	3	5	5	5	5
価格	（円）	59,200	60,100	61,300	63,100	65,800	69,700	?

部数26,000部の価格はいくらと推測できるか。

○ 74,500円　　○ 74,800円　　○ 75,100円　　○ 75,400円　　○ 75,700円

1 **法則** 新規の講座数が増えたときは、1講座につき15人ずつ、全講座の会員数合計が増える。新規の講座数が減ったときは、1講座につき15人ずつ、全講座の会員数合計が減る

		2005年	2006年	2007年	2008年	2009年
新規の講座数	（講座）	⑭ +3→ ⑰	−7→ ⑩	−3→ ⑦	+6→ ⑬	
廃止の講座数	（講座）	4	9	5	3	6
全講座の会員数合計	（人）	㊵ +45→ ㊺	−105→ ㊅	−45→ ㉟	?	

2006年は新規の講座数が3講座増えて、45人増えている。反対に2008年は新規の講座数が3講座減って、45人減っている。ここから、新規の講座数が1講座増えるご

とに、全講座の会員数合計が15人増えると推測。これを使って、2009年の全講座の会員数合計を計算する。

※全講座の会員数合計なので、「廃止の講座数」も関係しそうに思えるが、数値からは相関性が見つからない。よって、「廃止の講座数」は関係しない。

2009年の新規　　2008年の新規　　　　1講座あたり15人増　　2009年の増加人数
(　　13　　 − 　　7　　) 　×　　　　　15　　　 = 90人

2008年の会員　　2009年の増加人数　　2009年の会員
315 　　+ 　　　90　　　 = 405人

2 **法則**　**1,000部増えたときの価格の増加額は、900→1,200→1,800→2,700円…であり、増加幅が300→600→900円…と300円ずつ拡大**

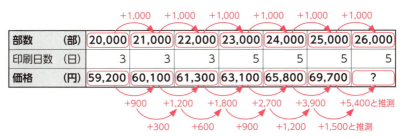

1,000部増えたときの価格の増加額は、900→1,200→1,800→2,700円…であり、増加幅が300→600→900円…と300円ずつ拡大していく。ここから、26,000部の価格は、25,000部より5,400円高いと推測。

25,000部の価格　　5,400円高い　　26,000部の価格
69,700 　　+ 　　5,400 　= 75,100円

正解	**1** 405人	**2** 75,100円

5 合計が同じ

- ●いくつかの項目の合計が、いつも同じ値になるもの
- ●ある項目が増えるにつれて、別の項目が減っているときは、この法則を疑う

例題

1 商店街の喫茶店で、ある時間帯のココアの平均売上個数を調べています。

【ココアの売上個数】

月		1～2	3～4	5～6	7～8	9～10	11～12
アイスココア	価格（円）	150	150	158	160	160	160
	個数（個）	18	36	47	51	?	14
ホットココア	価格（円）	158	158	158	158	160	160
	個数（個）	38	20	9	5	27	42

9～10月中のアイスココアの売上個数は何個と推測できるか。

○15個　　○21個　　○29個　　○36個　　○54個

2 ある広告代理店で、自動車の購入者に対して、購入の決め手となった広告等について
アンケートをとっています。

【車種別　購入の決め手となった広告等】

		車種A	車種B	車種C	車種D	車種E
新聞折込チラシ	（人）	30	30	31	31	29
自動車専門誌	（人）	35	33	36	32	36
テレビCM	（人）	63	85	46	57	38
ダイレクトメール	（人）	3	4	0	0	3
Webサイト	（人）	20	21	21	25	20
店頭試乗	（人）	67	45	?	73	92

車種Cの店頭試乗による自動車の購入決定者数は何人と推測できるか。

○69人　　○72人　　○76人　　○81人　　○84人

1 法則 アイスココアとホットココアの合計数は常に56個

月		1～2	3～4	5～6	7～8	9～10	11～12
アイスココア	価格（円）	150	150	158	160	160	160
	個数（個）①	18	+18→ 36	+11→ 47	+4→ 51	-22→ ?	-15→ 14
ホットココア	価格（円）	158	158	158	158	160	160
	個数（個）②	38	-18→ 20	-11→ 9	-4→ 5	+22→ 27	+15→ 42
	①＋②	56	56	56	56	56と推測	56

アイスココアとホットココアの増減数は、ちょうど逆の動き。例えば、1～2月から3～4月にかけて、アイスココアは18個増、ホットココアは18個減。ここからアイスココアとホットココアの合計数は常に同じと推測。足し算すると、合計は常に56個。

合計　　9～10月のホットココア　　9～10月のアイスココア
56　 －　　　 27　　 ＝ 29個

> **別解** アイスココアとホットココアは片方が増えると、もう片方は同じ数減る
> 7～8月から9～10月にかけてホットココアは「27－5＝22個」増なので、アイスココアは同じ数だけ減（22個減）。「51－22＝29個」。

2 法則 テレビCMと店頭試乗での購入者数の合計は常に130人

		車種A	車種B	車種C	車種D	車種E
新聞折込チラシ	（人）	30	30	31	31	29
自動車専門誌	（人）	35	33	36	32	36
テレビCM	（人）①	63	85	46	57	38
ダイレクトメール	（人）	3	4	0	0	3
Webサイト	（人）	20	21	21	25	20
店頭試乗	（人）②	67	45	?	73	92
	①＋②	130	130	130と推測	130	130

テレビCMと店頭試乗は、どの車種も1の位を足すと10になる。テレビCMと店頭試乗を足してみると、いずれも130人。

テレビCMと店頭試乗の合計　　車種CのテレビCM　　車種Cの店頭試乗
130　　　　 － 　　　 46　 ＝ 84人

> **別解** どの車種も全項目の合計は常に218人
> 車種Cの店頭試乗は「218－（31＋36＋46＋21）＝84人」。

正解	**1** 29個	**2** 84人

6 積算

●個別に単価や作業量が決まっているもの。「単価×個数」を積み上げて合計を出す

●まずは、1項目の数値だけが違うものを見つけて差分をとる。ある項目の単価がわかったら、それを当てはめて、他の項目の単価も判明させていく

例題

1 ある製造工場で、班ごとの出来上がり個数についてまとめています。

【製品Zの出来上がり個数】

	A班	B班	C班	D班	E班	F班
経験1年未満の従業員　（人）	3	11	6	2	6	9
経験1年以上の従業員　（人）	9	14	17	9	14	16
出来上がり個数　　（個）	4,500	8,900	8,600	4,200	7,400	?

F班の出来上がり個数は何個と推測できるか。

○8,500個　　○8,800個　　○9,100個　　○9,400個　　○9,700個

2 ある清掃用品会社で、業務用のレンタルモップの見積書を作成しています。

【レンタルモップ見積書】

	A案	B案	C案	D案	E案	F案
大　　　　　（本）	5	0	10	0	5	10
中　　　　　（本）	5	5	0	10	10	10
小　　　　　（本）	40	40	40	30	5	60
合計金額（円／月）	43,500	37,000	45,000	34,000	20,500	?

F案におけるレンタルモップの合計金額はいくらと推測できるか。

○60,500円　　○64,000円　　○67,500円　　○71,000円　　○74,500円

1 **法則　経験1年未満は1人300個、経験1年以上は1人400個**

1年未満1人の差で、300個差

	A班	B班	**C班**	**D班**	**E班**	F班
経験1年未満の従業員　（人）	**3**	11	**6**	**2**	**6**	9
経験1年以上の従業員　（人）	**9**	14	**17**	**9**	**14**	16
出来上がり個数　　（個）	**4,500**	8,900	**8,600**	**4,200**	**7,400**	?

1年以上3人の差で、1,200個差

各班の人数の違いから、1人あたりの出来上がり個数を求める。A・D班の違いは、経験1年未満の従業員1人。C・E班の違いは経験1年以上の従業員3人。

Aの個数　Dの個数　1年未満1人の個数
4,500 − 4,200 = 300個

Cの個数　Eの個数　1年以上3人の個数
8,600 − 7,400 = 1,200個 ➡ 3人で1,200個なので、1人400個

上記で求めた1人あたりの個数に、F班の従業員数をかけ算する。

1年未満1人の個数　Fの人数　1年以上1人の個数　Fの人数　Fの出来上がり個数
(　300　 × 9)+(　400　 × 16) = 9,100個

2 法則　大1本で1,300円、中1本で1,000円、小1本で800円

大5本差で、6,500円差

		A案	B案	C案	D案	E案	F案
大	（本）	5	0	10	0	5	10
中	（本）	5	5	0	10	10	10
小	（本）	40	40	40	30	5	60
合計金額（円/月）		43,500	37,000	45,000	34,000	20,500	?

大の金額がわかれば、小の金額を求められる

各案の本数の違いから、1本あたりの金額を求める。A・B案の違いは大5本。大1本の金額がわかったら、それを使って、小、中の金額も求める。

Aの合計金額　Bの合計金額　大5本の金額
43,500 − 37,000 = 6,500円 ➡ 大は5本で6,500円。1本1,300円

Cの合計金額　大10本の金額　小40本の金額
45,000 −(1,300×10)= 32,000円 ➡ 小は40本で32,000円。1本800円

Bの合計金額　小40本の金額　中5本の金額
37,000 − 32,000 = 5,000円 ➡ 中は5本で5,000円。1本1,000円

上記で求めた1本あたりの金額に、F案の本数をかけ算する。

大1本の金額　Fの本数　中1本の金額　Fの本数　小1本の金額　Fの本数　Fの合計金額
(1,300 × 10)+(1,000 × 10)+(800 × 60) = 71,000円

正解	**1** 9,100個	**2** 71,000円

7 列ごと計算

- 「ある列の項目の値を2倍すると、別の列の項目の値と同じになる」というように、列ごとにまとめて考えるとよいもの
- 内訳が同じになるように、複数の列を組み合わせてみる。内訳が同じなら金額も同じ

例題

1 ある貸衣装店で、衣装レンタルのセット料金を検討しています。

【衣装レンタルのセット料金表】

	Aセット	Bセット	Cセット	Dセット	Eセット	Fセット
ウェディングドレス （着）	0	1	1	0	1	1
カクテルドレス （着）	1	0	2	1	1	1
色打掛 （着）	0	0	0	1	1	1
白無垢 （着）	0	0	0	0	0	1
料金 （円）	60,000	80,000	200,000	?	220,000	290,000

Dセットの料金はいくらと推測できるか。

○ 90,000円　　○ 140,000円　　○ 160,000円　　○ 200,000円

○ 220,000円

2 ある花屋で、花束の価格を検討しています。

【花束価格表】

	花束A	花束B	花束C	花束D	花束E	花束F
ユリ （本）	10	0	0	0	0	0
コスモス （本）	0	10	0	0	0	5
バラ （本）	0	0	10	0	0	5
ダリア （本）	0	0	0	10	0	0
カラー （本）	0	0	0	0	10	0
かすみ草 （本）	1	1	1	1	1	1
価格 （円）	8,500	3,500	5,500	4,000	7,500	?

花束Fの価格はいくらと推測できるか。

○ 3,500円　　○ 4,000円　　○ 4,500円　　○ 5,000円　　○ 5,500円

Dセットは、カクテルドレスと色打掛1着ずつ

	Aセット	Bセット	Cセット	Dセット	Eセット	Fセット
ウェディング ドレス　　（着）	0	1	1	0	1	1
カクテル ドレス　　（着）	1	0	2	1	1	1
色打掛　　（着）	0	0	0	1	1	1
白無垢　　（着）	0	0	0	0	0	1
料金　　　（円）	60,000	80,000	200,000	?	220,000	290,000

EセットからBセットを引くと、カクテルドレスと色打掛1着ずつ

EセットからBセットを引くと、衣装の内訳がDセットと同じになる。内訳が同じなら、料金も同じ。Eセットの料金からBセットの料金を引くと、Dセットの料金。

Eの料金　　　Bの料金　　　Dの料金
$$220,000 - 80,000 = 140,000円$$

2 法則　花束Fは、花束B・Cを合わせたものの半分

	花束A	花束B	花束C	花束D	花束E	花束F
ユリ　　　（本）	10	0	0	0	0	0
コスモス　（本）	0	10	0	0	0	5
バラ　　　（本）	0	0	10	0	0	5
ダリア　　（本）	0	0	0	10	0	0
カラー　　（本）	0	0	0	0	10	0
かすみ草　（本）	1	1	1	1	1	1
価格　　　（円）	8,500	3,500	5,500	4,000	7,500	?

花束B・Cを合わせると、
コスモス・バラ10本ずつ、
かすみ草2本　　　　　　半分

花束Fは、
コスモス・バラ5本ずつ、
かすみ草1本

花束B・Cを合わせて半分にすると、花の内訳が、コスモス・バラが5本ずつ、かすみ草が1本で、花束Fと同じになる。内訳が同じなら、価格も同じ。花束B・Cの価格を足して2で割ったのが、花束Fの価格。

Bの価格　　　Cの価格　　　Fの2つ分の価格
$$3,500 + 5,500 = 9,000円$$ ➡ 花束Fは2つで9,000円。1つ4,500円

正解	**1** 140,000円	**2** 4,500円

表の空欄の推測　模擬テスト

制限時間12分　問題数12問

※実物は制限時間35分、問題数35問

---

1 ある会社で働くアルバイトBさんの給料の推移は次の通りです。

【Bさんの給料データ】

	1年目	2年目	3年目	4年目	5年目
月平均給料 　　　（円）	45,000	78,400	63,600	22,800	?
月平均労働時間 　（時間）	50	80	60	20	90

5年目の月平均給料はいくらと推測できるか。

○ 107,100円　○ 108,000円　○ 109,800円　○ 113,400円　○ 116,100円

---

2 ある会社で、テレビの売上台数を集計しています。

【テレビの売上台数】

	2012年	2013年	2014年	2015年
自社通信販売 　（台）	5,190	7,130	6,570	7,465
全国出荷台数 　（台）	43,250	59,420	54,750	?

2015年の全国出荷台数は何台と推測できるか。

○ 58,720台　○ 60,480台　○ 62,210台　○ 64,850台　○ 66,590台

---

3 ある会社で、本社と2つの支社の従業員数についてまとめています。

【本社と2支社の従業員数】

	2006年度	2007年度	2008年度	2009年度
本社 　（百人）	13	16	18	21
支社1 　（百人）	6	8	8	?
支社2 　（百人）	6	6	9	7

支社1の2009年度の従業員数は何人と推測できるか。

○ 9百人　○ 10百人　○ 11百人　○ 12百人　○ 13百人

4 ある駅で、炭酸飲料の売上本数をまとめています。

【炭酸飲料の売上本数】

	月曜	火曜	水曜	木曜	金曜
電車の停車本数 (本)	325	324	332	317	324
乗降客数　　(万人)	3.0	2.8	3.1	2.9	3.3
最高気温　　(℃)	29.2	27.6	31.4	32.9	28.3
最低気温　　(℃)	23.7	21.8	25.9	25.3	22.6
売上本数　　(本)	2,417	1,860	3,258	3,893	?

金曜の売上本数は何本と推測できるか。

○ 1,758本　　○ 2,194本　　○ 2,683本　　○ 3,416本　　○ 3,927本

5 ある会社で、次期ボーナスの査定を行っています。

【次期ボーナス査定表】

	Aさん	Bさん	Cさん	Dさん	Eさん	Fさん
年齢　　　　(歳)	33	28	33	35	36	38
勤続年数　　(年)	8	6	6	10	1	10
評価指数	1.1	1.0	0.9	1.0	1.1	1.1
社内試験成績　(点)	75	65	75	80	85	80
ボーナス金額　(万円)	43.5	41.0	40.5	45.0	36.5	?

Fさんのボーナス金額はいくらと推測できるか。

○ 44.5万円　　○ 45.0万円　　○ 45.5万円　　○ 46.0万円　　○ 46.5万円

6 あるスーパーで、ひな祭り向けのひなあられの在庫を集計しています。

【ひなあられの在庫数】

	2月17日	2月20日	2月23日	2月26日
3日間の来客数　(人)	2,378	3,128	2,762	2,986
在庫数　　　(個)	2,749	2,123	1,571	?

2月26日の在庫数は何個と推測できるか。

○ 974個　　○ 1,037個　　○ 1,172個　　○ 1,217個　　○ 1,302個

7 あるスポーツ用品店で、卓球チームからの注文の見積書を作成しています。

【卓球用品 見積書】

チーム名		A	B	C	D	E	F
ラケット	（本）	2	35	1	0	3	2
チームウェア	（枚）	2	35	1	10	3	7
シューズ	（足）	5	0	1	10	10	1
小計	（千円）	368	740	136	620	658	280
値引額	（千円）	110.4	370	13.6	310	?	56
見積額	（千円）	257.6	370	122.4	310	?	224

Eチームの値引額はいくらと推測できるか。

○ 65.8千円　　○ 131.6千円　　○ 197.4千円　　○ 263.2千円　　○ 329千円

8 ある企業で働くBさんの3月から7月の勤務状況は、次の通りです。

【勤務状況】

		3月	4月	5月	6月	7月
労働日数	（日）	21	20	17	22	21
残業日数	（日）	18	4	5	20	?
平均残業時間	（分／日）	60	270	216	54	90

7月の残業日数は何日と推測できるか。

○ 11日　　○ 12日　　○ 13日　　○ 14日　　○ 15日

9 ある会社で、照明器具が老朽化したため、入れ替え個数を見積もっています。

【照明器具】

		2階	3階	4階	5階	6階
社員数	（人）	450	400	350	420	400
課の数	（課）	40	35	45	50	32
照明器具必要数	（個）	265	235	220	?	232

5階の照明器具必要数は何個と推測できるか。

○ 250個　　○ 255個　　○ 260個　　○ 265個　　○ 270個

10 ある会社で、各課の出張費の予算申請が適切であるか、チェックしています。

【来年度予算申請チェック資料】

	第1課	第2課	第3課	第4課	第5課
申請額　　　　（万円）	125	325	725	385	475
前年度実績　　（万円）	96	280	520	310	520
前年度社員数　　（人）	6	13	20	13	20
前年度退職者数　（人）	1	0	4	0	4
今年度新入社員数（人）	0	0	13	1	3

申請額が不適切なのは第何課と推測できるか。

○第1課　　　○第2課　　　○第3課　　　○第4課　　　○第5課

---

11 ある精肉店で、精肉と肉加工品の見積書を作成しています。

【精肉・肉加工品の見積書】

	A	B	C	D	E	F
牛ロース　　（g）	500	0	500	0	0	0
豚ロース　　（g）	0	0	1,000	500	0	500
鶏モモ　　　（g）	0	500	0	500	500	0
ロースハム　（本）	5	10	0	0	5	5
ベーコン　　（g）	500	500	0	0	0	0
ソーセージ　（本）	0	5	0	0	5	5
金額　　　　（円）	8,250	11,050	7,400	3,700	5,900	?

Fの金額はいくらと推測できるか。

○6,300円　　　○6,400円　　　○6,500円　　　○6,600円　　　○6,700円

---

12 ある印刷所で、ポスター印刷の見積書を作成しています。

【ポスター印刷の見積書】

仕上がりサイズ　　　ラミネート加工	A0		A1		A2		料金（万円）
	加工有（枚）	加工無（枚）	加工有（枚）	加工無（枚）	加工有（枚）	加工無（枚）	
取引先A	150	150	150	0	0	0	165
取引先B	0	150	150	0	0	0	97.5
取引先C	0	500	500	500	500	0	575
取引先D	800	800	800	800	800	0	?
取引先E	0	400	400	400	400	400	520
取引先F	600	300	300	300	300	0	615
取引先G	0	150	150	150	150	150	195

取引先Dの料金はいくらと推測できるか。

○1,000万円　　　○1,080万円　　　○1,140万円　　　○1,200万円　　　○1,280万円

表の空欄の推測　模擬テスト

1 法則　「月平均給料÷月平均労働時間」で求められる時給が、毎年80円ずつ増える

		1年目	2年目	3年目	4年目	5年目
月平均給料	（円）①	45,000	78,400	63,600	22,800	?
月平均労働時間	（時間）②	50	80	60	20	90

①÷②　　900　　980　　1,060　　1,140　　1,220と推測

+80　　+80　　+80　　+80

「月平均給料÷月平均労働時間」で時給を計算すると、年数が増えるほど、900→980→1,060円…と80円ずつ増えている。ここから、5年目の時給は、4年目の1,140円に80円を足した金額だと推測。

4年目の時給　　80円　　5年目の時給
　1,140　＋　80　＝　1,220円

5年目の時給に月平均労働時間をかけ算して、月平均給料を求める。

5年目の時給　　5年目の月平均労働時間　　5年目の月平均給料
　1,220　×　　　　90　　　　＝　109,800円

正解	109,800円

2 法則　全国出荷台数に占める自社通信販売の割合は、約0.12

		2012年	2013年	2014年	2015年
自社通信販売	（台）①	5,190	7,130	6,570	7,465
全国出荷台数	（台）②	43,250	59,420	54,750	?

①÷②　　0.12　　0.119…　　0.12　　0.12と推測

自社通信販売は、全国出荷台数に比例して増えている。各年の「自社通信販売÷全国出荷台数」を計算すると、約0.12。2015年の自社通信販売を0.12で割り算すれば、全国出荷台数が求められる。

2015年の自社通信販売　　0.12　　2015年の全国出荷台数
　　7,465　　　　÷ 0.12 ＝ 62,208.3… ≒ 62,210台

> **補足** 正確には「全国出荷台数×0.12」を切り捨て
> 「全国出荷台数×0.12」の小数点以下を切り捨てすると、自社通信販売の台数と一致する。

3 **法則　本社、支社1、支社2の従業員数の合計が、毎年度5百人ずつ増える**

	2006年度	2007年度	2008年度	2009年度
本社　　（百人）①	13	16	18	21
支社1　（百人）②	6	8	8	?
支社2　（百人）③	6	6	9	7

①+②+③（百人）　　25　　30　　35　　40と推測
　　　　　　　　　+5　　+5　　+5

本社、支社1、支社2の従業員数の合計は、25→30→35百人と、毎年度5百人ずつ増えている。ここから、2009年度の合計は、2008年度の5百人増の40百人だと推測。2009年度の合計から、本社、支社2の従業員数を引くと、支社1の従業員数。

2009年度の合計
2008年度の合計　　5百人増　　本社　　支社2　　支社1
　　35　　　　　　+　5　－21－7＝12百人

正解　12百人

4 **法則　最高気温が高い日ほど、売上本数が多い**

	月曜	火曜	水曜	木曜	金曜
電車の停車本数（本）	325	324	332	317	324
乗降客数　　（万人）	3.0	2.8	3.1	2.9	3.3
最高気温　　　（℃）	29.2	27.6	31.4	32.9	28.3
最低気温　　　（℃）	23.7	21.8	25.9	25.3	22.6
売上本数　　　（本）	2,417	1,860	3,258	3,893	?

金曜の売上本数は月曜と火曜の間と推測

最高気温が高い日ほど、売上本数が多い。最高気温が火曜→金曜→月曜と高くなるのにつれ、売上本数も1,860→?→2,417本と多くなると推測。選択肢のうち、1,860本より多く2,417本より少ないのは、2,194本だけ。

正解　2,194本

5 **法則　評価指数が同じなら、勤続年数が1年長くなるごとに、ボーナス金額が1万円高くなる**

評価指数同じ
→勤続年数が4年長いDさんは、
　ボーナスが4万円高い

		Aさん	Bさん	Cさん	Dさん	Eさん	Fさん
年齢	(歳)	33	28	33	35	36	38
勤続年数	(年)	8	6	6	10	1	10
評価指数		1.1	1.0	0.9	1.0	1.1	1.1
社内試験成績	(点)	75	65	75	80	85	80
ボーナス金額	(万円)	43.5	41.0	40.5	45.0	36.5	?

評価指数同じ
→勤続年数が7年長いAさんは、
　ボーナスが7万円高い

評価指数同じ
→勤続年数が9年長いFさんは、
　ボーナスが9万円高いと推測

評価指数が同じ人を比べると、勤続年数が1年長くなるごとに、ボーナス金額が1万円高くなる。FさんはEさんよりも9年長いので、ボーナス金額は9万円高い。

※年齢、社内試験成績は、どちらも高いD・Eさんのボーナス金額に大きな開きがあることから、ボーナス金額には関係ない項目だとわかる。

Eのボーナス金額　　9万円高い　　Fのボーナス金額
36.5　　＋　　9　　＝ 45.5万円

正解	**45.5万円**

> **別解** 評価指数が同じ人は、「ボーナス金額－(勤続年数×1万)」が同額になる
>
> Fさんと評価指数が同じA・Eさんは、ボーナス金額から「勤続年数×1万」を引くと、35.5万円。よって、これに勤続年数分の10万円を足した45.5万円が、Fさんのボーナス額。
> ※ここでは求めなかったが、ボーナス金額の算出式は
> 「35万＋((評価指数－1.0)×5万)＋(勤続年数×1万)」。

6 **法則　3日前の在庫数から「当日まで3日間の来客数の約2割」を引くと、当日の在庫数**

①×0.2　　　　625.6　　　552.4　　　597.2

		2月17日	2月20日	2月23日	2月26日
3日間の来客数	(人)①	2,378	3,128	2,762	2,986
在庫数	(個)	2,749	2,123	1,571	?

－626　　　－552

3日間の来客数が多い2月20日のほうが、2月23日より在庫の減少数が大きい。在

庫の減少数を、3日間の来客数で割り算すると、どちらも以下のように約2割。

	在庫の減少数		3日間の来客数		
2月20日	626	÷	3,128	=	0.200…
2月23日	552	÷	2,762	=	0.199…

3日前の在庫数から「当日まで3日間の来客数の約2割」を引いたのが、当日の在庫数といえる。2月26日の在庫数を計算する。

2月23日の在庫数　　2月26日まで3日間の来客数　　2割　　2月26日の在庫数
$$1{,}571 - (\quad 2{,}986 \quad \times 0.2) = 973.8 \fallingdotseq 974 個$$

正解	974個

補足 正確には「当日までの3日間の来客数×0.2」を四捨五入
「当日まで3日間の来客数×0.2」の小数点以下を四捨五入した数を、3日前の在庫数から引くと、当日の在庫数と一致する。

7 **法則** 小計が高くなるのにつれて、段階的に値引率(値引額の割合)が上がる。EはB・Dと同じく5割引(半額)

ここは使わない

チーム名	A	B	C	D	E	F
ラケット　　(本)	2	35	1	0	3	2
チームウェア (枚)	2	35	1	10	3	7
シューズ　　(足)	5	0	1	10	10	1
小計　　(千円)①	368	740	136	620	658	280
値引額　(千円)②	110.4	370	13.6	310	?	56
見積額　(千円)	257.6	370	122.4	310	?	224

②÷①　　　0.3　　0.5　　0.1　　0.5　0.5と推測　　0.2

小計から値引額を引くと見積額。値引額は、B・Dは小計の5割引(半額)で、Cは1割引。B・DはCより小計が高いので、小計につれて値引率(値引額の割合)が段階的に上がると推測。Eの小計はB・Dの間なので、値引額もB・Dと同じ。

Eの小計　　半額　　Eの値引額
$$658 \div 2 = 329 千円$$

正解	329千円

8 法則　月の残業時間は常に1,080分

		3月	4月	5月	6月	7月
労働日数	（日）	21	20	17	22	21
残業日数	（日）①	18	4	5	20	?
平均残業時間	（分／日）②	60	270	216	54	90
	①×②	1,080	1,080	1,080	1,080	1,080と推測

残業日数が増えるほど、平均残業時間は減る。「残業日数×平均残業時間」で3月の残業時間を計算してみると、1,080分。4月以降も同じく1,080分。ここから、月の残業時間は常に1,080分と推測。7月の残業日数を「1,080分÷平均残業時間」で求める。

　　1,080分　　　7月の平均残業時間　　7月の残業日数
　　1,080　÷　　　　90　　　＝　12日

正解　**12日**

9 法則　照明器具必要数は、社員1人につき0.5個、1課につき1個

		2階	3階	4階	5階	6階
社員数	（人）	450	400	350	420	400
課の数	（課）	40	35	45	50	32
照明器具必要数	（個）	265	235	220	?	232

社員数が同じとき、課の数が3課違うと、照明器具必要数が3個違う

社員数が同じ3・6階では、課の数と照明器具必要数が3ずつ違う。3・6階の照明器具必要数から、課の数を引くと、残りはどちらも200個。社員数400人に対して200個なので、社員1人につき照明器具必要数は0.5個と推測。

念のため、他の階で確認すると、社員1人につき0.5個、1課につき1個で計算が合う。これを使って、5階の照明器具必要数を求める。

　　　5階の社員数　1人の個数　　5階の課の数　　5階の照明器具必要数
　　（　420　×　0.5　）＋　　50　　＝　260個

正解　**260個**

10 法則　適切な申請額は「今年度の社員数×25万円」

		第1課	第2課	第3課	第4課	第5課
申請額	（万円）	**125**	**325**	**725**	**385**	**475**
前年度実績	（万円）	96	280	520	310	520
前年度社員数	**（人）①**	6	13	20	13	20
前年度退職者数	**（人）②**	1	0	4	0	4
今年度新入社員数	**（人）③**	0	0	13	1	3

①－②＋③

今年度の社員数

5	13	29	14	19
×25	×25	×25	×27.5	×25

「？」の空欄がない問題。表から、申請額を算出する法則を見つけ、それに当てはまら
ない課を答える。

表のタイトルから、申請するのは「来年度予算」なので、今年度の社員数が関係するの
ではないかと推測。「前年度社員数－前年度退職者数＋今年度新入社員数」で今年度の
社員数を求め、申請額と比べると、以下のように第4課だけ値が異なる。

　　　　　　申請額　　　前年度社員　　前年度退職者　　今年度新入社員
第1課　125　÷（　　6　－　　1　＋　　0　　）＝ 25万円
第2課　325　÷（　13　－　　0　＋　　0　　）＝ 25万円
第3課　725　÷（　20　－　　4　＋　13　　）＝ 25万円
第4課　385　÷（　13　－　　0　＋　　1　　）＝ 27.5万円
第5課　475　÷（　20　－　　4　＋　　3　　）＝ 25万円

今年度の社員1人あたりの申請額は25万円で、不適切なのは第4課。

正解	第4課

11 法則　B・C を足したものと、A・D・F を足したものは内訳が同じ

		A	B	C	D	E	F	
牛ロース	（g）	500	0	500	0	0	0	500
豚ロース	（g）	0	0	1,000	500	0	500	1,000
鶏モモ	（g）	0	500	0	500	500	0	500
ロースハム	（本）	5	10	0	0	5	5	10
ベーコン	（g）	500	500	0	0	0	0	500
ソーセージ	（本）	0	5	0	0	5	5	5
金額	（円）	8,250	11,050	7,400	3,700	5,900	?	

> B+Cと、A+D+Fは同じ内訳になる

表には、1項目だけ内訳が違うといった、差分から簡単に単価を出せるものがない。A〜Fを組み合わせて、Fを含む組と、別の組とで、同じ内訳が作れないか試す。内訳が同じなら合計金額も同じ。

まず、豚ロースの数量からD＋F組と、C組とが考えられる。ここに、牛ロースなど、他の内訳が一致するよう追加。A＋D＋F組とB＋C組とで内訳が一致。B＋Cの金額から、A＋Dの金額を引けば、Fの金額がわかる。

$$
(\underset{\text{Bの金額}}{11,050} + \underset{\text{Cの金額}}{7,400}) - (\underset{\text{Aの金額}}{8,250} + \underset{\text{Dの金額}}{3,700}) = \underset{\text{Fの金額}}{6,500\text{円}}
$$

正解　**6,500円**

別解　A＋Eを組み合わせて差分から単価を求める場合

A＋EとBは牛ロース500g差で3,100円差　➡　牛ロース500g 3,100円
Cから牛ロース500gの金額を引く　➡　豚ロース1,000g 4,300円
Dから豚ロース500gの金額を引く　➡　鶏モモ500g 1,550円
Eから鶏モモ500gの金額を引く　➡　ロースハム・ソーセージ各5本 4,350円
Fは、豚ロース500gで2,150円、ロースハム・ソーセージ各5本で4,350円の計6,500円。

12 法則　A0加工有1枚で0.45万円、A0加工無・A1加工有・A1加工無・A2加工有が各1枚で1.15万円

A0加工有150枚差で、67.5万円差

仕上がりサイズ	A0		A1		A2		料金
ラミネート加工	加工有 (枚)	加工無 (枚)	加工有 (枚)	加工無 (枚)	加工有 (枚)	加工無 (枚)	(万円)
取引先A	150	150	150	0	0	0	165
取引先B	0	150	150	0	0	0	97.5
取引先C	0	500	500	500	500	0	575
取引先D	800	800	800	800	800	0	?
取引先E	0	400	400	400	400	400	520
取引先F	600	300	300	300	300	0	615
取引先G	0	150	150	150	150	150	195

A0加工有以外の料金は、取引先CとDは、印刷種類が同じで、枚数だけ異なる（Cは500枚ずつ、Dは800枚ずつ）

A0加工有の料金は、取引先A・Bの枚数差から求められる。

Aの料金　　Bの料金　　A0加工有150枚の料金

165　－　97.5　＝67.5万円　➡　A0加工有は150枚で67.5万円。1枚0.45万円

A0加工有以外の料金は、取引先CとDは印刷種類が同じで、枚数だけが異なる（Cは500枚ずつ、Dは800枚ずつ）。取引先Cの料金を500枚で割れば、A0加工無・A1加工有・A1加工無・A2加工有の各1枚の料金がわかる。

Cの料金　　　500枚　　A0加工無・A1加工有・A1加工無・A2加工有各1枚の合計料金

575　÷　500　＝　1.15万円

上記で求めた各1枚あたりの料金を、A0加工有1枚の料金に足し、Dの枚数をかけ算する。

　　　　　　　　　　A0加工無・A1加工有・A1加工無・
　A0加工有1枚の料金　　A2加工有各1枚の合計料金　　　Dの枚数　　Dの料金

（　　　0.45　　　＋　　　　1.15　　　）×　800　＝　1,280万円

正解	**1,280万円**

■● 問題形式は、玉手箱の図表の読み取りと同じ

C-GAB（テストセンター方式の玉手箱）の計数では、「図表の読み取り」が出題されます。

問題形式は、玉手箱の図表の読み取りと同じです。図表の意味を理解した上で、それに基づいた四則計算や百分率計算ができるか、効率のよい作業手順で答えを出せるかを調べるテストです。図表が1問につき1組表示される、1回の受検内に、同じ図表が質問を変えて複数回登場することもあるなどの特徴も同じです。

図表を見て次の問いに答えなさい。

【日本の地域別輸出構造の推移】

備考：四捨五入のため、合計が100とならない場合がある。
（「我が国の貿易に関するQ&A」経済産業省、「日本の地域別輸出構造の推移」より）

2000年の西ヨーロッパへの輸出額は、同年の北アメリカへの輸出額の何％か。最も近いものを、以下の選択肢の中から1つ選びなさい。

- A. 45%
- B. 50%
- C. 55%
- D. 60%
- E. 65%

次の問題に進むと、前の問題に
戻れないのも、玉手箱の図表の
読み取りと同じ

■● テストセンターのほか、一部の企業は自宅受検も可能

C-GABの能力テストは、以前は必ずテストセンターに出向いて受検しましたが、2021年から、一部の企業では、自宅で受けることができるようになりました。**C-GABの自宅受検に対応した企業では、予約時に、能力テストをテストセンターで受けるか、自宅で受けるかを選べます。**自宅で受けるときは、オンラインによる監視のもと、自宅のパソコンで受けます。監督者は遠隔地から、パソコンのWebカメラなどを通じて監視します。

■● テストセンター、自宅のどちらも電卓は使えない

C-GABでは電卓は使えません。受ける場所がテストセンターでも自宅でも、筆算で答えを求める必要があります。

テストセンターでは筆記用具とメモ用紙などが貸し出され、必要に応じてこれらを使って筆算します。

自宅で受けるときは、電卓だけでなく、筆記用具やメモ用紙も使えません。筆算は、パソコンで専用の「ホワイトボード機能」を使って行います。

■● 問題数と制限時間

問題数と制限時間は、玉手箱の図表の読み取りの制限時間が短いタイプと同じです。

科目名	問題数	制限時間
C-GABの計数	29問	15分

C-GABの計数の攻略法

■● 玉手箱の図表の読み取りの裏技を使おう

　C-GABの問題形式は、玉手箱の図表の読み取りと同じです。**玉手箱の図表の読み取りの裏技のほとんどが、C-GABにも役立ちます。** C-GABの再現テストに取り組む前に、玉手箱の「図表の読み取りの攻略法」「グラフのおさらい」「よく出る設問パターンと計算方法」（38〜42ページ）に目を通しておきましょう。

■● 選択肢の離れ具合に応じて、概算をする

　電卓が使える玉手箱に対して、C-GABでは筆算が前提です。大きな数を計算する問題も出るので、筆算の工夫が必要です。計算時間を短縮するためには、適度な概算（おおまかな計算）が欠かせません。どの程度まで概算するかは、選択肢から判断します。

　計算の前に、選択肢を見る癖をつけましょう。選択肢どうしの値が大きく離れていれば、大胆に概算をしても大丈夫です。反対に選択肢どうしの値が近いときは、概算を控えめにしたり、概算せずに正確な計算をするほうが安全です。

■● 計算が少ない問題は、確実に答えられるようにする

　概算の工夫をしても、計算量が多い問題だと、どうしても時間がかかります。反対に、あまり計算せずに解ける問題は、解き方さえわかっていれば、短い時間で解くことができます。例えば、以下のようなものです。チャンス問題と考えて、確実に解けるようにしておきましょう。

● **読み取り主体の問題**
● **「〜をXとすると、〜はどのように表されるか」のように、式で答える問題**
● **「わからない」が正解となる問題**（選択肢に「わからない」がある問題は、この可能性がある）

▶ 玉手箱の図表の読み取りの問題にも取り組もう

より多くの問題パターンに触れるため、玉手箱の図表の読み取りの問題にも取り組みましょう。問題形式は同じで、電卓使用の可否だけが異なります。

C-GABの対策の際には、電卓を使わずに筆算で取り組むようにしてください。

C O L U M N ···

「Web エントリーシート」の裏技①

● エントリーシートも Web が当たり前の時代

ネットエントリーや Web テストが急増している今、エントリーシートも紙ではなく Web で出すのが当たり前になってきました（Web エントリーシート）。紙と Web とで質問内容に大きな違いはありません。しかし、Web エントリーシートには Web ならではの注意点があります。以下が代表的なものです。

・文字数の制限が厳しい

多くの Web エントリーシートでは、項目ごとに「20 文字以内で」など、文字数が指定されています。1 文字でも制限を超えると送信できません。

・企業によっては時間制限がある

企業によっては、エントリーシートのページを開いてからの時間を自動的に計測し、規定の時間がたつと強制的に記入内容を破棄してしまう場合もあります。せっかく入力した内容が無駄になってしまうのです。

こうした制限に煩わされないためには、あらかじめワープロソフトなどで下書きを作るようにするのが一番です。Web エントリーシートの画面ではデータを貼り付けて送信するだけにしておきます。

1 かけ算・割り算の概算

●電卓が使えないC-GABでは、概算（おおまかな計算）などの工夫が必要。かけ算、割り算の概算では、有効数字の上から何桁までを使うのかを揃える
●どの程度まで概算するかは、選択肢の離れ具合で判断

例題

図表を見て次の問いに答えなさい。

1 【ヨーロッパへの技術輸出（産業別の比率：2003年度）】

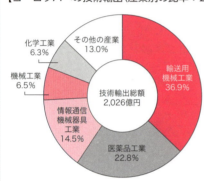

化学工業 6.3%
その他の産業 13.0%
機械工業 6.5%
情報通信機械器具工業 14.5%
技術輸出総額 2,026億円
輸送用機械工業 36.9%
医薬品工業 22.8%

資料：総務省統計局「科学技術研究調査報告（平成16年版）」
（『我が国の産業技術に関する研究開発活動の動向－主要指標と調査データ－第6版』経済産業省産業技術環境局技術調査室）

ヨーロッパへの技術輸出額が374億円を超える産業は、いくつあるか。以下の選択肢の中から1つ選びなさい。

○1つ　　○2つ　　○3つ　　○4つ　　○5つ

2 【日本の地域別輸出構造の推移】

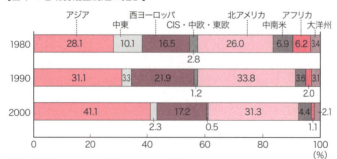

アジア　中東　西ヨーロッパ　CIS・中欧・東欧　北アメリカ　中南米　アフリカ　大洋州

	アジア	中東	西ヨーロッパ	CIS・中欧・東欧	北アメリカ	中南米	アフリカ	大洋州
1980	28.1	10.1	16.5	2.8	26.0	6.9	6.2	3.4
1990	31.1	3.3	21.9	1.2	33.8	3.6	2.0	3.1
2000	41.1	2.3	17.2	0.5	31.3	4.4	1.1	2.1

備考：四捨五入のため、合計が100とならない場合がある。
（『我が国の貿易に関するQ＆A』経済産業省、「日本の地域別輸出構造の推移」より）

2000年の西ヨーロッパへの輸出額は、同年の北アメリカへの輸出額の何％か。最も近いものを、以下の選択肢の中から1つ選びなさい。

○45%　○50%　○55%　○60%　○65%

1 各産業の金額を1つ1つ計算するよりも、374億円が技術輸出総額の何％に当たるかを計算して、それを超える割合の産業を数えるほうが楽。だいたいの割合がわかればよいので、有効数字の上2桁までを使って概算（億は省略）。

※有効数字は、始まりの0を除いた数字。例えば、「0.056」なら「56」、「2,026」なら「2,026」。かけ算、割り算の概算では、有効数字の上から何桁までを使うのかを揃えて、その下の桁で四捨五入するという方法がよく用いられる。

374億円　　技術輸出総額　　　374億円の産業が占める割合

~~374~~　÷　~~2,026~~

~~370~~　÷　~~2,000~~　　　　　割る数と割られる数の0を同じだけ省いて計算すると楽

37　÷　200　＝　0.185　＝　18.5%

18.5％よりも割合が多い産業は、「輸送用機械工業」（36.9％）と「医薬品工業」（22.8％）の2つ。

参考 概算しないときの計算結果は、以下の通り
374÷2,026＝0.1846…≒18.5%

2 2000年の輸出額について、「西ヨーロッパ÷北アメリカ」を求める。有効数字の上2桁まで使って概算。

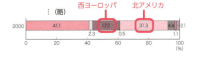

西ヨーロッパ　　北アメリカ　　西ヨーロッパの割合

~~17.2~~　÷　~~31.3~~

17　÷　31　＝　0.548…　≒　55%

補足 さらに「31は、ほぼ30」と考えてもよい
概算すると「17÷30＝0.566…」で、最も近い選択肢は55％。概算はやりすぎないことも大事。10の位で丸めると「20÷30＝0.666…」で、最も近い選択肢が65％となり誤答。どの程度、丸めるかは選択肢の離れ具合から判断する。

| 正解 | **1** 2つ | **2** 55% |

図表を見て次の問いに答えなさい。

1 【国税と地方税の推移】

（『平成25年版 地方財政白書』第1部 3 地方財源の状況 総務省）

平成19年度の国税と地方税の合計は、対前年比でおよそ何％増加したか。最も近いものを、以下の選択肢の中から1つ選びなさい。

○ 2.1%　　○ 2.3%　　○ 2.5%　　○ 2.7%　　○ 2.9%

2 【広告業務の業務種類別年間売上高】

業務種類別		平成25年		平成26年		
		（百万円）	構成比（%）	（百万円）	構成比（%）	前年比（%）
計		8,928,878	-	8,055,536	-	▲9.8
	新聞広告	880,035	9.9	746,664	9.3	▲15.2
	雑誌広告	423,226	4.7	286,479	3.6	▲32.3
	テレビ広告	2,181,747	24.4	2,074,293	25.7	▲4.9
	ラジオ広告	127,021	1.4	110,448	1.4	▲13.0
	交通広告	506,668	5.7	331,734	4.1	▲34.5
	インターネット広告	668,072	7.5	855,674	10.6	28.1
	屋外広告	218,725	2.4	186,437	2.3	▲14.8
	折込み・ダイレクトメール	1,444,858	16.2	1,224,749	15.2	▲15.2
	SP・PR・催事企画	1,395,226	15.6	1,213,595	15.1	▲13.0
	その他	1,083,298	12.1	1,025,462	12.7	▲5.3

（『平成26年 特定サービス産業実態調査（確報）』経済産業省）

インターネット広告売上高の平成26年から平成27年の伸び率が、平成25年から平成26年の伸び率と同じだと仮定すると、平成27年のインターネット広告売上高は、

およそいくらになるか。最も近いものを、以下の選択肢の中から1つ選びなさい。

○ 1兆400億円　　○ 1兆600億円　　○ 1兆800億円　　○ 1兆1,000億円

○ 1兆1,200億円

1 国税と地方税の合計について、「平成19年度÷平成18年度－1」で増加率を求める。6桁の数値どうしの割り算を、そのまま筆算すると手間がかかる。有効数字の上3桁までを使って概算（億は省略）。選択肢の値が近いので、これ以上の大胆な概算は危険。

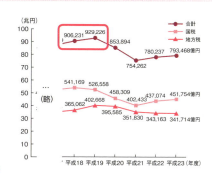

平成19年度　　　平成18年度　　　　　　増加率
~~929,226~~ ÷ ~~906,231~~ － 1

929　　　÷　　　906　　　－ 1 ＝ 0.0253… ≒ 2.5%

> **参考** 概算しないときの計算結果は、以下の通り
> 929,226 ÷ 906,231 － 1 ＝ 0.0253… ≒ 2.5%

2 表から、平成26年のインターネット広告売上高は、前年比で28.1%増。平成27年の伸び率も同じだと仮定するので、

「平成26年の売上高×（1＋0.281）」で、平成27年の売上高が求められる。売上高の「855,674**百万**」は、選択肢に合わせて「8,556.74**億**」とした上で、有効数字の上3桁までを使って概算（億は省略）。

平成26年　　　（1＋増加率）　　平成27年
~~8,556.74~~×~~(1＋0.281)~~

8,560　×　　1.28　　＝ 10,956.8 ≒ 11,000 ➡ 11,000億＝1兆1,000億円

> **参考** 概算しないときの計算結果は、以下の通り
> 8,556.74 × 1.281 ＝ 10,961.18394 ≒ 11,000　➡　11,000億＝1兆1,000億円

| 正解 | **1** 2.5% | **2** 1兆1,000億円 |

2 足し算・引き算の概算

●足し算・引き算の概算では、四捨五入する位（例：千の位）を揃える

●計算を重ねる問題では、概算を繰り返すことで答えが離れる危険がある。途中までは
正しく計算するなど、使い回す数値の概算回数を減らす工夫も大切

例題

図表を見て次の問いに答えなさい。

1 【映画館数と興行成績】

年	映画館数（スクリーン数）	興行成績	
		入場者数（千人）	興行収入（百万円）
1960	7,457	1,014,364	72,798
1970	3,246	254,799	82,488
1980	2,364	164,422	165,918
1990	1,836	146,000	171,910
1991	1,804	138,330	163,378
1992	1,744	125,600	152,000
1993	1,734	130,720	163,700
1994	1,758	122,990	153,590

（統計数値は『日本映画産業統計』一般社団法人日本映画製作者連盟による）

1980年〜1990年の間に映画館の入場者数は、何百万人減ったか。最も近いものを、以下の選択肢の中から1つ選びなさい。

○7百万人　　○18百万人　　○28百万人　　○107百万人　　○118百万人

2 【学校種別にみた1年間の学習費総額】

（『平成22年度 子どもの学習費調査』文部科学省）

中学校入学から高等学校卒業までの期間、私立に通う生徒の学習費総額は、公立に通う生徒と比べておよそいくら多くかかるか。最も近いものを、以下の選択肢の中から1つ選びなさい。なお、中学校、高等学校とも3年間通うものとする。

○ 135万円 　○ 343万円 　○ 378万円 　○ 405万円 　○ 423万円

1 入場者数について、「1980年－1990年」を求める。足し算、引き算の概算では、四捨五入する位を揃える。選択肢が「百万人」単位なので、十の位で四捨五入することにする。

年	映画館数 （スクリーン数）	興行成 入場者数 （千人）
1960	7,457	1,014,364
1970	3,246	254,799
1980	2,364	164,422
1990	1,836	146,000

（略）

  1980年   1990年   減った数
  ~~164,422千~~ － ~~146,000千~~

  164百万 － 146百万 ＝ 18百万人

2 私立の1年間の「中学校の学習費総額＋高等学校の学習費総額」から、公立の1年間の「中学校の学習費総額＋高等学校の学習費総額」を引く。その後で、これを3倍する。選択肢が「万円」単位なので、千の位で四捨五入して概算（概算では万を省略）。

私立の中・高の1年間の学習費総額

公立の中・高の1年間の学習費総額

   中学1年間 高校1年間 中・高の1年間
私立 ~~1,278,690~~ ＋ ~~922,716~~
    128 ＋ 92 ＝ 220
公立 ~~459,511~~ ＋ ~~393,464~~
    46 ＋ 39 ＝ 85

  私立 公立 3年間
（ 220 － 85 ）× 3 ＝ 135 × 3 ＝ 405 ➡ 405万円

補足 概算しないときの計算結果は、以下の通り
（ (1,278,690＋922,716) －(459,511＋393,464) ）×3 ＝ 4,045,293 ≒ 405万円

正解	**1** 18百万人	**2** 405万円

図表を見て次の問いに答えなさい。

1 【固定電話、移動電話及びインターネットの加入数／利用者数】

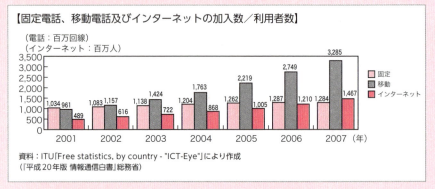

資料：ITU「Free statistics, by country - "ICT-Eye"」により作成
(『平成20年版 情報通信白書』総務省)

2002年から5年間の移動電話の平均加入数は、およそ何回線か。最も近いものを、以下の選択肢の中から1つ選びなさい。

〇 1,856.3百万回線 　〇 1,859.1百万回線 　〇 1,862.4百万回線

〇 1,865.8百万回線 　〇 1,869.2百万回線

2 【夕食を家族と一緒に食べる頻度】

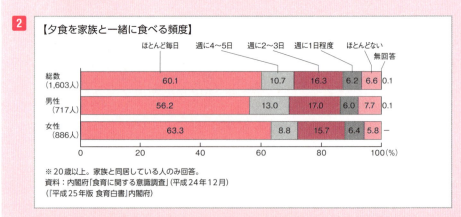

※20歳以上。家族と同居している人のみ回答。
資料：内閣府「食育に関する意識調査」(平成24年12月)
(『平成25年版 食育白書』内閣府)

男性の「ほとんど毎日」と「ほとんどない」の回答者数の差は、女性のそれのおよそ何倍か。最も近いものを、以下の選択肢の中から1つ選びなさい。

〇 0.34倍 　〇 0.68倍 　〇 0.84倍 　〇 1.19倍 　〇 1.47倍

1 2002年〜2006年の移動電話の加入数を足してから5で割って、5年間の平均加入数

を求める。選択肢の値が近いので
概算はしづらい。そのまま計算し
てもよいが、もっと速い方法があ
る。選択肢で十万の位がすべて異

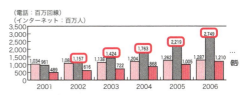

なることに注目、百万の位だけ計算。十万の位で判断する。

※例えば、「1,15**7**百万」は「7」、「1,42**4**百万」は「4」として計算。

2002年　　2003年　　2004年　　2005年　　2006年　　　　5年間の平均加入数
(~~1,157~~ + ~~1,424~~ + ~~1,763~~ + ~~2,219~~ + ~~2,749~~) ÷ 5

(　7 　 + 　4 　 + 　3 　 + 　9 　 + 　9 　) 　÷ 5 = 6.4 ➡ 十万の位は4

選択肢で十万の位が4なのは、1,862.**4**百万回線。

> **参考** 概算しないときの計算は、以下の通り
> (1,157 + 1,424 + 1,763 + 2,219 + 2,749) ÷ 5 = 1,862.4 ➡ 1,862.4百万回線

2 まず、男女それぞれについて、「ほとんど毎日−
ほとんどない」で割合の差を求めて、回答者数を
かけ算。次に、回答者数の差について「男性÷女
性」。選択肢の値はそれなりに離れている。割合

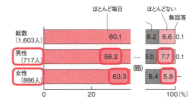

の引き算は概算せず、その後のかけ算や割り算は、有効数字の上2桁までを使って行う。

※引き算を概算しない理由は、答えが離れるのを避けるため。計算を重ねる問題では、概算を繰り返す
　ことで答えが離れる危険がある。使い回す数値の概算回数を減らす工夫も大切。

　ほとんど毎日　ほとんどない　割合の差　　　　ほとんど毎日　ほとんどない　割合の差
男　56.2　−　7.7　= 48.5%　女　63.3　−　5.8　= 57.5%

　　　　　　　回答者数　　割合の差　　回答者数の差　　　　　男の差　　女の差　　何倍か
上2桁に　男　~~717~~　×　~~0.485~~　　　　　　　　　　~~352.8~~ ÷ ~~516.2~~
丸めた後、
片方を10　　　　72　×　4.9　= 352.8　　　　　35　÷　52　= 0.673…
で割り、
片方に10　女　~~886~~　×　~~0.575~~　　　　　　　　　　　　↓
をかけ、
数値を単　　　　89　×　5.8　= 516.2　　　最も近い選択肢は0.68倍
純化

> **参考** 概算しないときの計算結果は、以下の通り
> 男性　717×(0.562−0.077)＝347.745
> 女性　886×(0.633−0.058)＝509.45
> 347.745 ÷ 509.45 = 0.682…≒0.68倍

正解	**1** 1,862.4百万回線	**2** 0.68倍

3 文字式

● 一方をXとしたときに、もう一方が何Xと表せるかを求める。
「AをXとしたときのB」の計算方法は「B÷A×X」（Aを1としたときの値を求めてX倍）
● 一見難しそうだが、答えを分数式で表す問題の中には、計算不要のものもある

例題

図表を見て次の問いに答えなさい。

1 【電気通信事業者の地域別本社所在地数比の比較】

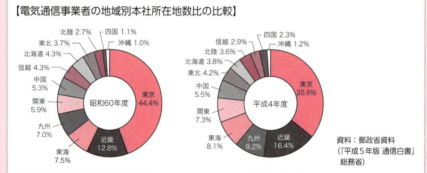

資料：郵政省資料
（『平成5年版 通信白書』
総務省）

平成4年度において、東京に本社がある電気通信事業者数をXとすると、東海に本社がある電気通信事業者数は、どのように表されるか。以下の選択肢の中から1つ選びなさい。

○ 8.1 / 35.6X　　○ 35.6X / 8.1　　○ 8.1X / 35.6　　○ 35.6X + 8.1

○ 35.6 / 8.1X

2 【H市の気温の推移】

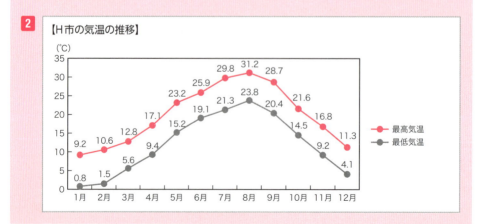

2月と3月の最低気温の差をXとすると、3月と4月の最低気温の差は、およそのように表されるか。最も近いものを、以下の選択肢の中から1つ選びなさい。

○0.6X 　○0.7X 　○0.8X 　○0.9X 　○1.0X

1 使うのは「平成4年度」の円グラフ。まず、電気通信事業者の本社所在地について、「東海の割合÷東京の割合」で、東京を1としたときの東海の割合を求める。X倍すると、東京をXとしたときの、東海がわかる。

選択肢には、東京の割合と、東海の割合をそのまま分数の式にしたものが並んでいる。つまり、分数の式にするところまでやればよく、計算の手間なく答えられる問題。

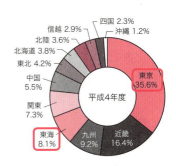

平成4年度

- 東京 35.6%
- 近畿 16.4%
- 九州 9.2%
- 東海 8.1%
- 関東 7.3%
- 中国 5.5%
- 東北 4.2%
- 北海道 3.8%
- 北陸 3.6%
- 信越 2.9%
- 四国 2.3%
- 沖縄 1.2%

東海 　　東京 　　東京を1としたときの東海

$$8.1 \div 35.6 = \frac{8.1}{35.6} \quad \Rightarrow \quad \frac{8.1}{35.6}X = \frac{8.1X}{35.6}$$

東京をXとするのでX倍

2 まず、2〜3月、3〜4月について、最低気温の差をそれぞれ求める。次に、「3〜4月の差÷2〜3月の差」で、2〜3月の差を1としたときの、3〜4月の差の割合を求める。最後に、X倍する。選択肢の値が近いので、概算はしない。

(℃)

9.2　10.6　12.8　17.1　…（略）
0.8　1.5　5.6　9.4

1月　2月　3月　4月

　　　　　　後ろの月　前の月　最低気温の差
2〜3月　　 5.6 　−　 1.5 　=　 4.1
3〜4月　　 9.4 　−　 5.6 　=　 3.8

3〜4月の差　2〜3月の差　2〜3月の差を1としたときの3〜4月の差
　3.8 　÷　 4.1 　=　0.92… ≒ 0.9 　➡　 0.9X

2〜3月の差をXとするのでX倍

正解	**1** 8.1X / 35.6	**2** 0.9X

4 読み取り

- ●図表の数値を見比べるなど、計算がほとんどない読み取り主体の問題
- ●散布図など、日ごろ見慣れないグラフは見方を覚えておく

例題

図表を見て次の問いに答えなさい。

1 【海外への外部支出研究費の増大】

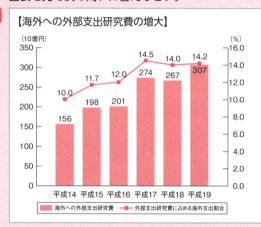

資料：総務省「科学技術研究調査報告」
（『平成21年版 科学技術白書』文部科学省）

海外への外部支出研究費が250億円を超えているのは何年か。以下の選択肢の中から
1つ選びなさい。

○平成14年　　○平成15年　　○平成16年　　○平成17年　　○左のすべて

2 【世界各国の商品Qの販売台数推移】

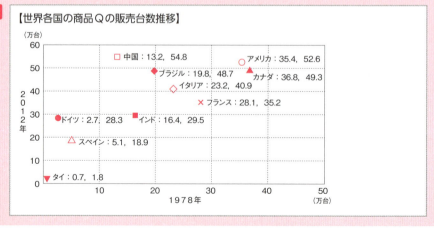

2012年の商品Qの販売台数が50万台未満の国のうち、1978年～2012年の間に最も販売台数が増加した国はどこか。以下の選択肢の中から1つ選びなさい。

○イタリア　　○カナダ　　○ブラジル　　○フランス　　○ドイツ

1 棒グラフの単位が10億円であることに気をつけよう。例えば、平成14年の海外への外部支出研究費は、「156」に単位をつけると「1,560億円」。選択肢の平成14年、15年、16年、17年の海外への外部支出研究費は、いずれも250億円を超えている。

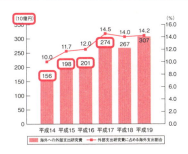

補足 単位に気をつければ、読み取りだけで答えられる

グラフの単位を「億円」と勘違いすると、「平成17年」を選んでしまう。この問題は、計算をせずに正解に至ることができるので、電卓が使えないテストセンターでは、確実に答えて得点源としたい。

2 この問題のグラフは「散布図」という。縦軸と横軸、2つの数値が交わるところに点が打たれていて、2つの数値の相関関係を見るのに使われる。

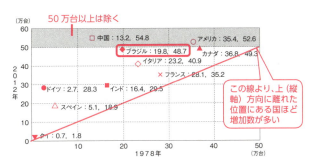

数値は「1978年の台数，2012年の台数」の順に示されている。例えば、ドイツの「2.7，28.3」なら、1978年が「2.7万台」で、2012年が「28.3万台」。

図の1978年と2012年とで同じ台数を示す位置に、赤い線を引いた。赤い線よりも、上（縦軸）方向に離れた位置にあるほど増加数が多い。このことに気づけば、計算せずに答えがわかる。選択肢の国のうち、線から最も離れているのはブラジル。

別解 「2012年の台数－1978年の台数」を計算。一番差が大きいものを選ぶ

選択肢の5つの国について、10万の位を中心にざっと見ると、20万以上離れているのはブラジルとドイツ。この2つに絞り込んで計算。ブラジルは「48.7万－19.8万＝28.9万」（概算「49－20＝29」）、ドイツは「28.3万－2.7万＝25.6万」（概算「28－3＝25」）。一番差が大きいのは、ブラジル。

正解　**1** 左のすべて　**2** ブラジル

5 選択肢に「わからない」がある問題

●図表の情報だけで求められないときには、「わからない」が正解。選択肢に「わからない」があるときには気をつけよう

例題

図表を見て次の問いに答えなさい。

1 【契約先産業別年間売上高構成比の推移（単位：％）】

| | 平成8年 | 平成9年 | 平成10年 | 平成11年 | 平成12年 |

（統計情報ライブラリー、特定サービス産業実態調査『平成12年調査報告書』富山県統計調査課）

平成12年のサービス業との契約による年間売上高は、前年に比べておよそ何倍増加したか。以下の選択肢の中から1つ選びなさい。

○1.08倍　　○1.13倍　　○1.28倍　　○1.35倍　　○グラフからはわからない

2 【世界の漁業就業者数の推移（地域別）】

（単位：千人）

	平成2年	平成7年	平成12年	平成17年	平成22年
アフリカ	1,917	2,184	3,899	3,844	3,955
アジア	26,765	31,328	36,752	42,937	47,857
ヨーロッパ	645	529	725	678	634
中南米	1,169	1,201	1,407	1,626	1,974
北米	385	376	343	342	342
オセアニア	67	69	74	74	76

資料：FAO「The State of World Fisheries and Aquaculture 2012」
（『平成25年度 水産白書』水産庁）

平成7年において、中南米の漁業就業者数を1とすると、アフリカは、およそいくつで表されるか。最も近いものを、以下の選択肢の中から1つ選びなさい。

○ 0.54　　○ 1.26　　○ 1.82　　○ 2.58　　○ 表からはわからない

1 このグラフに示されているのは構成比（割合）だけで、実際の金額はわからない。よって、年間売上高が前年に比べて何倍増加したかは、グラフからはわからない。

> **補足** **なぜ「グラフからはわからない」のか**
>
> もしも、年間売上高の総額が毎年同じならば、構成比を使って、何倍増加したかを計算できる。しかし、年間売上高の総額が毎年同じとは限らない。よって、グラフの情報だけでは、何倍増加したかはわからない。この問題のように「グラフからはわからない」という選択肢が正解のこともある。計算せずに、正解に至ることができるので、確実に答えて得点源としたい。

2 平成7年の漁業就業者数について、「アフリカ÷中南米」で、中南米を1としたときのアフリカの漁業就業者数の割合を求める。選択肢の値はやや離れているので、有効数字の上2桁までを使って概算（千は省略）。

	平成2年	平成7年
アフリカ	1,917	2,184
アジア	26,765	31,328
ヨーロッパ	645	529
中南米	1,169	1,201

… （略）

∶（略）

　アフリカ　　中南米　　中南米を1としたときのアフリカ
　~~2,184~~ ÷ ~~1,201~~

　　~~22~~ ÷ ~~12~~ ◁── 割る数と割られる数を、それぞれ2で割る

　　11 ÷ 　6 　= 1.833… ➡ 最も近い選択肢は1.82

> **参考** **概算しないときの計算結果は、以下の通り**
>
> 2,184 ÷ 1,201 = 1.818… ≒ 1.82

| 正解 | **1** グラフからはわからない | **2** 1.82 |

図表の読み取り　模擬テスト

制限時間8分　問題数15問

※実物は制限時間15分、問題数29問

図表を見て次の問いに答えなさい。

1【日本の部門別特許出願件数（平成7年）】

部門	出願件数	構成比（%）	うち外国人	比率（%）
生活用品	(X)	8.7	3,144	10.2
処理・操作・輸送	69,971	19.7	4,898	7.0
化学・冶金・繊維	44,943	12.7	7,030	15.6
建　　設	18,425	5.2	367	2.0
機械工学	30,836	8.7	2,265	(Y)
物　　理	82,618	23.3	5,822	7.0
電　　気	76,997	21.7	5,750	7.5
合　　計	354,665	100.0	29,276	8.3

資料：特許庁「特許庁年報」
（『平成10年版 科学技術白書』
文部科学省）

空欄Yに入る数は、およそいくつか。最も近いものを、以下の選択肢の中から1つ選びなさい。

○6.9　　○7.1　　○7.3　　○7.5　　○7.7

2【J鉄道の駅の間の距離、および、距離による片道普通運賃】

駅の間の距離（単位：km）

Q駅			
108.1	R駅		
(X)	124.5	S駅	
320.6	(Y)	(Z)	T駅

距離（km）	片道普通運賃（円）
101～120	1,820
121～140	2,210
141～160	2,530
161～180	2,960
181～200	3,280
201～220	3,540

190km乗車したときの片道普通運賃は、130km乗車したときのおよそ何倍か。最も近いものを、以下の選択肢の中から1つ選びなさい。

○1.1倍　　○1.3倍　　○1.5倍　　○1.7倍　　○1.9倍

3 【海面養殖業主要魚種別生産量及び生産額の推移】

単位 〔 数量：千トン / 金額：億円 〕

		平成13年 (2001)	18 (2006)	20 (2008)	21 (2009)	22 (2010)	23 (2011)	増減率（％） 23/13 (2011/2001)	増減率（％） 23/22 (2011/2010)
生産量	合　計	1,256	1,183	1,146	1,202	1,111	869	▲30.8	▲21.8
	ぶ　り　類	153	155	155	155	139	146	▲4.5	5.3
	ま　だ　い	72	71	72	71	68	61	▲15.0	▲9.5
	ほ　た　て　が　い	236	212	226	257	220	118	▲49.7	▲46.1
	かき類（殻付き）	231	208	190	210	200	166	▲28.3	▲17.2
	こ　ん　ぶ　類	63	41	47	40	43	25	▲60.3	▲42.0
	わ　か　め　類	57	59	55	61	52	19	▲67.1	▲64.2
	の　り　類	373	368	339	343	329	292	▲21.6	▲11.1
	上記以外の魚種	70	68	63	65	61	41	▲41.8	▲32.6
生産額	合　計	5,029	4,496	4,178	4,095	4,284	3,897	▲22.5	▲9.0
	ぶ　り　類	1,184	1,174	1,161	1,151	1,176	1,150	▲2.8	▲2.2
	ま　だ　い	660	583	496	459	506	494	▲25.1	▲2.4
	ほ　た　て　が　い	349	352	318	333	345	258	▲26.1	▲25.2
	か　き　類	362	363	309	294	336	305	▲15.6	▲9.2
	こ　ん　ぶ　類	118	92	110	84	79	63	▲46.2	▲20.2
	わ　か　め　類	73	79	102	108	83	29	▲60.2	▲64.9
	の　り　類	1,186	906	808	836	853	734	▲38.1	▲13.9
	上記以外の魚種	1,098	948	875	829	905	863	▲21.4	▲4.6

資料：農林水産省「漁業・養殖業生産統計」及び「漁業生産額」
注：1）生産量の海藻類は生換算、貝類は殻付き重量である。　2）生産額の合計には、種苗養殖を含む。
　　3）平成23(2011)年調査は岩手県、宮城県、福島県の一部を除く結果である。
（『平成24年度 水産白書』水産庁）

次のうち、生産額が最も高いのはどれか。以下の選択肢の中から1つ選びなさい。

○平成18年のかき類　　○平成13年のぶり類　　○平成22年のぶり類

○平成13年ののり類　　○平成18年ののり類

---

4 【日本の主要農産物の国別輸入額割合（金額ベース、平成24年）】

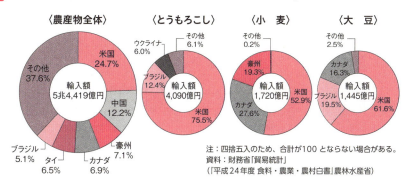

注：四捨五入のため、合計が100とならない場合がある。
資料：財務省「貿易統計」
（『平成24年度 食料・農業・農村白書』農林水産省）

グラフの翌年のタイからの輸入額が、グラフの年より30％増加していたとすると、グラフの翌年のタイからの輸入額は、およそいくらになるか。最も近いものを、以下の選択肢の中から1つ選びなさい。

○4,470億円　　○4,519億円　　○4,563億円　　○4,598億円　　○4,632億円

5

【日本の木材輸出額の推移】

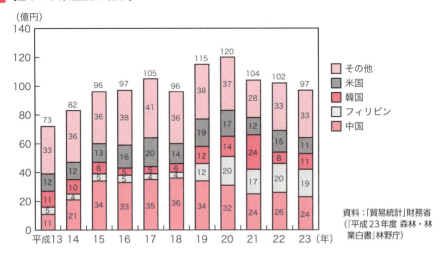

資料：「貿易統計」財務省
（『平成23年度 森林・林業白書』林野庁）

平成21年の米国への木材輸出額は、前年とくらべておよそ何％減少したか。最も近いものを、以下の選択肢の中から1つ選びなさい。

○ 27.9%　　○ 28.4%　　○ 28.9%　　○ 29.4%　　○ 29.9%

【世界のセンサーの出荷金額及び台数の推移】

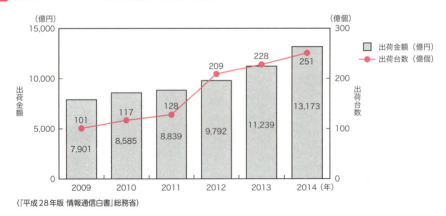

（『平成28年版 情報通信白書』総務省）

2010年の世界のセンサー出荷金額を100とすると、2013年の同出荷金額は、およそいくつで表されるか。最も近いものを、以下の選択肢の中から1つ選びなさい。

○ 98　　○ 104　　○ 123　　○ 131　　○ 145

7 【日本の主要農産物の国別輸入額割合（金額ベース、平成24年）】

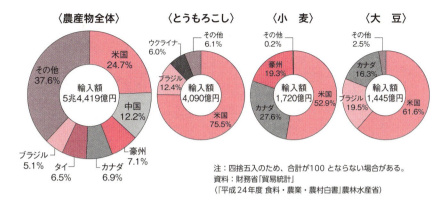

注：四捨五入のため、合計が100とならない場合がある。
資料：財務省「貿易統計」
（『平成24年度 食料・農業・農村白書』農林水産省）

カナダからの農産物の輸入額全体に占める小麦の割合はおよそいくらか。最も近いものを、以下の選択肢の中から1つ選びなさい。

○6.2%　　○9.7%　　○12.6%　　○17.3%　　○21.8%

---

8 【学校教育概況（平成28年）】

区分	学校数	在学者数		
			男	女
短期大学	341	128,460	14,485	113,975
公立	17	6,750	1,001	5,749
私立	324	121,710	13,484	108,226
大学	777	2,873,624	1,625,898	1,247,726
国立	86	610,401	398,551	211,850
公立	91	150,513	71,224	79,289
私立	600	2,112,710	1,156,123	956,587

（『日本の統計 2018』総務省統計局）

平成28年の大学進学率のうち、女の占める割合はおよそ何％か。最も近いものを以下の選択肢の中から1つ選びなさい。

○39.7%　　○41.8%　　○43.4%　　○45.1%　　○表からはわからない

9 【石油の用途別需要量の推移】

資料：資源エネルギー庁「総合エネルギー統計」
（『エネルギー白書2005』経済産業省）

次の記述のうち、グラフを正しく説明しているものは、いくつあるか。以下の選択肢の中から1つ選びなさい。

・グラフの中で石油精製の需要量が最も少ないのは、1990年度である

・グラフの中で電力の需要量が最も多いのは、1980年度である

・グラフの中では、どの年度も石油化学の需要量の割合が最も少ない

・石油精製の需要量は、今後も増え続ける

○0　　○1つ　　○2つ　　○3つ　　○4つ

10 【契約先産業別年間売上高構成比の推移（単位：％）】

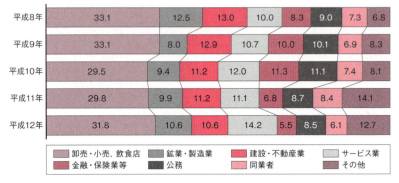

（統計情報ライブラリー、特定サービス産業実態調査『平成12年調査報告書』富山県統計調査課）

平成11年の建設・不動産業の売上高構成比をXとすると、同年の公務はどのように表されるか。以下の選択肢の中から1つ選びなさい。

○11.2 / 8.7X　　○8.7 / 11.2X　　○11.2X / 8.7　　○8.7X / 11.2

○グラフからはわからない

---

11 【海外への外部支出研究費の増大】

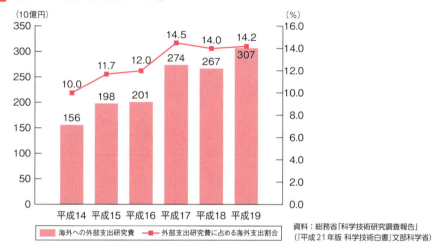

(10億円)　　　　　　　　　　　　　　　　　　　　　　　　(%)

資料：総務省「科学技術研究調査報告」
（『平成21年版 科学技術白書』文部科学省）

平成13年の海外への外部支出研究費が692億円のとき、平成14年の対前年比増加率はおよそ何%か。最も近いものを以下の選択肢の中から1つ選びなさい。

○78%　　○92%　　○103%　　○125%　　○146%

---

12 【需要部門別素材需要量（平成28年）】

区分	全国（千㎥）	対前年比（%）	構成比（%）
素材需要量	26,029	103.7	100.0
製材用	16,590	102.5	63.7
合板用	4,638	110.0	17.8
木材チップ用	4,801	102.3	18.4

注：構成比については、四捨五入のため、合計が100とならない。
（統計数値は『木材統計調査』農林水産省による）

平成27年において、全国の素材需要量は、およそ何千㎥か。最も近いものを、以下の選択肢の中から1つ選びなさい。

○24,300千㎥　　○24,700千㎥　　○25,100千㎥　　○25,500千㎥

○表からはわからない

【下水道普及率の推移】

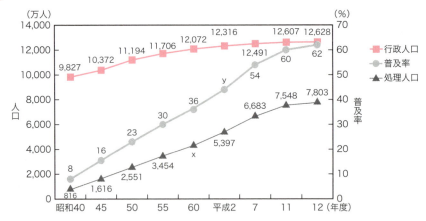

出典：国土交通省
（『平成14年版 環境白書』環境省）

次のうち、グラフから明らかに正しいといえるものはどれか。以下の選択肢の中から1つ選びなさい。

○平成11年度の処理人口と、昭和50年度の処理人口の比は、およそ4：1である

○下水道普及率は、今後減少することはない

○昭和45年度と比較して、平成7年度の下水道普及率は、およそ2.8倍である

○平成7年度の行政人口は、昭和50年度と比較しておよそ11.6％増加した

○グラフの期間においては、行政人口の増加に、処理人口の増加が追いついていない

---

14 【各国の日刊新聞】

国名	種類	発行部数（千部）	人口千人あたりの部数
A 国	368	30,690	529
B 国	132	46,940	417
C 国	1,617	71,320	314
D 国	453	11,000	21
E 国	1,259	23,500	108

表中で最も人口が多いと考えられる国はどこか。以下の選択肢の中から1つ選びなさい。

○A国　　○B国　　○C国　　○D国　　○E国

【海面養殖業主要魚種別生産量及び生産額の推移】

単位 [数量:千トン / 金額:億円]

		平成13年 (2001)	18 (2006)	20 (2008)	21 (2009)	22 (2010)	23 (2011)	増減率（%） 23/13 (2011/2001)	23/22 (2011/2010)
生産量	合計	1,256	1,183	1,146	1,202	1,111	869	▲30.8	▲21.8
	ぶ り 類	153	155	155	155	139	146	▲ 4.5	5.3
	ま だ い	72	71	72	71	68	61	▲15.0	▲ 9.5
	ほ た て が い	236	212	226	257	220	118	▲49.7	▲46.1
	かき類（殻付き）	231	208	190	210	200	166	▲28.3	▲17.2
	こ ん ぶ 類	63	41	47	40	43	25	▲60.3	▲42.0
	わ か め 類	57	59	55	61	52	19	▲67.1	▲64.2
	の り 類	373	368	339	343	329	292	▲21.6	▲11.1
	上記以外の魚種	70	68	63	65	61	41	▲41.8	▲32.6
生産額	合計	5,029	4,496	4,178	4,095	4,284	3,897	▲22.5	▲ 9.0
	ぶ り 類	1,184	1,174	1,161	1,151	1,176	1,150	▲ 2.8	▲ 2.2
	ま だ い	660	583	496	459	506	494	▲25.1	▲ 2.4
	ほ た て が い	349	352	318	333	345	258	▲26.1	▲25.2
	か き	362	363	309	294	336	305	▲15.6	▲ 9.2
	こ ん ぶ 類	118	92	110	84	79	63	▲46.2	▲20.2
	わ か め 類	73	79	102	108	83	29	▲60.2	▲64.9
	の り 類	1,186	906	808	836	853	734	▲38.1	▲13.9
	上記以外の魚種	1,098	948	875	829	905	863	▲21.4	▲ 4.6

資料：農林水産省「漁業・養殖業生産統計」及び「漁業生産額」
注：1）生産量の海藻類は生換算、貝類は殻付き重量である。　2）生産額の合計には、種苗養殖を含む。
　　3）平成23(2011)年調査は岩手県、宮城県、福島県の一部を除く結果である。
（『平成24年度 水産白書』水産庁）

平成13年のまだいの千トンあたりの価格を指数100とすると、平成20年のこんぶ類の千トンあたりの価格の指数はおよそいくつか。最も近いものを、以下の選択肢の中から1つ選びなさい。

○ 20　　○ 26　　○ 31　　○ 35　　○ 37

図表の読み取り　模擬テスト

解説と正解

1 空欄Yに入るのは、機械工学の出願件数のうち外国人の比率。機械工学について、「外国人の数÷出願件数」を求める。有効数字の上3桁までを使って概算。選択肢の値が近いので、これ以上の大胆な概算は危険。

部門	出願件数	構成比（%）	うち外国人	比率（%）
: （略）				
建　　設	18,425	5.2	367	2.0
機械工学	30,836	8.7	2,265	（Y）
物　　理	82,618	23.3	5,822	7.0
: （略）				

外国人の数　　出願件数　　空欄Y
~~2,265~~ ÷ ~~30,836~~

227 ÷ 3,080 ＝ 0.0737… ≒ 7.4% ➡ 7.4%より少し小さい値で、最も近い選択肢は7.3

正解　7.3

参考 概算しないときの計算結果は、以下の通り
2,265 ÷ 30,836 ＝ 0.0734… ≒ 7.3%

2 片道普通運賃について、「190kmの運賃÷130kmの運賃」を求める。選択肢の値はやや離れているので、有効数字の上2桁までを使って概算。

距離（km）	片道普通運賃（円）
101〜120	1,820
121〜140	2,210
141〜160	2,530
161〜180	2,960
181〜200	3,280
201〜220	3,540

190kmの運賃　　130kmの運賃　　190kmの運賃の倍率
~~3,280~~ ÷ ~~2,210~~

~~33~~ ÷ ~~22~~ ← 割る数と割られる数を、それぞれ11で割る

3 ÷ 2 ＝ 1.5倍

正解　1.5倍

参考 概算しないときの計算結果は、以下の通り
3,280 ÷ 2,210 ＝ 1.48… ≒ 1.5倍

3 生産額について、選択肢の5つの金額（右図の赤丸）を読み取って、最も高いものを選ぶ。最も高いのは、平成13年ののり類。

				平成13年 (2001)	18 (2006)	20 (2008)	21 (2009)	22 (2010)	
				： （略）					
生	ぶ	り	類	1,184	1,174	1,161	1,151	1,176	…
	ま	だ	い	660	583	496	459	506	（略）
産	ほ た て	が	い	349	352	318	333	345	
	か	き	類	362	363	309	294	336	
額	こ ん	ぶ	類	118	92	110	84	79	
	わ か	め	類	73	79	102	108	83	
	の	り	類	1,186	906	808	836	853	
	上記以外の魚種			1,098	948	875	829	905	

正解 **平成13年ののり類**

4 まず、グラフの年のタイについて、「農産物全体の輸入額×タイの割合」で輸入額を求める。翌年は、これより30％増加した額なので、「グラフの年のタイの額×（1＋0.3）」。選択肢の値が近いので、有効数字の上3桁を使って概算（億は省略）。

〈農産物全体〉

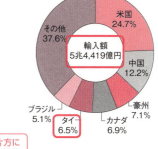

米国 24.7%
その他 37.6%
輸入額 5兆4,419億円
中国 12.2%
豪州 7.1%
カナダ 6.9%
タイ 6.5%
ブラジル 5.1%

農産物全体の輸入額　タイの割合　グラフの年のタイの額
~~54,419~~ × ~~0.065~~
~~54,400~~ × ~~0.0650~~ ← 片方を100で割り、片方に100をかけ、数値を単純化
544 × 6.5 ＝ 3,536

グラフの年のタイの額　（1＋増加率）　翌年のタイの額
~~3,536~~ × ~~1.3~~
~~3,540~~ × ~~1.30~~
354 × 13 ＝ 4,602 ➡ 4,602億。最も近い選択肢は4,598億円

正解 **4,598億円**

別解 もう少し近い値で求めたいときは
「54,419×6.5％×1.3」と考えて、まず概算せずに「6.5％×1.3＝8.45％」を計算。次に、「54,419×0.0845」は、有効数字の上3桁を使って概算して「54,400×0.0845＝544×8.45＝4,596.8」。この方法だと、概算は1回だけなので、より正解に近い値になる。

参考 概算しないときの計算結果は、以下の通り
54,419×0.065×1.3＝4,598.4055 ➡ 約4,598億円

5 米国への木材輸出額について、「平成21年の額
÷平成20年の額−1」で減少率を求める。減少
率なので、答えはマイナスになる。扱う数値が
簡単なので、概算せずにそのまま計算（億は省略）。

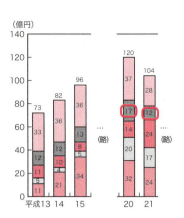

平成21年　　平成20年　　　答えがマイナスなら減少率
12　÷　　17　− 1 ＝− 0.2941… ➡ 約29.4%減少

正解	**29.4%**

6 まず、世界のセンサー出荷金
額について、「2013年の額÷
2010年の額」で、2010年を
1としたときの2013年の出
荷金額の割合を求める。100
倍すると、2010年を100と
したときの2013年の出荷金
額。選択肢の値が近いので、
有効数字の上3桁までを使って概算（億は省略）。

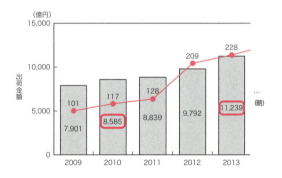

2013年　　　2010年　　　2010年を1としたときの2013年
~~11,239~~ ÷ ~~8,585~~

1,120　÷　　859　 ＝ 1.303… ≒ 1.30 ➡ 130。最も近い選択肢は131

> 2010年を100とするので100倍

正解	131

> **参考** 概算しないときの計算結果は、以下の通り
> 11,239 ÷ 8,585 ＝ 1.309… ≒ 1.31 ➡ 100倍すると131

7 まず、農産物全体と小麦について、「輸入額×カナダの割合」でカナダからの輸入額を求める。次に、カナダからの輸入額について、「小麦÷農産物全体」を求める。選択肢の値は、やや離れているので、はじめのかけ算は、ぎりぎり暗算できる程度まで数値を丸めて概算しても大丈夫（億は省略）。

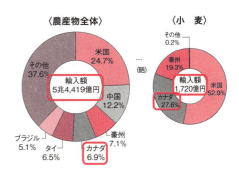

〈農産物全体〉

米国 24.7%
中国 12.2%
豪州 7.1%
カナダ 6.9%
タイ 6.5%
ブラジル 5.1%
その他 37.6%
輸入額 5兆4,419億円

〈小 麦〉

その他 0.2%
豪州 19.3%
米国 52.9%
カナダ 27.6%
輸入額 1,720億円

（略）

農産物全体

	農産物全体の輸入額		カナダの割合		
農産物全体	~~54,419~~	×	~~0.069~~		
	~~54,000~~	×	~~0.07~~		
	540	×	7	= 3,780	

	小麦の輸入額		カナダの割合		
小麦	~~1,720~~	×	~~0.276~~		
	~~1,700~~	×	~~0.3~~		
	170	×	3	= 510	

小麦　農産物全体　小麦の割合

~~510~~ ÷ ~~3,780~~ ← 有効数字の上から2桁までを使って概算

51 ÷ 380 = 0.1342… ≒ 13.4% ➡ 最も近い選択肢は12.6%

正解　12.6%

別解 もう少し近い値で求めたいときは
カナダからの小麦の概算を「1,700×0.28＝476」程度におさえるとよい。最後の計算式が「476÷3,780」となり、概算結果が「48÷380＝0.1263…≒12.6%」で、選択肢に迷いが生じない。

参考 概算しないときの計算結果は、以下の通り
54,419×0.069＝　3,754.911
1,720×0.276＝　　474.72
474.72÷3,754.911＝0.1264…≒12.6%

8 表からわかるのは、大学の在学者数。大学進学率は、この表からはわからない。よって、女の占める割合も求められない。

正解　表からはわからない

9 選択肢それぞれについて、正しいかどうかを考える。

✕ グラフの中で石油精製の需要量が最も少ないのは、1990年度である ①

棒グラフの長さから、石油精製の需要量は、1990年度よりも1985年度のほうが

少ない（1990年度は、200,000千klを超えているが、1985年度は200,000千kl未満）。

※最も少ないものがどれかを判明させる必要はない。1990年度より少ない年があれば誤り。

✕ グラフの中で電力の需要量が最も多いのは、1980年度である ②

棒グラフの長さから、電力の需要量は、1980年度よりも1990年度のほうが多い。

> **別解 1980年度と1995年度を見比べてもよい**
> 総量、電力の割合ともに、1980年度よりも1995年度のほうが多い。ここから、計算するまで
> もなく、電力の需要量は1980年度よりも1995年度のほうが多い。

〇 グラフの中では、どの年度も石油化学の需要量の割合が最も少ない ③

まず、1980年度の割合は、石油精製が92%、電力が6%、石油化学が0%で、石

油化学が最も少ない。以降の年度も見ていくと、いずれも石油化学が最も少ない。

✕ 石油精製の需要量は、今後も増え続ける

需要量が増え続けるかどうかは、グラフからはわからない。

正解	**1つ**

10 平成11年について、「公
務の割合÷ 建設・不動
産業の割合」で、建設・
不動産業を1としたとき

の公務の割合を求める。X倍すると、建設・不動産業をXとしたときの公務。選択肢

には、平成11年の建設・不動産業の割合と、公務の割合をそのまま分数の式にした
ものが並んでいる。つまり、分数の式にするところまでやればよく、計算の手間なく
答えられる問題。

公務　　建設・不動産業　　建設・不動産業を1としたときの公務

$$8.7 \div 11.2 = \frac{8.7}{11.2} \Rightarrow \frac{8.7}{11.2}X = \frac{8.7X}{11.2}$$

建築・不動産業をXとするのでX倍

正解　**8.7X / 11.2**

11 海外への外部支出研究費について、「平成14年÷平成13年－1」で増
加率を求める。平成14年はグラフから1,560億円（棒グラフの単位は
10億円）。平成13年は、設問から692億円。選択肢の値はやや離れ
ているので、有効数字の上2桁までを使って概算（億は省略）。

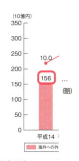

平成14年　　平成13年　　　　　増加率
~~1,560~~　÷　~~692~~　－　1

160　÷　69　－　1 = 1.318… ≒ 132%　➡　最も近い選択肢は125%

正解　**125%**

参考　**概算しないときの計算結果は、以下の通り**
1,560 ÷ 692 － 1 = 1.254… ≒ 125%

12 表は平成28年のものだが、対前年比
を使えば、平成27年の素材需要量が
わかる。

区分	全国（千㎥）	対前年比（%）	構成比（%）
素材需要量	26,029	103.7	100.0
製材用	16,590	102.5	63.7
合板用	4,638	110.0	17.8
木材チップ用	4,801	102.3	18.4

「平成28年の素材需要量÷対前年比」で、平成27年の素材需要量が求められる。選択
肢の値が近いので、有効数字の上3桁までを使って概算（千は省略）。

平成28年　　対前年比　　平成27年
~~26,029~~ ÷ ~~1.037~~

26,000 ÷ 1.04 = 25,000 ➡ 25,000千㎥。最も近い選択肢は25,100千㎥

正解　**25,100千㎥**

参考　**概算しないときの計算結果は、以下の通り**
26,029 ÷ 1.037 = 25,100.2… ≒ 25,100 ➡ 25,100千㎥

13 選択肢のうち、グラフから明らかに正しいといえるものを1つ選ぶ。

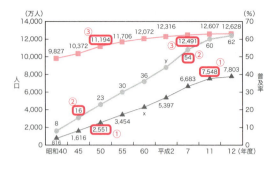

× **平成11年度の処理人口と、昭和50年度の処理人口の比は、およそ4：1である**　①

昭和50年度の処理人口を4倍して、平成11年度の処理人口になるかを確かめる。昭和50年度は2,551万人。少なめの2,500万人を4倍すると10,000万人。平成11年度は7,548万人で、少なめに計算した10,000万人よりさらに少ない。比は4：1ではない。

× **下水道普及率は、今後減少することはない**

今後減少するかどうかは、グラフからはわからない。

× **昭和45年度と比較して、平成7年度の下水道普及率は、およそ2.8倍である**　②

昭和45年度の下水道普及率を2.8倍して、平成7年度の下水道普及率になるかを確かめる。昭和45年度は16％。倍率を多めの3倍で概算すると「16×3＝48％」。平成7年度は54％なので、さらに多い（3倍より多い）。およそ2.8倍ではない。

○ **平成7年度の行政人口は、昭和50年度と比較しておよそ11.6％増加した**　③

昭和50年度の行政人口を1.116倍（1＋増加率）して、平成7年度の行政人口になるかを確かめる。有効数字の上3桁を使って概算（万は省略）。

　昭和50年度　　　（1＋増加率）　　平成7年度
　~~11,194~~　　×　　~~1.116~~
　~~11,200~~　　×　　~~1.12~~
　　112　　×　　　112　　＝ 12,544　➡　12,544万人

グラフから平成7年度は12,491万人。12,544万人とほぼ同じなので、およそ11.6％増加といえる。正しい。

> **参考** 概算しないときの計算結果は、以下の通り
>
> 　11,194×1.116＝12,492.504　➡　12,492.504万人
>
> かけ算だと端数が異なるように見えるので、念のため「平成7年度÷昭和50年度－1」で増加率を求めたものも載せる。「12,491÷11,194－1＝0.1158…≒11.6％」で正しい。

✗**グラフの期間においては、行政人口の増加に、処理人口の増加が追いついていない**

グラフでは、行政人口よりも、むしろ処理人口のほうが大きく増加している。よって、記述は正しくない。

正解	平成7年度の行政人口は、昭和50年度と比較しておよそ11.6%増加した

14 表に「人口」という項目はないが、「人口千人あたりの部数」と「発行部数」から計算できる。人口を求める式は、「発行部数÷人口千人あたりの部数」（求めた人口の単位は千人）。

国名	種類	発行部数（千部）	人口千人あたりの部数
A国	368	30,690	529
B国	132	46,940	417
C国	1,617	71,320	314
D国	453	11,000	21
E国	1,259	23,500	108

それぞれの国の人口を求めて、最も多いものを選ぶ。割り算なので、発行部数が多く、人口千人あたりの部数が少ないものほど、計算結果の人口は多い。ここから、A国とB国は、C国よりも人口が少ないことがわかるので、計算を省略する。残りの3国について、有効数字の上2桁まで使って概算。正確な人口を求める必要はないので、発行部数の千と、人口の千は省略したまま比較をする。

　　　　　発行部数　　人口千人あたりの部数　　　人口

C国　~~71,320~~ ÷　　~~314~~

　　　　7,100 ÷　　　　31　　　　= 229.0…

D国　11,000 ÷　　　　21　　　　= 523.8…　➡　最も人口が多い

E国　~~23,500~~ ÷　　~~108~~

　　　　2,400 ÷　　　　11　　　　= 218.1…

正解	D国

参考	概算しないときの各国の計算結果は、以下の通り

　　　　　発行部数　　　　人口千人あたりの部数　　　人口

A国　30,690,000 ÷　　　529　　　= 58,015.1…　➡　約　58,015千人

B国　46,940,000 ÷　　　417　　　= 112,565.9…　➡　約112,566千人

C国　71,320,000 ÷　　　314　　　= 227,133.7…　➡　約227,134千人

D国　11,000,000 ÷　　　21　　　= 523,809.5…　➡　約523,810千人

E国　23,500,000 ÷　　　108　　　= 217,592.5…　➡　約217,593千人

15 まず、平成13年のまだいと、平成20年のこんぶ類について「生産額÷生産量」で千トンあたりの価格を求める。次に、平成13年のまだいの千トンあたりの価格を指数100としたときの平成20年のこんぶ類の千トンあたりの価格の指数を求める。

扱う数値が比較的簡単なので、最初の割り算2つは概算せずにそのまま計算（億は省略）。最後の割り算は、有効数字の上2桁までで概算。

平成13年のまだい　　平成20年のこんぶ類

		平成13年(2001)	18(2006)	20(2008)	21(2009)	22(2010)
生産量	合計	1,256	1,183	1,146	1,202	1,111
	ぶり類	153	155	155	155	139
	まだい	72	71	72	71	68
	ほたてがい	236	212	226	257	220
	かき類（殻付き）	231	208	190	210	200
	こんぶ類	63	41	47	40	43
	わかめ類	57	59	55	61	52
	のり類	373	368	339	343	329
	上記以外の魚種	70	68	63	65	61
生産額	合計	5,029	4,496	4,178	4,095	4,284
	ぶり類	1,184	1,174	1,161	1,151	1,176
	まだい	660	583	496	459	506
	ほたてがい	349	352	318	333	345
	かき類	362	363	309	294	336
	こんぶ類	118	92	110	84	79
	わかめ類	73	79	102	108	83
	のり類	1,186	906	808	836	853
	上記以外の魚種	1,098	948	875	829	905

…（略）

	生産額		生産量		千トンあたりの価格
平成13年まだい	660	÷	72	=	9.16… ≒ 9.2
平成20年こんぶ類	110	÷	47	=	2.34… ≒ 2.3

こんぶ類　まだい　まだいを1としたときのこんぶ類

~~2.3~~ ÷ ~~9.2~~

23 ÷ 92 = 0.25 ➡ 25。最も近い選択肢は26

（まだいを100とするので100倍）

正解　26

参考　概算しないときの計算結果は、以下の通り

(110 ÷ 47) ÷ (660 ÷ 72) = 0.255… ➡ 100倍して約26

第4部

言語

玉手箱
論理的読解（GAB 形式の言語）→ 224 ページ
趣旨判定（IMAGES 形式の言語）→ 254 ページ
趣旨把握（参考問題）→ 276 ページ

C-GAB（テストセンター）
玉手箱の「論理的読解」が出題されます。

論理的読解（GAB形式の言語）とは？

● 長文を読んで、設問文の論理的な正誤を判断する

　**言語の論理的読解は、長文を読んで、設問文が論理的に正しいかどうかを判断する
テスト**です。玉手箱の言語科目の中で、**最も多くの企業で実施**されています。特徴は
以下の通りです。

・600字程度の長文

・長文のテーマは人文系や自然科学系、実用文などさまざま

・1長文につき4問

・設問文が、以下のいずれであるかを判断する

　「論理的に正しい」「論理的に間違い」「論理的に正誤の判断ができない」

※「論理的読解」は、ペーパーテストの「GAB」の言語問題をもとに作られています。このため、「GAB形式の言
　語」と呼ばれることもあります。

● 1画面1問表示、選択肢は常に同じ

　論理的読解では、1画面に表示されるのは常に1問です。また、選択肢は常に同じです。

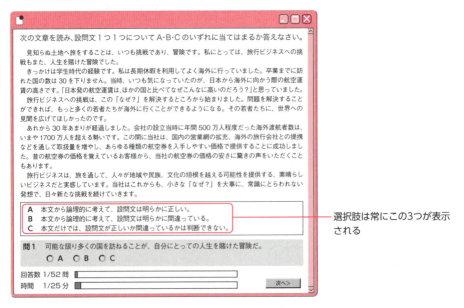

選択肢は常にこの3つが表示
される

一般的な国語の長文読解では、1つの長文からいろいろな種類の問題が出題されますが、**論理的読解で問われるのは、「設問文が論理的に正しいか」の判断だけです。**

■● 問題数と制限時間

　論理的読解には、問題数と制限時間が異なる2タイプがあります。以前は、制限時間が短いタイプが主流でしたが、近年は長いタイプの実施が多くなっています。どちらも、1問あたりに使える時間が短いので、常に手早く解くことを心がける必要があります。

科目名	問題数	制限時間
論理的読解	32問	15分
	52問	25分

■● 先に進んだら前の問題には戻れない

　多くの場合、「次へ」ボタンを押して次の問題に進むと、前の問題には戻れません。企業によっては、「前へ」ボタンで前の問題に戻ることができるタイプが実施されることもありますが、わずかです。

　1問あたりの時間が短い上に、前に戻れないというのは厳しい条件ですが、できるだけ集中してうっかりミスを防ぎましょう。

論理的読解の攻略法

⬤ 設問文に先に目を通し、あたりをつけて本文を読む

論理的読解では、1長文4問にかけられる時間は2分足らずです。本文をていねいに読み込んでから1つ1つ判断していては、時間が足りなくなります。先に設問文に目を通し、正誤の判断に関係がありそうな部分のあたりをつけながら本文をざっと読んで、「A」「B」「C」を判定するとよいでしょう。

⬤ 「A」「B」「C」がどの場合に当てはまるかをマスターする

本文の内容が違っていても、選択肢の選び方の要領は同じです。

① **本文の論理に沿っていれば「A　本文から論理的に考えて、設問文は明らかに正しい」が正解**

設問文の内容が、本文の論理に沿っていれば「A」が正解です。設問文の内容が、本文の内容から正しいといえるかどうかで判断します。

② **本文の内容と設問文に食い違いがあれば「B　本文から論理的に考えて、設問文は明らかに間違っている」が正解**

設問文の内容が、本文の論理に沿っていなければ「B」が正解です。設問文の内容に、本文の内容と食い違いがあるかどうかで判断します。

③ **本文だけでは設問文の正誤を判断できない場合は「C　本文だけでは、設問文が正しいか間違っているかは判断できない」が正解**

設問文の内容が、本文だけでは正しいか間違っているかを判断できない場合は、「C」が正解です。設問文の内容が、本文で述べられているかどうかで判断します。

⬤ 常識や自分の意見で判断してはいけない

論理的読解で問われる「設問文が論理的に正しいか」は、言い換えれば「設問文が

正しいといえる根拠が本文にあるか」です。

　本文に根拠があるかどうかが大事なので、**一般的な常識や自分の意見をもとに判断してはいけません**。本文が一般的な常識からかけ離れた内容でも、設問文が本文の論理に沿っていれば、「A」が正解です。

■◯ 実物の選択肢を読み替える

　実物の選択肢は、文章がややわかりづらいので、読み替えるとよいでしょう。本書の問題では、読み替え後の選択肢を掲載します。

【実物の選択肢】

> A：文脈の論理から明らかに正しい。または正しい内容を含んでいる。
> B：文脈の論理から明らかに間違っている。または間違った内容を含んでいる。
> C：問題文の内容だけからでは、設問文は論理的に導けない。

【読み替え後の選択肢】

> **A：本文から論理的に考えて、設問文は明らかに正しい。**
> **B：本文から論理的に考えて、設問文は明らかに間違っている。**
> **C：本文だけでは、設問文が正しいか間違っているかは判断できない。**

1 人文系の文章

●文化・社会など、人文系の文章が出題される
●設問文が本文の論理に沿っていれば「A」、本文の内容と食い違っていれば「B」が正解

例題

次の文章を読み、設問文1つ1つについてA・B・Cのいずれに当てはまるか答えなさい。

　研究には、さまざまな方法があります。実験室で行う研究、書物と向き合う研究、コンピュータで計算する研究など、分野や対象、目的によって方法は異なります。人間社会の文化のさまざまな姿を実証的に明らかにしようとする文化人類学は、「フィールドワーク」という研究の方法を何よりも重視します。これは、研究者が対象となる地域に自ら足を運び、そこに滞在しながら調査をすることです。

　文化人類学は、世界中に植民地をもっていた19世紀のイギリスで誕生します。当時の文化人類学者たちは、自分でフィールドワークをするのではなく、各地の植民地行政官や旅行者たちが書いた本を集めて書斎で勉強し、人類の文化についての理論を考えるという方法をとっていました。このため、めずらしい文化の断片的知識を寄せ集め、全体を想像でつなぐといった、実証的でない研究もしばしば行われていたのです。

　このような、自分で現地に行って調査をしない研究の姿勢は、後に「安楽いす人類学」（書斎にこもって行う文化人類学）などと批判されるようになりました。そして、研究者自身が「足で学ぶ」、つまり、対象となる地域を訪れ、直接観察を通して文化を学ぶという方法を重視する現在のスタイルが確立しました。文化人類学が生み出したフィールドワークという方法は、やがて社会学などのほかの学問にも大きな影響を与え、今日では多くの分野がそれを取り入れています。

（『手話の世界を訪ねよう』亀井伸孝、岩波書店）

A　本文から論理的に考えて、設問文は明らかに正しい。
B　本文から論理的に考えて、設問文は明らかに間違っている。
C　本文だけでは、設問文が正しいか間違っているかは判断できない。

1 書斎にこもって研究を行う姿勢への批判が、フィールドワークを重視するスタイルの確立につながった。

　○A　○B　○C

2 研究者が断片的知識から全体を想像でつなぐ方法のことを、フィールドワークという。

　○A　○B　○C

3 19世紀の植民地獲得競争で勝てなかった国々では、文化人類学の代わりに社会学が発達した。

〇A 〇B 〇C

4 19世紀の文化人類学者は知識を想像で補う必要がなかった。

〇A 〇B 〇C

1 本文では、文化人類学の研究方法に関して、以下の2つが述べられている。

・対象となる地域に研究者自身が滞在して調査する「フィールドワーク」（1段落目）

・書斎で本などの知識をもとに研究をする「安楽いす人類学」（2～3段落目）

「安楽いす人類学」は、研究者が現地に足を運ばない姿勢を批判した言葉。3段落目で、こうした批判からフィールドワークを重視した現在のスタイルが確立したことが述べられている。設問文は正しい。

2 **1**で見たように、「フィールドワーク」とは、対象となる地域に研究者自身が滞在して調査する方法のこと。断片的知識から全体を想像でつなぐ方法ではない。設問文は間違い。

3 本文では、植民地獲得競争や、それに勝てなかった国々のことは述べられていない。設問文の正誤は判断できない。

4 2段落目で、19世紀当時、文化人類学者たちが本を集めて理論を考えていたこと、断片的知識を寄せ集めて全体を想像でつなぐ研究を行っていたことが述べられている。知識を想像で補う必要がなかったのではない。設問文は間違い。

正解	**1** A	**2** B	**3** C	**4** B

次の文章を読み、設問文1つ1つについてA・B・Cのいずれに当てはまるか答えなさい。

　大人が子どもにどう接すればいいのか、ということは、経験抜きに「子どもができたから、さあやろう」といってできるものではない。試行錯誤してはじめて上達する。はじめは誰でも暗中模索する。それは昔もいまも変わっていない。ただ、かつては、子どもにどう向き合えばいいのか途方にくれたとき、適切な助言をしてくれる経験者がそばにいた。端的には、妻の実家の親などがそれにあたる。ところが、夫がサラリーマンという家庭では、夫婦が住んでいるのは必ずしも実家と近接してはいないし、物理的にも、三世代同居がむずかしい場合が多くなった。そのため、妻は、子育てについて、一世代前の助言を受けにくくなってきた。

　そこに、男性に関しては、一時代前の反動もやってきた。「当惑する妻を助けなければ」となる。結果として、妻が困難を感じている母性の実行を分担する形で、夫が育児に参画する状況が生まれつつある。

　このような、家庭内に母親が2人存在するような育児の状況が出現した理由を、家族社会学者の落合恵美子は、親にとっての子どもの「耐久消費財化」と評している。日本が農業社会からサラリーマン社会へと傾斜を深めるなかで、世代をへるごとに子の価値は「消費財」としての程度を強くしてきた、と彼女は論じている。

　農村では子は、何年か育てれば稼業を手伝い親を手助けしてくれる「生産財」に成長する。だがいまの子どもは、大きくなって自分で生計を支えるようになったとしても、親には何も返してくれない。親が老いても、今度は子が養育してくれるかというと、全然あてにできないし、そのことを親自身が誰よりも実感している。

　だから育児は、将来の価値につながらなくなってしまった。たくさん子どもを作っても意味がない。それゆえ、少人数だけ産み、それを限られた期間だけ楽しむしか、利用のしようがない。

（『父親力』正高信男、中央公論新社）

A　本文から論理的に考えて、設問文は明らかに正しい。
B　本文から論理的に考えて、設問文は明らかに間違っている。
C　本文だけでは、設問文が正しいか間違っているかは判断できない。

---

1 昔の親も今の親も、試行錯誤をしながら子どもへの接し方を学んでいくことは同じだ。

　　〇A　〇B　〇C

2 夫が母性の実行を担当するようになったため、妻は実家の親などから助言を受けにくくなった。

　　〇A　〇B　〇C

3 農業社会にとって、子どもには「耐久消費財」としての価値があった。

○A ○B ○C

4 子どもが「耐久消費財化」したのは、親にとって育児が将来の価値につながらなくなったからだ。

○A ○B ○C

1 子どもへの接し方を学ぶことについて、本文では「試行錯誤してはじめて上達する。はじめは誰でも暗中模索する。それは昔もいまも変わっていない」（1段落目）とある。昔の親も今の親も、試行錯誤をしながら子どもへの接し方を学んでいくことは同じ。設問文は正しい。

2 妻が実家の親などから助言を受けにくくなったのは、1段落目で述べられているように、夫婦が実家の近くに住んでいなかったり、物理的に三世代同居が難しい場合が多くなったから。夫が母性の実行を担当したからではない。設問文は間違い。

3 農業社会にとっての子どもについて、「農村では子は、何年か育てれば稼業を手伝い親を手助けしてくれる『生産財』に成長する」（4段落目）とある。「耐久消費財」ではない。設問文は間違い。

4 子どもの「耐久消費財化」とは、親にとって育児が「少人数だけ産み、それを限られた期間だけ楽しむ」（5段落目）ものになったことを示す言葉。そのように変わった理由は、子どもが大きくなってからの見返りが期待できなくなり、育児が将来の価値につながらなくなったから。設問文は正しい。

| 正解 | **1** A | **2** B | **3** B | **4** A |

2 自然科学系の文章

●地学・生物など、自然科学に関する文章が出題される
●本文だけでは設問文の正誤を判断できない場合は「C」が正解

例題

次の文章を読み、設問文1つ1つについてA・B・Cのいずれに当てはまるか答えなさい。

地震、噴火など災害が頻発しても、それらの源を断つことは不可能である。最近、響きが良いので安易に使われる「地球を守る」という言い方は、なんとなく人間の驕りを感じさせる。人間に都合の良い、気持ちの良い部分だけを取り上げて、それがあたかも「自然」のように誤解させていることも多い。我々人類がいなくなっても地球は太陽の終焉の時まで、何ごともなかったように存在し続けるのだ。人類は地球の居候である。部屋をきれいに使わせていただくような謙虚な気持ちを持つことが地球に対する礼儀だと思う。

「自然」は生物だけが作っているものではないのに、とかく石のことは忘れられて「自然」が語られる。1983年、三宅島の噴火によって熔岩が流れ、植生が失われたことがあった。時の経過とともに、種が風に乗ってやってきたのか、鳥が運んできたのかわからないが、冷えた熔岩の隙間に落ち、芽が出てきた。この写真に「自然が戻った」という見出しをつけた新聞があった。単に「植物が戻った」だけのことである。熔岩流も「自然」であって、自然現象に断絶はないのである。農業・林業・園芸の世界では、「自然」のはずの植物（雑草といわれる）を処分し、人工的に作り上げた植物だけを残して、あたかも「自然」豊かな景観のように説明することも多い。人間の「利」のためにある自然と、「理」にかなった自然を混同してはいけないのである。本来、「地球の自然」は石にあり、石は地球そのものだ。

（『新鉱物発見物語』松原聰、岩波書店）

A　本文から論理的に考えて、設問文は明らかに正しい。
B　本文から論理的に考えて、設問文は明らかに間違っている。
C　本文だけでは、設問文が正しいか間違っているかは判断できない。

1 噴火によって植生が失われた環境では、災害が頻発する。

○A　○B　○C

2 人類は地球にとって不可欠な存在ではない。

○A　○B　○C

3 人工的に作り上げた植物だけで作った景観は、「理」にかなった自然といえる。

　　○A　○B　○C

4 自然が生物だけで作られているというのは、人間に都合の良い解釈だ。

　　○A　○B　○C

1 本文の2段落目で、三宅島の噴火によって植生が失われたことが述べられているが、そのような環境で災害が頻発するかどうかは述べられていない。設問文の正誤は判断できない。

2 「我々人類がいなくなっても地球は太陽の終焉の時まで、何ごともなかったように存在し続けるのだ」(1段落目)とあることから、人類は地球にとって不可欠な存在ではないといえる。設問文は正しい。

3 「人工的に作り上げた植物だけで作った景観」は、2段落目の後半で述べられている、農業・林業・園芸の世界でのこと。「人工的に作り上げた植物だけを残して、あたかも『自然』豊かな景観のように説明することも多い」とあるが、ここでいう「自然」は、人間の「利」のためにある自然で、「理」にかなった自然ではない。設問文は間違い。

4 「人間に都合の良い解釈」とは、1段落目の「人間に都合の良い、気持ちの良い部分だけを取り上げて、それがあたかも『自然』のように誤解させていることも多い」のこと。2段落目で述べられている新聞の見出しの話や、農業・林業・園芸の世界の話はその具体例。「『自然』は生物だけが作っているものではない」と述べられていることから、自然が生物だけで作られているというのは、人間に都合の良い解釈といえる。設問文は正しい。

正解	**1** C	**2** A	**3** B	**4** A

次の文章を読み、設問文1つ1つについてA・B・Cのいずれに当てはまるか答えなさい。

突然変異で新しい性質をもったものが生まれ、それがその生息環境により適していればその子孫が増えていく。これが生物に進化をもたらす「自然選択」のしくみである。

自然選択（自然淘汰）の理論を最初に考えたのは、イギリスのダーウィン（Charles Darwin）だった。1859年に『種の起原』を出版したが、当時は進化のしくみを論じるというよりも、「進化」という考え方自体が受け入れられるかどうかが大問題であった。キリスト教の「創造説」と進化論のどちらが正しいか、われわれの祖先はサルか否か、という論争が繰り返されたのである。その後、生物学の世界では遺伝子の実体がDNAであること、そしてそのコピーの際に突然変異が起こることが解明され、「突然変異と自然選択」という現代進化論の基本的枠組みができあがっていった。

突然変異が生じた場合、その遺伝子をもっている個体の適応度（残しうる子孫の数）が、従来の遺伝子をもっている個体の適応度よりも大きければ、世代をへるにしたがってその突然変異遺伝子をもった子孫の割合が増えていく。この適応度の相対的な大小関係は環境条件次第で変わってくるので、環境＝自然が生物の性質を選ぶ（自然選択）というとらえかたができるのである。

地球上に生物が誕生したのは今から40億年近く前のことで、最初の生物はバクテリアのような単細胞構造をもっていたと考えられている。それ以後、海の中でさまざまな多細胞生物が生まれ、やがて5億年ほど前に魚類が出現し、その中から陸に上がる四つ足動物（両生類の祖先）が生まれた。そして、恐竜の時代をへて、哺乳類全盛時代を迎え、約500万年ほど前に人類の祖先が誕生した。これらはすべて突然変異と自然選択の積み重ねの歴史である。ちなみに、人類誕生が約500万年前という数字は、現代人とチンパンジーのDNAの塩基配列を比較することにより計算されたもので、現生生物相互の類縁関係がDNAから解明されつつあるのである。

（『性転換する魚たち』桑村哲生、岩波書店）

A 本文から論理的に考えて、設問文は明らかに正しい。
B 本文から論理的に考えて、設問文は明らかに間違っている。
C 本文だけでは、設問文が正しいか間違っているかは判断できない。

1 人類の祖先がいつごろ誕生したのかは、人類誕生以前の四つ足動物と現代人との比較によって解明された。

○A　○B　○C

2 生物学における疑問はすべて「突然変異と自然選択」の枠組みで説明することができる。

○A　○B　○C

3 『種の起原』が出版された当時、「進化」という考え方自体は論争なく受け入れられた。
　　○A　○B　○C

4 突然変異遺伝子をもつ個体の子孫の割合が増えるかどうかは、環境の条件による。
　　○A　○B　○C

1 人類の誕生時期の解明について、本文では「人類誕生が約500万年前という数字は、現代人とチンパンジーのDNAの塩基配列を比較することにより計算された」（4段落目）とある。人類誕生以前の四つ足動物との比較ではない。設問文は間違い。

2 現代進化論の基本的枠組みが「突然変異と自然選択」であることは、2段落目の後半で述べられているが、生物学のすべての疑問がこの枠組みで説明できるかどうかは述べられていない。設問文の正誤は判断できない。

3 『種の起原』が出版された当時について、「進化のしくみを論じるというよりも、『進化』という考え方自体が受け入れられるかどうかが大問題であった」（2段落目）とある。「進化」という考え方自体が受け入れられたとはいえない。設問文は間違い。

4 突然変異遺伝子を持つ個体について、その適応度が、従来の遺伝子を持っている個体の適応度よりも大きければ子孫が増えていくことが3段落目で述べられている。「この適応度の相対的な大小関係は環境条件次第で変わってくる」とあることから、設問文は正しい。

正解	**1** B	**2** C	**3** B	**4** A

3 企業の広報文・エッセー風の文章

●広報を目的とした企業の文章、エッセー風の文章などが出題される
●文章の構造があまり明快でないものもある。本書で慣れておこう

例題

次の文章を読み、設問文1つ1つについてA・B・Cのいずれに当てはまるか答えなさい。

　見知らぬ土地へ旅をすることは、いつも挑戦であり、冒険です。私にとっては、旅行ビジネスへの挑戦もまた、人生を賭けた冒険でした。

　きっかけは学生時代の経験です。私は長期休暇を利用してよく海外に行っていました。卒業までに訪れた国の数は30を下りません。当時、いつも気になっていたのが、日本から海外に向かう際の航空運賃の高さです。「日本発の航空運賃は、ほかの国と比べてなぜこんなに高いのだろう？」と思っていました。

　旅行ビジネスへの挑戦は、この「なぜ？」を解決するところから始まりました。問題を解決することができれば、もっと多くの若者たちが海外に行くことができるようになる。その若者たちに、世界への見聞を広げてほしかったのです。

　あれから30年あまりが経過しました。会社の設立当時に年間500万人程度だった海外渡航者数は、いまや1700万人を超える勢いです。この間に当社は、国内の営業網の拡充、海外の旅行会社との提携などを通して取扱量を増やし、あらゆる種類の航空券を入手しやすい価格で提供することに成功しました。昔の航空券の価格を覚えているお客様から、当社の航空券の価格の安さに驚きの声をいただくこともあります。

　旅行ビジネスは、旅を通して、人々が地域や民族、文化の垣根を越える可能性を提供する、素晴らしいビジネスだと実感しています。当社はこれからも、小さな「なぜ？」を大事に、常識にとらわれない発想で、日々新たな挑戦を続けていきます。

A　本文から論理的に考えて、設問文は明らかに正しい。
B　本文から論理的に考えて、設問文は明らかに間違っている。
C　本文だけでは、設問文が正しいか間違っているかは判断できない。

---

1 可能な限り多くの国を訪ねることが、自分にとっての人生を賭けた冒険だ。

　　○A　○B　○C

2 海外の航空運賃が日本よりも安いのは、人件費を低く抑えることができるからだ。

　　○A　○B　○C

3 複数の手段で取扱量を増やしたことで、航空券を入手しやすい価格にすることができた。

    ○ A   ○ B   ○ C

4 国どうしの垣根を越えるために、これからはより積極的に海外の営業網を拡充していきたい。

    ○ A   ○ B   ○ C

---

1 筆者にとっての人生を賭けた冒険は「旅行ビジネスへの挑戦」(1段落目)で、可能な限り多くの国を訪ねることではない。設問文は間違い。

2 本文では、海外の航空運賃が安い理由については述べられていない。設問文の正誤は判断できない。

3 「当社は、国内の営業網の拡充、海外の旅行会社との提携などを通して取扱量を増やし、あらゆる種類の航空券を入手しやすい価格で提供することに成功しました」(4段落目)とある。設問文は正しい。

4 本文では、今後のビジネスの具体的な計画や予定は述べられていない。設問文の正誤は判断できない。

| 正解 | **1** B | **2** C | **3** A | **4** C |

次の文章を読み、設問文1つ1つについてA・B・Cのいずれに当てはまるか答えなさい。

　　最近、食べ放題の店が増えているそうだ。食べ放題の店のどんなところが人気を集めているかというと、まずは食べる量を自由に調節できること、次に予算に気兼ねなく多くの種類の料理を食べられることだろうか。食べ放題ではない店では、もっとたくさん、あれもこれも食べたいと思っても、予算の都合などにより我慢しなければならないことがある。食べ放題はその心配がいらない。一定の金額を支払えば確実に満腹になれるのだ。

　　一方で、食べ放題の店を苦手とする人もいる。食べ放題は自分で料理を取るのが基本だから、店内では何度も席を立って歩き回る人が多い。落ち着いた気持ちになれないと感じても無理はない。また、自分でする盛り付けはプロの仕事とはほど遠いから、見た目に物足りなさを感じることもあるだろう。

　　食べ放題の店と、そうでない店に優劣の差はない。どちらも客を満足させ、次の来店につなげるのが一番の目標だ。食事に関する客の満足には「量的な満足感」と「質的な満足感」がある。量的な満足感はいわゆる満腹感のことだ。質的な満足感は、おいしかった、食事の時間を楽しく過ごせた、などの心の充足で得られる満足感だ。どちらの店も、両方の満足感を提供することに変わりはない。違うのはその手法だ。

　　食べ放題の店は、食事の量を各人が好みで調節できるようにすることで「量的な満足感」を提供する。また、客自身が多くの種類の料理から好きなものを選び、能動的に食事を組み立てられるようにすることで「質的な満足感」を提供する。食べ放題ではない店は、客のニーズを推測して量と質の両方を満足させられるようにつとめる。客は受け身で、食事を提供される心地よさを味わうことができるのだ。

A　本文から論理的に考えて、設問文は明らかに正しい。
B　本文から論理的に考えて、設問文は明らかに間違っている。
C　本文だけでは、設問文が正しいか間違っているかは判断できない。

1 食べ放題でない店では、客は予算を考えて食べたいものを我慢しなければならないことがある。

　　○A　○B　○C

2 料理の腕に自信のある人は、食べ放題の店を選ぶ。

　　○A　○B　○C

3 食べ放題の店も、そうでない店も、客を満足させるための手法に違いはない。

　　○A　○B　○C

4 食べ放題の店は予算の制限があるため、量的な満足感しか提供できない。
○ A ○ B ○ C

1 食べ放題でない店での注文について、「食べ放題ではない店では、もっとたくさん、あれもこれも食べたいと思っても、予算の都合などにより我慢しなければならないことがある」(1段落目)とある。設問文は正しい。

2 本文では、料理の腕に自信のある人がどの店を選ぶかについては述べられていない。設問文の正誤は判断できない。

3 客に与える満足感や手法について、「食事に関する客の満足には『量的な満足感』と『質的な満足感』がある。(略)どちらの店も、両方の満足感を提供することに変わりはない。違うのはその手法だ」(3段落目)とある。設問文は間違い。

4 **3** で見たように、食べ放題の店も、そうでない店も、「量的な満足感」と「質的な満足感」の両方を提供する。片方だけではない。設問文は間違い。

正解	**1** A	**2** C	**3** B	**4** B

論理的読解　模擬テスト

制限時間15分　問題数32問

※実物は制限時間25分、問題数52問

次の文章を読み、設問文1つ1つについてA・B・Cのいずれに当てはまるか答えなさい。

イルカやクジラの扱い方を知るには、その呼び名を調べてみるとわかりやすい。たとえば、ハワイ諸島では海に住む動物すべてを「イア」と呼ぶ。イルカもクジラも「イア」と呼ばれ、イルカはサカナとは区別されていない。また、ソロモン諸島でも「イア」は海洋動物全体を広く指し、やはりイルカとサカナの違いはなかった。

ほかにも、イルカやサカナの区別がなく、すべて海の生き物として包括されて考えられる傾向が南太平洋のあちこちで見られる。また、たとえイルカやクジラにそれぞれ呼び名がついていても、結局その語源はサカナであることが多い。

一方で、イルカと人間を近いものとしてみる文化はカロリン諸島のサタワル島に存在する。サタワル島では男の子が生まれると、イルカを表す「キューイ」という言葉で呼び、「たくましい男に」という想いをイルカにたとえた。イルカをよいものとして捉えている。その反面、イルカもクジラも「イキンガウ」(悪いサカナ)と呼ばれ、サカナと同じ仲間扱いされている。決してこのイキンガウを人びとは食べない。それは、島にイルカが人間の化身であるという伝説があるからである。また、ソロモン諸島のベロナ島にも、やはりイルカを人間と近い存在と考える人びとがいる。

(『イルカ』村山司、中央公論新社)

A　本文から論理的に考えて、設問文は明らかに正しい。
B　本文から論理的に考えて、設問文は明らかに間違っている。
C　本文だけでは、設問文が正しいか間違っているかは判断できない。

---

1 サタワル島ではイルカとクジラを食べる風習がない。

〇A　〇B　〇C

2 ハワイ諸島では、クジラは「イア」に含まれない。

〇A　〇B　〇C

3 「イキンガウ」とは、たくましい男に育ってほしいという願いを表す言葉である。

〇A　〇B　〇C

4 南太平洋では、古来から毒のあるサカナとそうでないサカナを見分ける方法が伝わっている。

〇A　〇B　〇C

次の文章を読み、設問文1つ1つについてA・B・Cのいずれに当てはまるか答えなさい。

> セレスコヴィッチは、通訳という作業のmental process（頭の中でどのような過程を経て通訳が行なわれているか）を次のような3つの段階に分けて説明しています。
>
> 1. なんらかの意味をもった発言を耳で聞き、これに分析と解釈をくわえて、メッセージを理解する。
>
> 2. 直ちにしかも意図的に、使われている個々の単語、言葉づかい・表現を捨て、そのメッセージに示された概念、考え・意見・思想・情報のみを維持する。
>
> 3. 元のメッセージ全体を表現していて、受け手に合っているような形で、あらたな発話を目標言語で作る。
>
> つまり、セレスコヴィッチはこう言っているのです。まず、通訳をしているときのコミュニケーションは、発言者から聞き手に直接に行なわれるのではなく、その間に通訳者が入る。そして通訳者は、元の発言（起点言語）の個々の単語をそのまま聞き手の言語（目標言語）に置き換えるのではなくて、いったん、元の発言者の言いたいことを整理して理解し、それをしばらく頭の中に留めておいて、その後、その内容を別の言語で表現するのだ、と。
>
> ここで通訳者が理解した元発言の内容を「意味」と呼び、実際に使われた単語や表現というのは瞬時に消えてしまうので、通訳者はそのほとんどを忘れてしまい、意味だけが通訳者の頭に残ると言います。セレスコヴィッチはこのことを「非言語化・脱言語化」と名付けました。
>
> 私は今でもこの分析が当を得ていると思っています。実際に通訳をしているときの作業は、かなりの部分がこれでうまく言い表されていると思います。
>
> （『通訳者のしごと』近藤正臣、岩波書店）

A 本文から論理的に考えて、設問文は明らかに正しい。
B 本文から論理的に考えて、設問文は明らかに間違っている。
C 本文だけでは、設問文が正しいか間違っているかは判断できない。

5 通訳では、元の発言で使われた単語や表現を忠実に置き換えることが大事だ。

○A ○B ○C

6 通訳ではメッセージの「意味」を正しく伝えるために、元の発言よりも目標言語のほうが発言時間は長くなる。

○A ○B ○C

7 通訳者の頭に残る元発言の内容は、言語という形ではなくなっている。

○A ○B ○C

8 「非言語化・脱言語化」は、通訳とは無関係の分野にも応用できる理論として評価されている。

○A ○B ○C

次の文章を読み、設問文1つ1つについてA・B・Cのいずれに当てはまるか答えなさい。

少子高齢化、環境問題など、社会を取り巻く状況が日々変化する中で、お客様のニーズも時代とともに変化し続けています。当社は常にお客様のニーズをいち早く、的確にとらえることが大事だと考えております。そのために、当社では常にお客様の視点に立つことを心がけています。商品のリサーチ、仕入れから売り場づくり、品揃え、店舗デザインに至るまで、お客様の視点に立って見直しを続け、改革に取り組んでまいります。当社に寄せられるお客様ひとりひとりの声に真摯に耳を傾けるとともに、全国各地の店舗の情報を集約する情報システムからデータを得て、個々の店舗に反映させる仕組みもスタートしました。こうした努力の積み重ねが、「最新のニーズ」を反映した商品・サービスの提供につながると確信しております。

商品開発においては、日本の各地域の優れたものづくりの力を、お客様と結ぶプロジェクトを進めています。「メイド・イン・ジャパン」の品質は世界に知られています。国内でも、もっと多くのお客様にその良さを実感していただきたいという思いが、産地とのコラボレーションによる新しいブランドの創出という形で、実を結びつつあります。そのほかにも、地域特有のニーズに合わせた独自の商品開発など、いくつもの新しい取り組みを開始しています。

創業以来、当社の基本姿勢は「質の重視」で一貫しています。質こそがすべてのお客様の満足につながるものだと確信しているからです。創業から10年で、当社は全国に100店舗を展開する規模まで成長することができました。これらの店舗で毎日一歩ずつでも「質」を高め続けることで、お客様の信頼にお応えし、変化に対応しながらお客様の暮らしを支える流通サービス業を創造していく所存です。

A　本文から論理的に考えて、設問文は明らかに正しい。
B　本文から論理的に考えて、設問文は明らかに間違っている。
C　本文だけでは、設問文が正しいか間違っているかは判断できない。

9 日本のものづくりの力を、海外の生産地につなげるプロジェクトを進めている。

○A　○B　○C

10 「質」はお客様の満足につながるので、各店舗で「質」を高め続ける。

○A　○B　○C

11 メイド・イン・ジャパンの品質を実現する技術を持った職人を確保することが、商品開発の課題だ。

○A　○B　○C

12 情報システムから得たデータとお客様の声が、「最新のニーズ」につながる。

○A　○B　○C

次の文章を読み、設問文1つ1つについてＡ・Ｂ・Ｃのいずれに当てはまるか答えなさい。

> 　寒さ、暑さを種子の姿で耐えるために、植物たちは、寒くなるまでに、あるいは、暑くなるまでに、つぼみをつくり、花を咲かせ、種子をつくらなければなりません。寒くなってから、あるいは、暑くなってから、あわててつぼみをつくり、花を咲かせていては、種子の姿で寒さや暑さをしのぐのに、間に合わないのです。
>
> 　このことは、秋に花を咲かせる植物たちを考えると、よくわかります。これらの植物たちが秋に花を咲かせても、種子ができるまでに、ある程度の日数がかかります。多くの草花類では、1、2カ月が必要です。種子は、冬の低温がくるまでに、できなければなりません。
>
> 　植物たちが種子をつくれる温度には限界があり、冬の温度はそれ以下です。それゆえ、気温が低下してから花咲く準備をはじめては、花が咲くころに、気温が低くなり過ぎており、種子はできません。
>
> 　同じように、夏の暑さに弱い植物たちは、夏暑くなるまでに、花を咲かせ、種子をつくらなければなりません。すなわち、植物たちは、種子の姿で夏の暑さに耐えたり、冬の寒さをしのいだりするために、夏や冬という季節の訪れを前もって知り、つぼみをつくり、花を咲かせねばならないのです。
>
> 　「なぜ、春と秋に花を咲かせる植物たちが多いのだろう」と、考えてみてください。それは、植物たちにとって、夏の暑さ、冬の寒さが都合の悪い環境だからです。冬の寒さを種子で過ごすためには、秋に花が咲き、夏の暑さを種子で過ごすためには、春に花が咲かねばなりません。だから、草花には、秋と春に花を咲かせるものが多いのです。
>
> （『植物は命がけ』田中修、中央公論新社）

A　本文から論理的に考えて、設問文は明らかに正しい。
B　本文から論理的に考えて、設問文は明らかに間違っている。
C　本文だけでは、設問文が正しいか間違っているかは判断できない。

---

13 植物が季節の変化を感じ取ることができるのは、つぼみの状態のときだけだ。

　○Ａ　○Ｂ　○Ｃ

14 秋と春以外の季節に花を咲かせる植物は、種子をつくらない。

　○Ａ　○Ｂ　○Ｃ

15 種子は寒さに強いので、どんなに気温が低くても花の状態から種子がつくれる。

　○Ａ　○Ｂ　○Ｃ

16 気温の変化がある環境で、1年を通して花を咲かせていられる草花は少ない。

　○Ａ　○Ｂ　○Ｃ

次の文章を読み、設問文1つ1つについてA・B・Cのいずれに当てはまるか答えなさい。

　リーダーの条件にはいろいろあるが、最も重要なものを1つあげるとすれば、部下に対して「ビジョン」を熱く語ることができるかどうかであろう。新興宗教の教祖のごとく、熱くビジョンを語ることによって、「カリスマ性」がうまれるのだ。ということは、あなたの信念やロマンにあなた自身がほれ込んでいなければできない。そうやってこそ社員を魅了し、力を発揮させることができるのだ。

　ビジョンというのは、売上目標や事業計画とはちがう。そんな数字のシミュレーションみたいなものはどうでもいいのである。5年後、10年後、この会社の姿はかくあるべしと、具体的かつリアルにその姿をイメージすることができる将来像をビジョンという。逆にいえば、ビジョンが語れないリーダーは失格だ。「夢みたいな話恥ずかしくて言えやしないよ」というのは言語道断。会社の将来像も描けない、語れない経営者に、社員がみずからの生活や人生を託せるはずがない。

　極端な話、そのビジョンに示されたものは「絵に描いた餅」でもかまわない。冷静に考えれば、とうてい実現不可能な壮大な夢物語でも私はいいと思う。それによって社員が会社に夢を託し、その気になってくれることが大切だからである。

　ビジョンを熱く語る心がけを「酒場のおっさんマインド」と私は名づけている。お酒を飲むと大きな声で夢みたいな話を語る人が多いことから名づけた。酒場のおっさんは照れることなく大きな話を声高に語る。これこそリーダーに最も必要なものだと思う。リーダーはまず自分自身に酔うべきなのだ。陶酔すべきなのだ。

　社員にどれだけ夢をもたせることができるか。それはリーダーの描くビジョンにかかっている。

A　本文から論理的に考えて、設問文は明らかに正しい。
B　本文から論理的に考えて、設問文は明らかに間違っている。
C　本文だけでは、設問文が正しいか間違っているかは判断できない。

17 カリスマ的な経営者は日本社会には合わない。

○A　○B　○C

18 生き生きとしたビジョンを語るリーダーにこそ、部下はついてくる。

○A　○B　○C

19 「酒場のおっさんマインド」とは、部下に対して丁寧な指導をすることである。

○A　○B　○C

20 リーダーは自分のビジョンやロマンに自信がなければ、部下に語るべきではない。

○A　○B　○C

次の文章を読み、設問文1つ1つについてA・B・Cのいずれに当てはまるか答えなさい。

1人ひとりの人間はそれぞれの欲求をもつ。食べたい、眠りたい、というような肉体にもとづく欲求が最も基本的なものだろう。こういう欲求は個人的なものだ。他人がいようといまいと、お腹はすくし、お腹がすけば食べたいと思う。

欲求は各個人がもつものだが、物事によって、多くの者が欲するものとそうでないものがある。多くの者によって求められる物事は、集団の中で重んじられるようになる。そういう状態を、ある物事に「価値」があるという。

このように、「価値」は1人ひとりの人間の欲求に由来するものだが、いったん社会の中である物事に価値があるとされるようになると、それ自体が欲求を生み出すことになる。本来、多くの人が欲するから価値があるのだが、他人が欲するから欲しくなるという状況が生まれるわけだ。また、自分が欲しくなくても、多くの者が欲することによって社会的に重んじられているものを無視することはできなくなってくる。こうして「価値」は特定の人の欲求に還元できない独自性をもつことになる。欲求は個人的なものだが、「価値」は社会的なものなのだ。

価値とかかわりをもたないような欲求は、「正しさ」を考えるうえで無視していい。ある人が河原の石を拾って眺めたければ、そうさせておけばいいのだ。「正しさ」を考えるうえで重要なのは、社会的に重んじられている価値のほうだ。ひとびとが社会の中で生きていこうとするとき、しばしば価値をめぐって争いが起きる。社会の中で保護すべき「価値」、実現すべき「価値」とはいったい何だろう。どの「価値」を優先することが「正しい」のだろう。

(『「おろかもの」の正義論』小林和之、筑摩書房)

A　本文から論理的に考えて、設問文は明らかに正しい。
B　本文から論理的に考えて、設問文は明らかに間違っている。
C　本文だけでは、設問文が正しいか間違っているかは判断できない。

21 個人的な欲求をもつことは、本来は望ましくない。

○A　○B　○C

22 「河原の石を拾って眺めたい」という欲求も、「正しさ」を考えるうえで重要だ。

○A　○B　○C

23 社会的に重んじられるようになった価値からは、独自性は失われていく。

○A　○B　○C

24 人間のもつ最も基本的な欲求は、他人とは関係ない個人的な欲求だ。

○A　○B　○C

次の文章を読み、設問文1つ1つについてA・B・Cのいずれに当てはまるか答えなさい。

　自己効力 (Self-Efficacy) は、ものごとを達成する上で重要な能力で、自己責任という西欧的価値観から生まれた考え方に基づいている。学習心理学者であるバンデューラは、人間の思考・感情・行動は、その人の持つ自己の能力への確信の程度 (自己効力感) によって左右されるという自己効力理論を提唱している。彼はこの考え方を、学習、育児、職業での成功、スポーツでの成果、病気の克服、組織経営などのさまざまな分野に応用し、ものごとの成功や失敗は、当事者の知能レベルだけでなく、むしろその仕事に対する自己効力感の程度で決定されることを明らかにし、成果を上げる上での自己効力感の重要性を強調している。

　自己効力とは、「人間が一定の成果を生み出す能力」である。これに対して、「自分は○○で成果を上げる能力がどの程度あると自覚しているか」が「自己効力感」である。

　たとえば、「自分にはフルマラソンを走りぬく能力がある」という信念を持っている人は、マラソンに関して高い自己効力感を持っているが、「自分にはフルマラソンを走りぬく能力がない」と確信している人のマラソンに対する自己効力感は低い。このタイプの人は多分フルマラソンに参加しないだろうし、万一参加しても途中で棄権する可能性が高い。

　また、「自分には○○大学の入学試験に合格する能力がある」という確信を持っている受験生は、○○大学の入試において高い自己効力感を持っているので、試験で難しい問題に出くわしても、何とか解答しようと努力するだろう。しかし、「自分には○○大学に合格する能力がない」と確信している低い自己効力感しか持たない人は、たとえ受験に臨んでもちょっと難しい問題に出くわすと、不安になって解答することをあきらめてしまいがちである。

（『情報検索のスキル』三輪眞木子、中央公論新社）

A　本文から論理的に考えて、設問文は明らかに正しい。
B　本文から論理的に考えて、設問文は明らかに間違っている。
C　本文だけでは、設問文が正しいか間違っているかは判断できない。

25 自己効力理論では、物事が成功するかどうかは、自己効力感の程度で決定される。

○A　○B　○C

26 自己効力感が低い人は、入学試験で難しい問題に何とか解答しようと努力する。

○A　○B　○C

27 バンデューラは、自己効力理論を、成果がわかりやすいスポーツと学業の分野にのみ応用した。

○A　○B　○C

28 自己の能力への確信の程度が低い人は、周囲からの励ましによって自己効力感を高めるべきだ。

○A　○B　○C

次の文章を読み、設問文1つ1つについてA・B・Cのいずれに当てはまるか答えなさい。

　　登山史をひもとけばすぐわかるように、近代的な登山の始まりは、近代の自然科学の開始とほぼ時期を同じくしている。登山は明らかに探検や研究に通じるような面をもっているのである。「君はなぜエヴェレストに登るのか」と問われて「そこにあるからさ」と答えたイギリスの登山家マロリー（1886〜1924）のエピソードは知らぬ者のないほど有名だが、この答えは近代登山の考え方を端的かつ簡潔に表わしているといってよい。

　　近代的な登山や探検・冒険と自然科学の間には共通の基盤がある。それは旺盛な好奇心である。好奇心の旺盛な人間は、不思議なことをおもしろがり、単なる実用の域をはるかに越えて物事を知ろうとしたり、一文の得にもならないことを一生懸命に調べたりする。あるいは奇妙なものを発明したり、未知の領域を求めてどんどん突き進んでいったりもする。これはまさに科学者の精神であり、登山家や探検家の態度でもある。

　　このような態度や考え方は、現在でこそ当然のことのように考えられているが、歴史的にみると、あたりまえでない時代のほうがはるかに長かった。好奇心の素直な発露が許されない時代が長く続いたのである。考えてみればすぐにわかることだが、民衆の好奇心を野放しにすれば、その中から必ず、いろいろ不思議なことに興味や関心をもったり、疑問を感じて何かを調べたりするような変わり者が出てくる。このことは、すでにある政治体制を維持したい権力者にとってけっして好ましいものではない。民衆が賢くなれば、不平等に対する疑問や特権階級の支配に対する疑念が生じ、ひいてはそれが政権の基盤を危うくすることにつながってしまうからである。このため、文明の歴史のほとんどの時代を通じて、民衆は好奇心をもたないようずっと抑圧されてきたし、それからはずれるとしばしば処罰されてきた。中世のヨーロッパや、「由らしむべし、知らしむべからず」を統治の基本としていた江戸時代の日本などは、その代表的なものといえよう。

（『登山の誕生』小泉武栄、中央公論新社）

A　本文から論理的に考えて、設問文は明らかに正しい。
B　本文から論理的に考えて、設問文は明らかに間違っている。
C　本文だけでは、設問文が正しいか間違っているかは判断できない。

29 好奇心の旺盛な人は、実用的な分野への好奇心さえ満たせればよい。

○A　○B　○C

30 科学者と探検家には、好奇心という共通点がある。

○A　○B　○C

31 近代の自然科学者は未知の領域を求めて山に登った。

○A　○B　○C

32 権力者が政治体制を維持するために、民衆の好奇心は抑圧されてきた。

○A　○B　○C

論理的読解　模擬テスト

解説と正解

1 サタワル島の風習については、本文の3段落目にある。イルカとクジラは「『イキンガウ』(悪いサカナ)」と呼ばれており、人びとはイキンガウを食べない。イルカとクジラを食べる風習がないといえる。設問文は正しい。

正解	A

2 「ハワイ諸島では海に住む動物すべてを『イア』と呼ぶ。イルカもクジラも『イア』と呼ばれ」(1段落目)とある。クジラは「イア」に含まれるので、設問文は間違い。

正解	B

3 **1**で見たように、「イキンガウ」は悪いサカナという意味の言葉。サタワル島で、「たくましい男に」という想いで男の子を呼ぶ言葉は「キューイ」。イキンガウではない。設問文は間違い。

正解	B

4 本文では、毒のあるサカナとそうでないサカナを見分ける方法については述べられていない。設問文の正誤は判断できない。

正解	C

5 通訳するときの元発言からの置き換えについて、2段落目で、元の発言の個々の単語をそのまま聞き手の言語に置き換えるのではないことが述べられている。設問文は間違い。

正解	B

6 本文では、通訳をするときの「発言時間」については述べられていない。設問文の正誤は判断できない。

正解	C

7 通訳者の頭に残る元発言の内容については、箇条書きの「2」で、「使われている個々の単語、言葉づかい・表現を捨て、そのメッセージに示された概念、考え・意見・思想・情報のみを維持する」と述べられている。このことを指した「非言語化・脱言語化」（3段落目）という名前からも、元発言の内容は言語という形ではなくなっているといえる。設問文は正しい。

正解	A

8 本文では、通訳とは無関係の分野については述べられていない。設問文の正誤は判断できない。

正解	C

9 「当社」のものづくりに関するプロジェクトについては、「商品開発においては、日本の各地域の優れたものづくりの力を、お客様と結ぶプロジェクトを進めています」（2段落目）とある。日本のものづくりの力を海外の生産地につなげるものではない。設問文は間違い。

正解	B

10 「質」について、「当社の基本姿勢は『質の重視』で一貫しています。質こそがすべてのお客様の満足につながるものだと確信しているからです」（3段落目の前半）とある。また、「これらの店舗で毎日一歩ずつでも『質』を高め続ける」（3段落目の後半）と述べられている。設問文は正しい。

正解	A

11 本文では、商品開発に関する課題については述べられていない。設問文の正誤は判断できない。

正解	C

12 「情報システム」「お客様の声」については、「お客様ひとりひとりの声に真摯に耳を傾けるとともに、全国各地の店舗の情報を集約する情報システムからデータを得て、個々の店舗に反映させる仕組み」（1段落目）が述べられている。これらの努力が「最新のニーズ」を反映した商品・サービスの提供につながる。設問文は正しい。

正解	A

13 植物が季節の変化を感じ取ることに関して、1段落目で、植物たちが寒くなったり暑くなる前につぼみを作り、花を咲かせる必要があることが述べられている。つぼみの状態のときだけ季節の変化を感じ取っているわけではない。設問文は間違い。

正解	B

14 本文では、秋と春に花を咲かせる草花以外の植物が種子を作るかどうかは述べられていない。設問文の正誤は判断できない。

正解	C

15 種子を作れる温度について、「植物たちが種子をつくれる温度には限界があり、冬の温度はそれ以下です」（3段落目）とある。花が咲くころに気温が低すぎると種子はできない。設問文は間違い。

正解	B

16 「草花には、秋と春に花を咲かせるものが多い」（5段落目）と述べられている。これらは、寒くなったり（冬）、暑くなったり（夏）する前に種子を作る必要がある。気温の変化がある環境で、1年を通して花を咲かせていられる草花は少ないといえる。設問文は正しい。

正解	A

17 本文では、カリスマ的な経営者が日本社会に合うかどうかは述べられていない。設問文の正誤は判断できない。

正解	C

18 ビジョンを語るリーダーと部下について、1段落目にある

・「部下に対して『ビジョン』を熱く語ることができるかどうか」

・「新興宗教の教祖のごとく、熱くビジョンを語る」

・「そうやってこそ社員を魅了し、力を発揮させることができるのだ」

などの表現から、「生き生きとしたビジョンを語るリーダーにこそ、部下はついてくる」といえる。設問文は正しい。

正解	A

19 「酒場のおっさんマインド」は、「ビジョンを熱く語る心がけ」（4段落目）のこと。また、ビジョンとは、「この会社の姿はかくあるべしと、具体的かつリアルにその姿をイメージすることができる将来像」（2段落目）のこと。部下に対して丁寧な指導をすることではない。設問文は間違い。

正解	B

20 本文では、ビジョンやロマンに自信がないときに、リーダーがどうすべきかについては述べられていない。設問文の正誤は判断できない。

正解	C

21 「個人的な欲求」とは、本文の冒頭で述べられているように、1人ひとりの人間がそれぞれ持っている欲求のこと。本文では、こうした欲求を持つことが望ましいかどうかは述べられていない。設問文の正誤は判断できない。

正解	C

22 「河原の石を拾って眺めたい」は、「価値とかかわりをもたないような欲求」（4段落目）のこと。こうした欲求について、「『正しさ』を考えるうえで無視していい」と述べられている。設問文は間違い。

正解	B

23 「社会的に重んじられている価値」(4段落目)とは、3段落目で述べられているように、多くの者が欲することで生じた価値のこと。こうした価値は「特定の人の欲求に還元できない独自性をもつことになる」(3段落目)。独自性が失われるのではない。設問文は間違い。

正解　**B**

24 本文の1段落目で、人間がそれぞれ持っている最も基本的な欲求が「食べたい、眠りたい、というような肉体にもとづく欲求」であること、それらの欲求は他人とは関係ない個人的なものであることが述べられている。設問文は正しい。

正解　**A**

25 本文で述べられている「自己効力理論」は、「人間の思考・感情・行動は、その人の持つ自己の能力への確信の程度(自己効力感)によって左右される」(1段落目の前半)というもの。この考え方をさまざまな分野に応用して「ものごとの成功や失敗は、当事者の知能レベルだけでなく、むしろその仕事に対する自己効力感の程度で決定される」(1段落目の後半)ことが明らかにされた。設問文は正しい。

正解　**A**

26 大学の入学試験において低い自己効力感しか持たない受験生については、「ちょっと難しい問題に出くわすと、不安になって解答することをあきらめてしまいがちである」(4段落目)とある。何とか解答しようと努力をするのは、自己効力感の高い人。設問文は間違い。

正解　**B**

27 本文では、学習心理学者のバンデューラが自己効力理論を「学習、育児、職業での成功、スポーツでの成果、病気の克服、組織経営などのさまざまな分野に応用」(1段落目)したと述べられている。スポーツと学業の分野だけではない。設問文は間違い。

正解　**B**

28 本文では、自己効力感が低い人が自己効力感を高めることや、その方法については述べられていない。設問文の正誤は判断できない。

正解	C

29 実用的な分野への好奇心について、「好奇心の旺盛な人間は、(略)単なる実用の域をはるかに越えて物事を知ろうとしたり、一文の得にもならないことを一生懸命に調べたりする」(2段落目)とある。好奇心旺盛な人の好奇心は、実用的な分野にとどまらない。設問文は間違い。

正解	B

30 「近代的な登山や探検・冒険と自然科学の間には共通の基盤がある。それは旺盛な好奇心である」(2段落目の前半)と述べられている。また、好奇心の旺盛な人間の考え方や態度について、「これはまさに科学者の精神であり、登山家や探検家の態度でもある」(2段落目の後半)と述べられている。科学者と探検家の共通点は好奇心といえる。設問文は正しい。

正解	A

31 本文では、近代の自然科学の学者が登山をしたかどうかについては述べられていない。設問文の正誤は判断できない。

正解	C

32 3段落目で、政治体制を維持したい権力者にとって、民衆の好奇心を野放しにすることが好ましくないこと、そのために、文明の歴史のほとんどの時代を通じて民衆の好奇心が抑圧されたり処罰されてきたことが述べられている。設問文は正しい。

正解	A

趣旨判定（IMAGES形式の言語）とは？

▶️ 長文を読んで、設問文が趣旨かどうかを判断する

　趣旨判定は、長文を読んで、設問文が「**筆者が一番訴えたいこと（趣旨）**」かどうか**を判断するテスト**です。特徴は以下の通りです。

・400〜1000字程度の長文（よく出題されるのは400〜600字程度）

・1長文につき4問

・設問文が、以下のいずれであるかを判断する

　「筆者が一番訴えたいこと（趣旨）」「本文に書かれているが、趣旨ではない」

　「本文とは関係ない」

※「趣旨判定」は、ペーパーテストの「IMAGES」の言語問題をもとに作られています。このため、「IMAGES形式の言語」と呼ばれることもあります。

▶️ 1画面4問表示、選択肢は常に同じ

　趣旨判定では、1画面に4問が表示されます。4問すべてに回答して次に進むと、次の長文と設問が表示される仕組みです。

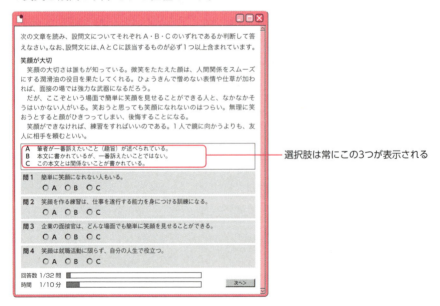

次の文章を読み、設問文についてそれぞれ A・B・C のいずれであるか判断して答えなさい。なお、設問文には、AとCに該当するものが必ず1つ以上含まれています。

笑顔が大切

　笑顔の大切さは誰もが知っている。微笑をたたえた顔は、人間関係をスムーズにする潤滑油の役目を果たしてくれる。ひょうきんで憎めない表情や仕草が加われば、面接の場では強力な武器になるだろう。

　だが、ここぞという場面で簡単に笑顔を見せることができる人と、なかなかそうはいかない人がいる。笑おうと思っても笑顔になれないのはつらい。無理に笑おうとすると顔がひきつってしまい、後悔することになる。

　笑顔ができなければ、練習をすればいいのである。1人で鏡に向かうよりも、友人に相手を頼むといい。

A	筆者が一番訴えたいこと（趣旨）が述べられている。
B	本文に書かれているが、一番訴えたいことではない。
C	この本文とは関係ないことが書かれている。

← 選択肢は常にこの3つが表示される

問1 簡単に笑顔になれない人もいる。
　　○ A　○ B　○ C

問2 笑顔を作る練習は、仕事を遂行する能力を身につける訓練になる。
　　○ A　○ B　○ C

問3 企業の面接官は、どんな場面でも簡単に笑顔を見せることができる。
　　○ A　○ B　○ C

問4 笑顔は就職活動に限らず、自分の人生で役立つ。
　　○ A　○ B　○ C

回答数　1/32問　｜
時間　　1/10分　｜　　　　　　　　　　　次へ＞

趣旨判定で問われるのは、「設問文が趣旨であるかどうか」の判断だけです。

● 「A」と「C」に該当するものが必ず1つ以上含まれている

趣旨判定では、**画面上部に「設問文には、AとCに該当するものが必ず1つ以上含まれています」という注意書きが表示**されます。A～Cの内容は、以下の通りです。

・「A　筆者が一番訴えたいこと（趣旨）が述べられている」
・「B　本文に書かれているが、一番訴えたいことではない」
・「C　この本文とは関係ないことが書かれている」

つまり、**1長文4問には趣旨に相当する設問文が1つ以上と、本文とは関係ないことが述べられている設問文が1つ以上、必ず含まれている**ということです。

● 問題数と制限時間

趣旨判定は、1問あたりに使える時間が短いので、常に手早く解くことを心がける必要があります。

科目名	問題数	制限時間
趣旨判定	32問	10分

● テーマはほとんどが就職に関するもの

長文は軽いエッセー風の文章が中心です。テーマはほとんどが就職活動に関するもの、特に面接にまつわる話が多く取り上げられています。比較的短い文章ですが、評論文のような、論理が明快な文章はあまり出題されません。中には、思いつきで書かれたかのような、とりとめなく話題が流れていくようなものもあります。

趣旨判定の攻略法

◼️◗ ななめ読みして大体の趣旨をつかむ

　趣旨判定では、1長文4問にかけられる時間は1分15秒しかありません。本文をていねいに読み込んでいては、時間が足りなくなります。しかし、趣旨判定は、本文全体を読んでいないと判定できないものがほとんどです。**まずは、本文を短時間でざっと読み、大ざっぱでいいから趣旨をつかむことが大事です。**

　本文の先頭にあるタイトルは、趣旨をつかむときの参考になります。趣旨に関連する重要なキーワードが含まれていることが多いので、最初に目を通しておきましょう。

◼️◗ 先に「C（この本文とは関係ないことが書かれている）」を明らかにする

　本文をななめ読みしたあとで、判定を行います。1長文4問には、AとCに該当するものが必ず1つ以上含まれているので、**まずは「設問文の内容が、本文に書いてあるかどうか」だけを見て、「C」と「C以外」に分類します。**設問文の内容が本文に書いてあれば「C以外」です。書いていなければ「C」です。

　なお、趣旨や設問文が比較的明快な場合、この時点で「A」「B」を判定できることもあります。

◼️◗ 「C以外」から「A」と「B」を判定する

　「C以外」が一見して「A」か「B」かを分類できない場合は、さらに「C以外」を判定する作業を行います。「C以外」はどれも本文で述べられている内容です。それを、「より趣旨に近いもの」「確かに書かれているが、趣旨とまではいえないもの」に分類します。「より趣旨に近いもの」が「A」、「趣旨とまではいえないもの」が「B」です。

　趣旨判定では、1長文に「B」と「C」が複数存在する可能性がありますが、「A」はほとんどの場合、1長文につき1つしかありません。**本文に書いてあり、しかも「B」でないものは、自動的に「A」と判定できます。**

　このように、「設問文の内容が本文中で述べられているかどうか」から判定を始め、消去法で「A」を明らかにしていく方法だと、問題に取り組む時間が短くてすみます。

■● 正答率を高める努力をするより、全問回答を目指そう

　趣旨判定では、論理が明快な文章はあまり出題されません。このため、どれが趣旨なのか、受け取り方によって解釈が分かれるような問題が出ることがあります。

　玉手箱では、誤謬率（ごびゅうりつ）（回答のうち、どれだけ間違ったかという割合）を測定していません。**趣旨判定では時間をかけて正答率を高める努力をするよりも、全問回答を目指しましょう。判定に迷ったら、正解の可能性が高いものを選んですぐ次に進みます。**

　1問あたりにかける時間を少しでも短縮できるよう、なるべく多くの問題に取り組んで慣れておきましょう。

C O L U M N ....

「Web エントリーシート」の裏技②

● 読みやすくする工夫をしよう

　企業の人事担当者は短期間に大量のエントリーシートを読みます。その人事担当者の目にとまるためには、読みやすく理解しやすいエントリーシートにすることを心がけましょう。

・**要点をはじめに書く**

　最初の1〜2文で、意図（結論）を端的に書きます。例えば「自分の強み」を書く項目なら、「私の強みは〜です。その根拠は〜と〜にあります」と最初に示し、その後で根拠の裏付けとなるエピソードなどを展開する、といった書き方です。

・**具体的に、はっきりと書く**

　特に実績は、「全国○位」など具体的な内容をはっきりと書きましょう。Webエントリーシートをキーワード検索し、評価する自動解析システムが数年前から登場しています。あいまいな表現は、こうしたシステムでも評価されにくいでしょう。

・**文章には適度な改行を入れる**

　文字がぎっしり詰まっていると読みづらくなります。段落ごとに改行を入れて適度な空白を作りましょう。

　これらの注意点を守り、訴求力の高いエントリーシートに仕上げるには、Web、紙を問わず下書きが欠かせません。納得がいくまで何度も練り直しましょう。「1つの企業にそんなに時間をかけられない」と思うかもしれませんが、きちんとした下書きを一度作っておけば、ある程度までは他の企業にも使い回しが可能です。

1 就職活動に関する文章

●就職活動、特に面接にまつわる文章がよく出る
● 「C」を明らかにしてから、「C以外」を比較して「A」「B」を判定する

例題

次の文章を読み、設問文についてそれぞれＡ・Ｂ・Ｃのいずれであるか判断して答えなさい。
なお、設問文には、ＡとＣに該当するものが必ず1つ以上含まれています。

笑顔が大切

　笑顔の大切さは誰もが知っている。微笑をたたえた顔は、人間関係をスムーズにする潤滑油の役目を果たしてくれる。ひょうきんで憎めない表情や仕草が加われば、面接の場では強力な武器になるだろう。

　だが、ここぞという場面で簡単に笑顔を見せることができる人と、なかなかそうはいかない人がいる。笑おうと思っても笑顔になれないのはつらい。無理に笑おうとすると顔がひきつってしまい、後悔することになる。

　笑顔ができなければ、練習をすればいいのである。1人で鏡に向かうよりも、友人に相手を頼むといい。1人が面接官になって、笑わずにはいられないような変わった質問をする。もう1人は何を聞かれても吹き出してはいけない。もし吹き出してしまったら、罰として面接官にジュースをおごるルールはどうだろう。

　笑わせようとするほうも、吹き出すまいとがんばるほうも、どちらもいつの間にか笑顔になっていることに気づくだろう。

　長い人生で、笑顔が何の役にも立たない事態はあまりない。多少の照れくささは我慢して、笑顔の練習をしてみよう。

A　筆者が一番訴えたいこと（趣旨）が述べられている。
B　本文に書かれているが、一番訴えたいことではない。
C　この本文とは関係ないことが書かれている。

---

1 簡単に笑顔になれない人もいる。

　○A　○B　○C

2 笑顔を作る練習は、仕事を遂行する能力を身につける訓練になる。

　○A　○B　○C

3 企業の面接官は、どんな場面でも簡単に笑顔を見せることができる。

　○A　○B　○C

4 笑顔は就職活動に限らず、自分の人生で役立つ。

　○A　○B　○C

1 本文は、面接で笑おうと思っても笑顔になれない人に、長い人生で役に立つから、笑顔になる練習をしてみよう、という内容の文。

まずは、設問文を「C」と「C以外」に分類する。設問文の「笑顔になれない人」については、本文で「ここぞという場面で簡単に笑顔を見せることができる人と、なかなかそうはいかない人がいる」(2段落目)と述べられている。この設問文は「C以外」。

2 本文では、笑顔の練習が、仕事を遂行する能力を身につける訓練になるとは述べられていない。この設問文は「C」。

3 本文では、企業の面接官が笑顔を見せることについては述べられていない。この設問文は「C」。

4 笑顔が就職活動以外の人生で役に立つことについて、「長い人生で、笑顔が何の役にも立たない事態はあまりない」(5段落目)とある。この設問文は「C以外」。

最後に、「C以外」に分類した**1**と**4**を判定する。より趣旨に近いのは**4**。これが「A」になる。残りの**1**は「B」。

正解	**1** B	**2** C	**3** C	**4** A

次の文章を読み、設問文についてそれぞれA・B・Cのいずれであるか判断して答えなさい。
なお、設問文には、AとCに該当するものが必ず1つ以上含まれています。

どんな人物に関心を持つか

　知り合いに、あるプロスポーツのスカウトマンをしている人物がいる。彼の仕事は全国各地を飛び回って、自分のチームに入れたい高校生を探し出すことだ。視察に訪れる学校は10校や20校では済まない。その中から逸材に育つ可能性のある選手を探し出すのは、想像するだけでも大変な仕事だ。

　彼に人材発掘について尋ねたことがある。やはり新聞やテレビで大きく取り上げられる選手に関心があるのではないですかと質問したところ、意外な答えが返ってきた。「実はそうでもないんですよ。世間で騒がれているような選手より、誰も知らない選手のほうがいいんです。無名の選手を自分の手で見つけ出して、ゆくゆくはスター選手に育てる、そういうのが理想ですね」という。

　新卒採用で面接官をすることが多い私は、この話に大いに共感を覚えた。立派な経歴を持ち、誰が見ても「ぜひうちに来てほしい」と思うような学生と出会って話をすることも、確かに面接官としては幸せだ。だが、自分と出会ったことがきっかけで初めてその人と会社に良い縁が生まれ、その人の長い仕事人生が充実してすばらしいものになるような、そんな出会いがあればといつも願っている。面接官は、誰でも多少はそのような思いを持っているのではないだろうか。

A　筆者が一番訴えたいこと（趣旨）が述べられている。
B　本文に書かれているが、一番訴えたいことではない。
C　この本文とは関係ないことが書かれている。

---

1 有名な選手にあまり関心のないスカウトマンもいる。

　○A　○B　○C

2 面接官は、自分の手で、良い人材と会社との縁を結びたいと思っている。

　○A　○B　○C

3 企業の面接官から、プロスポーツのスカウトマンに転身する例もある。

　○A　○B　○C

4 逸材に育つ可能性のある選手を探し出すことが、スカウトマンの仕事だ。

　○A　○B　○C

1 本文は、プロスポーツのスカウトマンの話を例に挙げて、面接官は自分がきっかけとなって初めてその人と会社の間に良い縁が生まれるような出会いをしたいと思っている、という内容の文。

スカウトマンが関心を持つ選手について、「世間で騒がれているような選手より、誰も知らない選手のほうがいい」（2段落目）とある。この設問文は「C以外」。

2 面接官が思っていることについて、「自分と出会ったことがきっかけで初めてその人と会社に良い縁が生まれ」（3段落目）とある。自分の手で、良い人材と会社の縁を結びたいと思っているといえる。この設問文は「C以外」。

3 本文では、企業の面接官がプロスポーツのスカウトマンに転身することについては述べられていない。この設問文は「C」。

4 本文で述べられているスカウトマンの仕事は、全国各地から逸材に育つ可能性のある高校生を見つけ出すこと。この設問文は「C以外」。

最後に、「C以外」に分類した**1**、**2**、**4**を判定する。より趣旨に近いのは**2**。これが「A」になる。残りの**1**と**4**は「B」。

正解	**1** B	**2** A	**3** C	**4** B

趣旨判定　模擬テスト

制限時間10分　問題数32問

次の文章を読み、設問文についてそれぞれＡ・Ｂ・Ｃのいずれであるか判断して答えなさい。なお、設問文には、ＡとＣに該当するものが必ず1つ以上含まれています。

逆質問

　面接で、「会社での地位、家族、地域社会から1つだけ選べと言われたら、何を選びますか」と聞かれたとしよう。内心では選ぶまでもないと思っていても、答えづらいのではないか。こういうときは即答せずにいったん立ち止まろう。その質問が何を意図したものなのか、狙いを知るべきだ。

　そのために、こちらから逆に質問をすることはルール違反ではない。どのような状況での質問だと想定すればいいのかと尋ねるのも1つの手だ。

　面接官がこうした質問を投げかけてくるのは、学生から確認のための逆質問が出てくることを期待しているからだ。対話のきっかけ作りの一種である。

　「では、あなたのご家族の1人が病気で療養中に、遠隔地にある支社の社長になってもらいたいと打診を受けたと想定しましょう。地域では、ボランティア活動の世話役として忙しく活動をしています」と具体的な状況が出てきて、そこから面接官との対話が始まる。

　このような対話ができる人と、「会社での地位に興味はありません。家族が大事です」と即答してやりとりを終わらせる人との差は歴然としている。

　答えづらかったり、あいまいな質問をされたら、即答せずに逆に質問をして「回答の条件」を絞っていこう。面接の大事なポイントだ。

Ａ　筆者が一番訴えたいこと（趣旨）が述べられている。
Ｂ　本文に書かれているが、一番訴えたいことではない。
Ｃ　この本文とは関係ないことが書かれている。

---

1 どんな質問にもすぐに答えられる人は、入社後の活躍が期待できる。

　〇Ａ　〇Ｂ　〇Ｃ

2 面接官は、対話のきっかけを作るために、答えづらい質問をする。

　〇Ａ　〇Ｂ　〇Ｃ

3 会社での地位よりも、家族や地域社会を大事にする人のほうが出世する。

　〇Ａ　〇Ｂ　〇Ｃ

4 何を意図した質問なのか、明確でないときは逆質問をするとよい。

　〇Ａ　〇Ｂ　〇Ｃ

次の文章を読み、設問文についてそれぞれＡ・Ｂ・Ｃのいずれであるか判断して答えなさい。なお、設問文には、ＡとＣに該当するものが必ず1つ以上含まれています。

目を合わせること

　アメリカでプレゼンテーションスキルの講習会に出席したときのこと。講師のウィリアムから、ある課題を与えられた。2人一組になり、お互いの目を見つめ合うのだ。時間は5分間。その間は決して話してはいけない。今でも思い出すのは、その5分間の長さだ。

　目を合わせることとプレゼンテーションスキルにはどのような関係があるのだろうか。例えば、歩くときは前を見て歩く。そうしないと路上の障害物にぶつかってしまう。路上の情報を得ることが、歩くときの基本だ。同じように、相手の目を見て話すことで、相手の気持ちがわかるし、自分の意思を相手に伝えることもできる。目を合わせて話すことで、こちらの熱意や誠意が相手に通じるのだ。

　ところが、目を合わせるのが苦手な人がいる。採用面接という重要な場面でさえも、相手の目をまっすぐ見ることができない。当然、良い結果にはならない。そんな経験が続いて、しまいには就職活動を続けることまでが苦痛になってしまう。

　筆者から、このタイプの人にアドバイスを贈ろう。どうしてもというときは、相手の頭の後ろに目をそらすのだ。壁でもポスターでもかまわない。何かを見つめるのだ。そうすれば、目をそらしたとは思われない。有名人のオーラに圧倒されないようにという理由で、インタビュアーがよく使う方法だ。注意する点は、目をキョロキョロ動かさないことだ。

Ａ　筆者が一番訴えたいこと（趣旨）が述べられている。
Ｂ　本文に書かれているが、一番訴えたいことではない。
Ｃ　この本文とは関係ないことが書かれている。

5　相手と目を合わせられない人は、相手に悪意を伝えてしまう。

　○Ａ　○Ｂ　○Ｃ

6　お互いの目を見つめ合うためには、長期にわたる信頼関係が必要だ。

　○Ａ　○Ｂ　○Ｃ

7　相手と目を合わせて話すことは、意思伝達の基本である。

　○Ａ　○Ｂ　○Ｃ

8　目をそらしたと思われないようにする方法は、相手の頭の後ろのほうを見つめることだ。

　○Ａ　○Ｂ　○Ｃ

次の文章を読み、設問文についてそれぞれA・B・Cのいずれであるか判断して答えなさい。なお、設問文には、AとCに該当するものが必ず1つ以上含まれています。

コンタクトレンズを落とした

　何年か前になるが、学生を面接していたときのこと。共通の話題が見つかって話が弾んでいる最中に、「すみません、ちょっと待っていただけませんか」と唐突に言われた。その学生は立ち上がると、椅子や床を触ってコンタクトレンズを探し始めたのだ。面接どころではない、という気配を感じて、私ともう1人の面接官は、数分後に彼がコンタクトレンズを見つけ出すまで黙って見守るしかなかった。

　おそらく安い買い物ではなかったのだろう、ここでコンタクトレンズをなくしたら、帰り道で困るだろうなと推測はしたものの、面接よりもコンタクトレンズのほうが大事なのかという思いが頭をよぎった。和やかだった場の雰囲気は一変してしまった。

　コンタクトレンズやめがねは、会社が面接にあたって事前に注意するような性質のものではない。各人の自由だ。しかし、面接がこんなふうにレンズの捜索で長々と中断してしまったら、まったく影響がないとは断言できない。常識の問題、バランス感覚の問題だ。

　これまでコンタクトレンズを使ったことが一度もないので的外れかもしれないが、多少、視界がぼんやりする程度なら、レンズなしで面接に臨んでもいいのではないだろうか。もしかしたら、面接官が穏やかでいい人に見えて心が落ち着くかもしれない。

A　筆者が一番訴えたいこと（趣旨）が述べられている。
B　本文に書かれているが、一番訴えたいことではない。
C　この本文とは関係ないことが書かれている。

---

9 面接中のハプニングへの対応には、その人の常識やバランス感覚が表れる。

○A　○B　○C

10 就職活動では、紛失に備えて価格の安いコンタクトレンズを使うべきだ。

○A　○B　○C

11 コンタクトレンズなしで面接に臨むほうが、心が落ち着くかもしれない。

○A　○B　○C

12 面接では、学生は場の雰囲気を盛り上げるために共通の話題を見つけるとよい。

○A　○B　○C

次の文章を読み、設問文についてそれぞれＡ・Ｂ・Ｃのいずれであるか判断して答えなさい。なお、設問文には、ＡとＣに該当するものが必ず1つ以上含まれています。

思い悩むこと

　人には悩みの1つや2つはあるものだ。筆者の悩みは顔つきが地味であること。別にモデルのオーディションを受けるわけでも、俳優になりたいわけでもない。顔つきが地味であることが仕事にどう関係があるのか。

　背が高すぎる、低すぎる、鼻が低いなどと、人それぞれの違いはあっても、自分について思い悩む人は多い。それが当たり前で、その人は「普通の人」と言える。逆に、今まで一度も自分について悩んだことがない人がいたら、そのほうが変わっている。それだけでなく、自分は完璧だ、容姿も能力も申し分ない、などと本気で思い込んでいるとしたら、「並のうぬぼれ屋ではないな」と失礼な考えまで浮かんでしまう。

　人は誰でも小さいことで悩むものだし、それが天から与えられた人間の性質なのかもしれない。ならば、その悩みを大切にしたほうがいい。悩みは人を控えめで慎ましやかにする。それはおのずと言動に表れて、世の中を生きていく上で他人から思いやりを受けることにつながるのだ。

Ａ　筆者が一番訴えたいこと（趣旨）が述べられている。
Ｂ　本文に書かれているが、一番訴えたいことではない。
Ｃ　この本文とは関係ないことが書かれている。

---

13 悩みは深ければ深いほど、就職活動においてプラスになる。

　○Ａ　○Ｂ　○Ｃ

14 悩みは人を謙虚にするので、悩むほうがよい。

　○Ａ　○Ｂ　○Ｃ

15 自分は完璧で不足はないと思い込む人は、世の中から嫌われる。

　○Ａ　○Ｂ　○Ｃ

16 自分についての悩みを持つ人は、「普通の人」だ。

　○Ａ　○Ｂ　○Ｃ

次の文章を読み、設問文についてそれぞれA・B・Cのいずれであるか判断して答えなさい。なお、設問文には、AとCに該当するものが必ず1つ以上含まれています。

グループディスカッション

　選考方法の1つに、参加者が数人ずつのグループを作って意見交換などをする「グループディスカッション」がある。経験者からよく聞く反省は、「あまり発言できなかった」というものだ。グループディスカッションでどれだけ話したかということと、企業側の評価にはなにか関係があるのだろうか。

　筆者が採用担当を務める場合に限って言うと、関係はあまりない。

　グループディスカッションで、企業側が見たいと思っているのは、即席のグループに対する個々の学生の貢献度だ。

　貢献にはいろいろなものがある。活発に意見やアイデアを出し合うこともちろんだが、それらを進行役として整理したり、時計係になって時間を計測したり、書記としてメモを取ることも大事な役割だ。自分が引き受けている役割を自覚して、その役割を果たすために適切な言動ができたかどうか。企業側はそこを見ている。

　もし、発言量が多いだけで評価が得られるなら、周囲に発言する機会を与えず、自分の意見だけを強く主張するような人ばかりが次の選考に進むことになるだろう。当然ながら、そのようなことはない。

A　筆者が一番訴えたいこと（趣旨）が述べられている。
B　本文に書かれているが、一番訴えたいことではない。
C　この本文とは関係ないことが書かれている。

---

17 グループディスカッションでは、参加者のグループに対する貢献が見られている。

　○A　○B　○C

18 グループとしてのまとまりを優先するために、自分の考えを偽ることも必要だ。

　○A　○B　○C

19 グループに対する貢献は、意見を出すことだけではない。

　○A　○B　○C

20 グループディスカッションでは、周囲を省みず、自分の意見を強く主張すべきだ。

　○A　○B　○C

次の文章を読み、設問文についてそれぞれA・B・Cのいずれであるか判断して答えなさい。なお、設問文には、AとCに該当するものが必ず1つ以上含まれています。

落ちた理由

　　面接官の反応が良く、こちらの話を真剣に聞いてくれたと思ったのに、次の選考に進めないことがある。手応えを感じていた分だけ落胆も大きいし、消化不良な思いも残る。そんなことが2社、3社と続くと、自分が話す内容に何か致命的に良くない点があるのかと不安になってきて、落ちた企業に理由を問い合わせてみようか、という考えが浮かんできたりする。

　　こういうときは、自分で詳細な振り返りをしてみよう。面接で何を話したのか、記憶を総動員して細かく文章に書き起こしてみるのだ。このとき、これまでの自分の「成果」のアピールができていたかどうかに注意しよう。学業のこと、趣味のこと、サークル活動のこと、アルバイトなど何でもいいが、自分が達成したことと、そのためにどれだけの努力をしたかが、きちんと伝えられていただろうか。

　　面接で、成果とそれをどうやって実現したかについてうまく語れず、次の選考に進めない学生は多い。落ちる理由が必ずしもそれだけとは限らないが、せっかくいろいろな経験を積んでいるのに、うまく武器にできないのはもったいないと思うのだ。

　　成果について、効果的なアピールができていたかどうか。振り返りを重ねて、次の面接をより良いものに変えてゆこう。

A　筆者が一番訴えたいこと（趣旨）が述べられている。
B　本文に書かれているが、一番訴えたいことではない。
C　この本文とは関係ないことが書かれている。

---

21 なぜ落ちたのかがすぐにわからない人は、最終選考に残れない。

　　○A　○B　○C

22 面接では、自分が達成したことと、そのための努力をきちんと伝えることが大事だ。

　　○A　○B　○C

23 手応えがあった面接で落ちてしまい、次の選考に進めないこともある。

　　○A　○B　○C

24 経験を積むために、学業以外のことに手を出しすぎてはいけない。

　　○A　○B　○C

次の文章を読み、設問文についてそれぞれＡ・Ｂ・Ｃのいずれであるか判断して答えなさい。なお、設問文には、ＡとＣに該当するものが必ず1つ以上含まれています。

合同企業説明会

　企業が集まって合同で行う説明会のことを「合同企業説明会」という。たくさんの企業から社員が派遣され、企業ブースに足を運んだ学生に簡単な説明を行ったり、先輩社員の話を紹介したりする。複数の企業をその場で比較できるので、自分に合った企業を探している就活生には絶好の機会だ。

　合同企業説明会に来ている企業すべてに足を運び、説明を聞くのはほぼ不可能だ。限られた時間で、関心を持てる企業を見つけるにはどこを見ればいいのだろうか。

　視点を少し変えたアドバイスとして、社員たちの顔つきに注目することをおすすめする。顔にはその人の内面が表れる。第一印象で、顔つきが好ましいと思った人とのつき合いは案外と長続きするものだ。

　そのほかに、社員どうしのやりとりにも注目してみよう。窮屈すぎず、くだけすぎず、自然な感じで社員が会話をしている企業がいい。追われるように作業をしていたり、社員どうしのやりとりが暗く、ギスギスしているところはよくない。

　こうして、個々の顔つきや社員どうしのやりとりを見て、「いい感じだな」と思った企業のブースに足を運んでみる。説明を聞いて理解を深め、さらに興味や関心がわいてきたら、次のステップに進む。見た目で企業選びをしていいのかと言われるかもしれないが、第一印象による直感は、意外と当たっているものだ。

Ａ　筆者が一番訴えたいこと（趣旨）が述べられている。
Ｂ　本文に書かれているが、一番訴えたいことではない。
Ｃ　この本文とは関係ないことが書かれている。

25 合同企業説明会は、いろいろな企業を比較検討できる絶好の機会だ。

　○Ａ　○Ｂ　○Ｃ

26 社員の顔つきや、社員どうしのやりとりを見るのも企業選びのひとつの方法だ。

　○Ａ　○Ｂ　○Ｃ

27 業績が悪くても、社員の顔つきが好ましいと思う企業ブースには足を運ぶべきだ。

　○Ａ　○Ｂ　○Ｃ

28 合同企業説明会では判断材料が少ないので、企業選びに失敗しがちだ。

　○Ａ　○Ｂ　○Ｃ

次の文章を読み、設問文についてそれぞれA・B・Cのいずれであるか判断して答えなさい。なお、設問文には、AとCに該当するものが必ず1つ以上含まれています。

なぜ就職したいのか

　大学に進学するときに面接を経験した人もいるだろう。この大学・学部を選んだ理由を教えてくださいと言われて的確な答えを述べた人でも、そもそも、あなたはなぜ大学に進学しようと思ったのですか、と聞かれたら答えに窮したのではないだろうか。理由はありません、周りの皆がそうしているので自分もしようと思ったのですとは言えない。就職活動で、そもそもなぜ企業に就職をしようと思うのですかと聞かれたときも同じだ。

　就職活動を経験するこの時期は、自分はなぜ就職したいのかを一度じっくりと考えてみるいい機会だ。「卒業したらなんとなくどこかに就職するものだから」から始まってもいいのだ。そこから自分なりの答えを探すために思考を重ねる。就職に対する自分なりの考えをまとめることは、企業で面接を受けるときに必ず役立つ。

　面接のためだけでなく、これから自分はどう生きていきたいのか、何を目標とするのか、人生観を確立するためにも、思考することが大事だ。

　なぜ就職をしようと思いますか、と尋ねられたら、筆者の答えはこうだ。「目標のために仲間と苦労を分かちあう。目標を達成したら一緒に喜ぶ。そのことに醍醐味を感じるからです」。多くの会社員は同じ思いでいるのではないだろうか。

A　筆者が一番訴えたいこと(趣旨)が述べられている。
B　本文に書かれているが、一番訴えたいことではない。
C　この本文とは関係ないことが書かれている。

---

29 就職活動には、共通の目標を持った仲間に出会える醍醐味がある。

　○A　○B　○C

30 就職活動で、就職をする理由を聞かれたら、答えに窮する人は少なくないだろう。

　○A　○B　○C

31 なぜ就職をしたいのか、本当の理由は、就職活動が終わってみないとわからない。

　○A　○B　○C

32 就職活動をきっかけに、この先の人生をどう生きていくのか思考すべきだ。

　○A　○B　○C

趣旨判定　模擬テスト

1 本文は、面接で答えづらい質問をされたら、その意図や狙いを知るために即答を避けて逆質問をしよう、という内容の文。

本文では、どんな質問にも答えられる人が入社後に活躍するかどうかについては述べられていない。

正解　C

2 「答えづらい質問」とは、「会社での地位、家族、地域社会から1つだけ選べ」（1段落目）というような質問で、対話のきっかけ作りだと3段落目で述べられている。しかし、これは面接官がなぜ答えづらい質問をするのか説明したもので、趣旨ではない。

正解　B

3 本文では、家族や地域社会を大事にする人が出世するかどうかは述べられていない。

正解　C

4 本文の1〜2段落目で、質問の意図や狙いを知るために、こちらから逆に質問をすることをすすめている。また、6段落目で、「面接の大事なポイントだ」と強調している。設問文は本文の趣旨。

正解　A

5 本文は、相手と目を合わせて話すことの重要性が述べられている。歩くときには前を見て路上の情報を得ることが基本であるように、相手と目を合わせて話すことが意思伝達の基本だ、という内容の文。

目を合わせるのが苦手な人について、本文では「しまいには就職活動を続けることまでが苦痛になってしまう」（3段落目）とあるが、相手に対する悪意については述べられ

ていない。

正解 C

6 お互いの目を見つめ合うことについて、プレゼンテーションスキルの講習会での体験
が述べられ、「今でも思い出すのは、その5分間の長さだ」（1段落目）とあるが、信頼関
係については述べられていない。

正解 C

7 2段落目で、歩くときに前を見て歩くことを例に挙げて、相手の目を見て話すことの
重要性を述べている。「路上の情報を得ることが、歩くときの基本だ」とあることから、
相手と目を合わせて話すことは意思伝達の基本といえる。設問文は本文の趣旨。

正解 A

8 4段落目で、目をそらしたと思われないようにする方法として、相手の頭の後ろに目
をそらすことが述べられている。しかし、これは目を合わせるのが苦手な人へのアド
バイスにすぎず、趣旨ではない。

正解 B

9 本文は、コンタクトレンズを落とした学生を例に挙げて、面接中のハプニングへの対
応に常識やバランス感覚が表れる、という内容の文。
3段落目で、面接が長々と中断してしまったことを指して「まったく影響がないとは断
言できない。常識の問題、バランス感覚の問題だ」と述べられている。設問文は本文
の趣旨。

正解 A

10 本文では、価格の安いコンタクトレンズを使うべきだとは述べられていない。

正解 C

11 4段落目で、「多少、視界がぼんやりする程度なら、レンズなしで面接に臨んでもいいのではないだろうか」「面接官が穏やかでいい人に見えて心が落ち着くかもしれない」と述べられている。しかし、これはハプニングの予防のアドバイスにすぎず、趣旨ではない。

正解	B

12 本文では、学生に対して、共通の話題を見つけるとよいとは述べられていない。

正解	C

13 本文は、自分について思い悩むことが人を謙虚にさせるのだから、悩みを大事にすべきである、という内容の文。
本文では、悩みと就職活動との関係については述べられていない。

正解	C

14 「悩みを大切にしたほうがいい。悩みは人を控えめで慎ましやかにする」(3段落目)とある。設問文は本文の趣旨。

正解	A

15 本文では、自分は完璧で不足はないと思い込む人が、世の中から嫌われるかどうかは述べられていない。

正解	C

16 自分についての悩みを持つ人について、2段落目で「普通の人」と述べられている。しかし、これは自分について思い悩むのは当たり前だという内容の一部で、趣旨ではない。

正解	B

17 本文は、グループディスカッションでの評価について述べられている。個々の学生のグループへの貢献度が見られており、単純に発言量の多さで評価されるわけではない、という内容の文。

「企業側が見たいと思っているのは、即席のグループに対する個々の学生の貢献度だ」（3段落目）とある。設問文は本文の趣旨。

正解　　A

18 本文では、自分の考えを偽ることについては述べられていない。

正解　　C

19 4段落目で、グループに貢献する手段として意見やアイデアを出すこと以外に、時計係として時間を計測すること、書記としてメモを取ることなどが述べられている。しかし、これは貢献の具体的な内容で、趣旨ではない。

正解　　B

20 本文では、自分の意見を強く主張すべきとは述べられていない。

正解　　C

21 本文は、面接で、成果とそれをどうやって実現したかについて語ることの重要性が述べられている。手応えがあったのに落ちたときは、成果について効果的なアピールができていたかどうか、詳細な振り返りをしよう、という内容の文。
本文では、最終選考については述べられていない。

正解　　C

22 「自分が達成したことと、そのためにどれだけの努力をしたかが、きちんと伝えられていただろうか」（2段落目）とある。また、「面接で、成果とそれをどうやって実現したかについてうまく語れず、次の選考に進めない学生は多い」（3段落目）とあることからも、設問文は本文の趣旨。

正解　　A

23 「面接官の反応が良く、こちらの話を真剣に聞いてくれたと思ったのに、次の選考に進めないことがある。手応えを感じていた分だけ落胆も大きい」（1段落目）とある。しかし、これは面接の振り返りをしてみようという内容の前置きで、趣旨ではない。

正解	B

24 本文では、学業以外に手を出しすぎることの是非については述べられていない。

正解	C

25 本文は、たくさんの企業が集まる合同企業説明会で、関心を持てる企業を選ぶ方法として、社員の顔つきや、社員どうしのやりとりに注目してみようという内容の文。
合同企業説明会は、「複数の企業をその場で比較できるので、自分に合った企業を探している就活生には絶好の機会だ」（1段落目）とある。しかし、これは合同企業説明会が何かを説明する文の一部で、趣旨ではない。

正解	B

26 合同企業説明会で、関心を持てる企業を見つけるきっかけとして、「社員たちの顔つき」（3段落目）、「社員どうしのやりとり」（4段落目）を見ることをすすめている。設問文は本文の趣旨。

正解	A

27 本文では、企業の業績については述べられていない。

正解	C

28 本文では、合同企業説明会で、企業選びに失敗することは述べられていない。

正解	C

29 本文は、就職に対する自分の考えをまとめることの重要性が述べられている。就職活動は、なぜ就職をしたいのかを考えるいい機会で、今後の人生観を確立するためにも思考することが大事だ、という内容の文。

本文では、就職活動で仲間に出会えるかどうかについては述べられていない。

正解　C

30 本文では、もし大学に進学する理由を聞かれたら「答えに窮したのではないだろうか」「就職活動で、そもそもなぜ企業に就職をしようと思うのですかと聞かれたときも同じだ」（1段落目）とある。しかし、これは考えをまとめる提案の前置きで、趣旨ではない。

正解　B

31 本文では、就職をしたい本当の理由について、就職活動が終わってみないとわからないとは述べられていない。

正解　C

32 「就職活動を経験するこの時期は、自分はなぜ就職したいのかを一度じっくりと考えてみるいい機会だ」（2段落目）、「これから自分はどう生きていきたいのか、何を目標とするのか、人生観を確立するためにも、思考することが大事だ」（3段落目）とある。設問文は本文の趣旨。

正解　A

趣旨把握とは？

⬤ 長文を読んで、筆者の訴えに最も近いものを選ぶ

趣旨把握は、長文を読んで、筆者の訴えに最も近いもの（趣旨）を選ぶテストです。玉手箱の言語科目の1つですが、**近年では実施が確認されていません。** ここでは参考問題として、科目の概要と、問題例を紹介します。

⬤ 趣旨把握の特徴

・1000字程度の長文

・1長文につき1問

・全10問、制限時間は12分

・4つの選択肢から「筆者の訴えに最も近いもの」を選ぶ

⬤ 1画面に1問が表示される

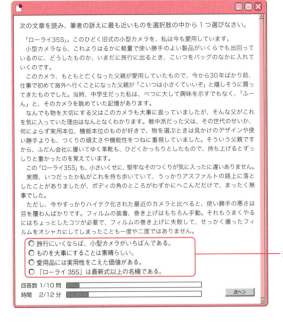

筆者の訴えに最も近いもの（趣旨）を選ぶ

🔲● 軽いエッセー風の文章が出題される

　趣旨把握では、軽いエッセー風の文章が出題されます。趣旨はあまり明快ではありません。おそらく、もっと長い文章があり、その一部分だけを抜き出しているせいだと思われます。

🔲● 本文の最後の部分のほうに趣旨があることが多い

　趣旨把握では、本文の最後のほうに趣旨が含まれているものが多く出ます。「論理的読解」や「趣旨判定」よりも文章量が多いので、時間が足りないときは、本文の最後の部分だけを読み、近い選択肢を選ぶのも1つの手です。

COLUMN ···

「Web エントリーシート」の裏技③

● 定番の3質問を押さえよう

　Web、紙を問わずエントリーシートには定番といえる質問が3つあります。業界や職種を問わず多くの企業で出されているものなので、エントリーシート対策では、まずは以下の3つを押さえましょう。

・志望動機（なぜ当社を志望されましたか？／当社のどのようなところに魅力を感じましたか？）
・自己PR（自己紹介をしてください／あなたのセールスポイントを教えてください）
・学生時代に力を入れたこと（これまでに最も打ち込んだことは何ですか？）

　事前の対策が有効なのは「自己PR」と「学生時代に力を入れたこと」です。あなた自身をアピールする項目ですから、志望企業や職種が違っても、ある程度までは共通の下書きが使えます。あらかじめ、最大800字程度の文章にまとめておくとよいでしょう。可能なら、これを400字、200字にまとめたものも作成しておきます。実際にエントリーシートを作成するときは、応募企業や職種の特徴、求められる人物像などにあわせて下書きを加工します。

1 参考問題（過去に実施された科目）

●長文を読んで趣旨を選択する
●近年は実施が確認されていない

趣旨把握の問題例

次の文章を読み、筆者の訴えに最も近いものを選択肢の中から1つ選びなさい。

1　「ローライ35S」。このひどく旧式の小型カメラを、私は今も愛用しています。

小型カメラなら、これよりはるかに軽量で使い勝手のよい製品がいくらでも出回っているのに、どうしたものか、いまだに旅行に出るとき、こいつをバッグのなかに入れていくのです。

このカメラ、もともと亡くなった父親が愛用していたもので、今から30年ばかり前、仕事で初めて海外へ行くことになった父親が「こいつは小さくていいぞ」と嬉しそうに買ってきたものでした。当時、中学生だった私は、べつに大して興味を示すでもなく、「ふーん」と、そのカメラを眺めていた記憶があります。

なんでも物を大切にする父はこのカメラも大事に扱っていましたが、そんな父がこれを気に入っていた理由はなんとなくわかります。戦中派だった父は、その世代のせいか、何によらず実用本位、機能本位のものが好きで、物を選ぶときは見かけのデザインや使い勝手よりも、つくりの頑丈さや機能性をつねに重視していました。そういう父親ですから、ふだん会社に履いてゆく革靴も、ひどくかっちりとしたもので、持ち上げるとずっしりと重かったのを覚えています。

この「ローライ35S」も、小さいくせに、堅牢なそのつくりが気に入ったに違いありません。

実際、いつだったか私がこれを持ち歩いていて、うっかりアスファルトの路上に落としたことがありましたが、ボディの角のところがわずかにへこんだだけで、まったく無事でした。

ただし、今やすっかりハイテク化された最近のカメラと比べると、使い勝手の悪さは目を覆わんばかりです。フィルムの装着、巻き上げはもちろん手動。それもうまくやるにはちょっとしたコツが必要で、フィルムの巻き上げに失敗して、せっかく撮ったフィルムをオシャカにしてしまったことも一度や二度ではありません。

「もう、新しいのに買い替えたら」

妻は旧式のそのカメラを見るたびにそう言います。私自身、最新のカメラがほしいと思わないでもなく、カメラ店のショーウィンドウを見て回ったこともあります。

しかし、それから何年もたつというのに、いまだにわが家には、この30年も前のカメラ一台しかないのです。亡き父親の「遺品」であるなら、使わずに大切に保管してしかるべきですが、私は今も現役の道具として、この使い勝手の悪いカメラを使いつづけているわけです。

ときどき、それが自分でも不思議にならないでもありません。なぜ、このカメラを使いつづけるのか。それだけ愛着があるといえばそれまでですが、たんに「愛着」という言葉では片づけられない何かがありそうです。

私は無意識のうちに、この「ローライ35S」を使うことで、亡父の供養をしているのかもしれません。

○旅行にいくならば、小型カメラがいちばんである。

○ものを大事にすることは素晴らしい。

○愛用品には実用性をこえた価値がある。

○「ローライ35S」は最新式以上の名機である。

2　志賀直哉の短編に「雨蛙」という作品がありますが、これは四百字詰め原稿用紙で23枚の小説だそうですから、短編というよりも掌編といったほうがいいでしょう。

その23枚の「雨蛙」を書き上げるのに、志賀直哉はほぼ1年を費やしたといいます。

しかも志賀直哉はこれを書いた大正12年は、ほかにほとんどめぼしい仕事をしていないそうですから、文豪直哉は、この23枚の作品を書くためだけに1年間を費やしたことになります。

23枚というと、早書きの作家なら楽に一晩でやっつけてしまう分量です。それを1年もかけて、ああでもない、こうでもないと呻吟していたのですから、これはもう寡作という域をこえています。

それにしても、23枚を1年がかりとはすごい。この常軌を逸した遅筆にはそれなりにわけがあったようです。

じつは直哉はこの作品にとりかかる直前、フローベルの傑作を読んで大きな感銘を受け、自分もフローベルに肉迫すべしと理想を高く掲げすぎたために筆がさっぱりはかどらなくなった——と志賀直哉の最後の弟子といわれる作家の阿川弘之氏が書いています。

阿川氏は直哉の生涯を綴った伝記を書いていますが、これを読むと志賀直哉という作家像が多面的な輪郭をもって浮かび上がってきます。

食い道楽で、朝のトーストの食パンも自分で切らなければ気がすまず、味付けは京風の薄味を好んだが、薄すぎると機嫌が悪くなったという話。あるとき稿料の安いことに腹を立て、出版社の社長を呼びつけ、5時間にわたって文句を言い続けた話…。

阿川氏は直哉の人間くさい部分をすくいあげるように筆を進めていますが、弟子だからといって師の盲目的な信奉者にもならず、かといって師を完全な客体として突き放しもせず、ほどよい距離感を保ちながら書いていることがわかります。

若き日の阿川氏が志賀門下生の仲間入りをしたとき、直哉はもう晩年にちかく、白髭のおじいちゃんになっていたそうです。それでも弟子にとっては怖い師匠にちがいなく、阿川氏は直哉邸に参上する日は、決まって朝から緊張性の下痢に悩まされたといいます。

そうそうたる志賀門下の文士たちの末弟子である阿川氏にとって、「小説の神様」直哉は相当に遠い存在だったと思われ、世間一般の師弟関係にみられるような親密さや心の通い合いなどはあまりなかったはずです。

しかし、ほどよい距離感と、とくに阿川氏サイドからの緊張関係は、のちに直哉の伝記を書くうえで絶妙の師弟関係だったといえるかもしれません。

○「雨蛙」こそが志賀直哉の最高の傑作である。

○「雨蛙」は志賀直哉の作品でも最も難解である。

○フローベルは志賀直哉の作品に影響を与えた。

○師弟関係の妙によって素晴らしい伝記がうまれた。

1　本文の最後のほうにある「『愛着』という言葉では片づけられない何かがありそうです」が趣旨。最も近いのは「愛用品には実用性をこえた価値がある」。

2　本文の末尾の「ほどよい距離感と、とくに阿川氏サイドからの緊張関係は、（略）絶妙の師弟関係だったといえるかもしれません」が趣旨。最も近いのは「師弟関係の妙によって素晴らしい伝記がうまれた」。

| 正解 | **1** 愛用品には実用性をこえた価値がある |
| | **2** 師弟関係の妙によって素晴らしい伝記がうまれた |

「Web エントリーシート」の裏技④

● 最新傾向は「企業研究の度合いを測る」質問

　定番の質問に加え、最新傾向を踏まえることも大事です。より深い企業研究が必要な質問が、ここ1～2年で業界や職種を問わず増えています。

・当社ホームページにもう1つ、当社らしいコンセプトを生かしたコンテンツを増やすとしたら、どのようなものを作りますか?

・入社後、当社のブランド価値を向上させるために、あなたはどのようなことをしたいと考えていますか?

・取引先に提案する、当社の製品を使った具体的な事例を企画書にまとめてください

　従来、このような詳しい質問は面接に進んでから行われることがほとんどでした。しかし、企業は早い段階で「どのくらい自社のことを調べ、考えてきたのか」、つまり企業研究をどれくらいしてきたのかを知ろうとする傾向が強くなっています。

　こうした企業の意図に適切に応えるには、時間と手間をかけて業界や企業のことを調べ、場合によってはその企業での自分のキャリア設計といった将来の展望までを考え抜かなければなりません。エントリーシート作成は片手間ではできないものと覚悟し、準備を怠らないようにしましょう。

第5部

英語

・・・

玉手箱
長文読解（IMAGES 形式の英語）→ **282** ページ
論理的読解（GAB 形式の英語）→ **306** ページ

C-GAB（テストセンター）
玉手箱の「長文読解」が出題されます。

■● 英語の文章を読んで、英語の設問文に答える

　英語の長文読解は、**英語の文章を読んで、英語の設問文に対する答えを選ぶテスト**です。**玉手箱のほか、C-GABでも実施されます。**特徴は以下の通りです。

・募集広告、告知文、会話文、人文系や自然科学系の文章など、さまざまな種類の長文が出題される

・1長文につき3問

・本文の後ろで、単語や熟語に英語の注釈がつくことがある

※英語の「長文読解」は、「IMAGES形式の英語」と呼ばれることもあります。

■● 1画面1問表示、選択肢は1問ごとに変わる

　長文読解では、1画面に表示されるのは常に1問です。選択肢は1問ごとに変わります。

英語の設問文に対する答えを選ぶ。
選択肢の内容は1問ごとに変わる

■● 問題数と制限時間

長文読解は1問あたりに使える時間が短いので、常に手早く解くことを心がける必要があります。

科目名	問題数	制限時間
長文読解	24問	10分

■● 先に進んだら前の問題には戻れない

多くの場合、「次へ」ボタンを押して次の問題に進むと、前の問題には戻れません。企業によっては、「前へ」ボタンで前の問題に戻ることができるタイプが実施されることもありますが、わずかです。

1問あたりの時間が短い上に、前に戻れないというのは厳しい条件ですが、できるだけ集中してうっかりミスを防ぎましょう。

長文読解の攻略法

◼◯ 短時間で効率よく解く工夫が必要

　長文読解では、比較的明快な文章が出題されやすい傾向があります。しかし制限時間が短いので、文章をていねいに読んでいては、時間が足りません。**短時間で効率よく解いていく工夫が必要です。**

◼◯ 文章の目的や状況を推測しながら読もう

　募集広告や告知文など、実用文では、文章の目的や状況を推測しながら読みましょう。 会話文の場合は、どんな立場の人が、どのようなことについて話を交わしているのか、推測することが大事です。

◼◯ 専門知識は不要。設問から本文を見て解こう

　人文系や自然科学など、テーマ性のある長文では、文の量が多いことがあります。このような場合、全文をていねいに読んでいては時間が足りなくなります。ななめ読みしてテーマのあたりをつけ、設問に取りかかりましょう。

　専門知識が必要な問題は出ません。問われる内容は「～とは何か」「～とは誰か」「この文章は何についてのものか」などで、設問文をもとに本文を見ていけば、正解がわかります。

　1長文3問にかけられる時間は1分15秒しかありません。苦手な問題には時間をかけすぎずに、選択肢をどれか選んで先に進みましょう。

COLUMN ··

「Web エントリーシート」の裏技⑤

● 面接での質問を想定し、答えを用意しよう

　エントリーシートで書類選考がある場合、通過すればそれで終わりではありません。その後の選考過程でも、エントリーシートはあなたを説明する資料としてさまざまな形で使われます。当然、面接ではエントリーシートに書き込んだ内容を元に質問されることもあります。

　エントリーシートを作成するときは、書き込んだ内容について質問を想定し、それに対してどのような回答をするか、までを考えておきましょう。こうきたらこう返すと考えておくことが大事です。この作業は、回答の不足部分を補い、説得力ある仕上がりにする効果もあります。

COLUMN ··

「Web エントリーシート」の裏技⑥

● エントリーシートの内容は必ず手元に残そう

　Web でも紙でも、エントリーシートの質問と回答は必ず手元に残し、面接の際には必ず持参するようにしましょう。

　紙のエントリーシートであれば、提出前に必ずコピーを取ります。たいていの人は応募企業が複数あるでしょうから、取り違えや紛失がないようにきちんとファイリングしておくことをおすすめします。

　Web エントリーシートでは、質問の内容と回答をコピーして、ワープロソフトなどでデータとして保存する方法があります。企業によっては、データ送信の前に、書き込んだ内容を確認する画面が表示されることがあります。この画面をそのまま印刷してもよいでしょう。

1 実用文

●募集広告、告知文などが出題される
●文章の目的や状況を推測しながら本文を読もう

例題

次の文章を読み、続く設問の解答を5つの選択肢の中から1つ選びなさい。

> If you want to be a better singer at karaoke, or would like to sing well without tension in front of many people, "ABC Karaoke School" is the place for you.
>
> The following are comments by the students at ABC Karaoke School:
> - After a month of training, I was able to sing in the right key.
> - My voice carries much better than before.
> - Singing in a loud voice keeps your mind and body young and healthy.
>
> Singing out loud relieves stress and helps people unwind, and a stress-free, relaxed state of mind and body keeps you young, healthy, and beautiful.
>
> Our lessons are usually two hours long and take place every Saturday. We have 3 recitals per year in our school, so you will have the chance to sing in front of people (these are not mandatory, of course).
>
> We offer a free lesson every Wednesday night from 18:00 to 20:00. Just drop by and see the difference!
>
> Tel:0123-000-＊＊＊(for reservations and inquires about free lessons; reservations are required)

1 What kind of text is this?

○ A product advertisement 　　　○ An advertisement for students

○ An event announcement 　　　○ An advertisement for teachers

○ An audition announcement

2 According to the text, which of the following is true?

○ Anyone who wants to enroll in the school needs to pass an audition.

○ The students are dissatisfied with the school.

○ One of the students said that singing is good for your health.

○ A good singer earns a lot of money.

○ If you are always nervous in front of people, learning karaoke will be difficult for you.

3

According to the text, which of the following is false?

○ Free lessons are available only every Saturday night.

○ The lessons are not only for people who want to sing well, but also for those who want to sing without being nervous.

○ If you want to take free lessons, you should call 0123-000-＊＊＊

○ Free lessons need to be booked in advance.

○ The school has 3 recitals per year.

【本文の訳】

カラオケで上手に歌いたい、あるいは多くの人の前で緊張せずに歌いたい人には、「ABCカラオケスクール」がおすすめです。

ABCカラオケスクールの生徒のコメントです：

－1か月のトレーニングで、正しいキーで歌えるようになりました

－歌声が以前よりずっとよく通るようになりました

－大きな声で歌うと心も体も若く健康なままでいられます

大きな声で歌うことは、ストレスを発散し、人をくつろがせ、ストレスのない状態にする助けになります。心身がリラックスすることで若さと健康と美が維持できます。

レッスンは通常2時間、毎週土曜日に行っています。年に3回の発表会があり、多くの人の前で歌うことを目標にすることができます（もちろん、義務ではありません）。

毎週水曜日の夜6時～8時にある無料レッスンを受けてみませんか。立ち寄ってみて、違いを感じてください。

電話番号：0123-000-＊＊＊（無料レッスンの予約と問い合わせ；無料レッスンは予約が必要です）

---

1 設問文の意味は、「これはどのような種類の文章ですか？」。正解は「An advertisement for students（生徒募集）」。

2 設問文の意味は、「本文によると、正しいものはどれですか？」。生徒たちのコメントに、大きな声で歌うと心も体も若く健康なままでいられると述べたものがある。正解は「One of the students said that singing is good for your health.（生徒たちの1人が歌うことは健康によいと言った）」。

3 設問文の意味は、「本文によると、間違っているものはどれですか？」。無料レッスンは毎週水曜日の夜6時～8時。土曜日ではない。正解は「Free lessons are available only every Saturday night.（無料レッスンは毎週土曜日の夜のみ参加できる）」。

正解	**1** An advertisement for students
	2 One of the students said that singing is good for your health.
	3 Free lessons are available only every Saturday night.

2 人文系の文章

- ●文化・哲学・時事問題など、人文系の文章が出題される
- ●専門知識を必要とする問題は出ない。設問文をもとに見ていこう

例題

次の文章を読み、続く設問の解答を5つの選択肢の中から1つ選びなさい。

For travelers who are interested in learning all about wine, the Republic of Georgia is the place to go.

France may be one of the best-known wine countries, but ancient remains show that Georgians began making wine at least 5,000 years before the French.

Last year, scientists found pieces of 8,000-year-old containers that were used to make alcohol.

You can experience that history -- and taste wine - all across the Georgian countryside. Hundreds of kinds of grapes grow in Georgia. Many families open small wineries. They still ferment the grapes in containers like those used thousands of years ago. Georgians call them "qvevri."

Visitors can even try a glass of unfiltered and golden-colored wine to get an idea of how wine first looked and tasted thousands of years ago.

The 11th-century Alaverdi monastery and winery is in eastern Georgia. Every September, Georgians from many different ethnic and religious backgrounds come to Alaverdi. They attend a festival called Alaverdoba.

Excerpt from "The Winemaking Culture of Georgia" (The Voice of America, July 30,2018)

1 What was found in Georgia last year?

○ French wines　　　　○ A new kind of grape

○ Pieces of 8,000-year-old containers　　　○ An ancient monument

○ A golden-colored wine

2 What can visitors do in a Georgian winery?　They can...

○ learn how to make grape jam

○ drink French wine

○ see the 8,000-year-old monastery

○ try a glass of unfiltered and golden-colored wine

○ experience the excavation of ruins

When is the festival called Alaverdoba held?

○ Every time visitors come   ○ Every November

○ Every time a scientist discovers an ancient artifact

○ Every time a new winery opens   ○ Every September

【本文の訳】

ワインに関するすべてを学ぶことに興味のある旅行者は、ジョージア共和国（訳注：日本では2015年までグルジア共和国と表記していた）に行くとよい。

フランスはワインで最も知られている国の1つかもしれないが、古代の遺跡はジョージア人がフランス人より少なくとも5,000年前にワインを作り始めたことを示している。

昨年、科学者たちはアルコールを作るために使われた8,000年前の容器の破片を発見した。

ジョージアの田舎のいたるところで、あなたは歴史を－ワインの味も－体験できる。ジョージアでは何百種類ものぶどうが栽培されている。多くの家庭が小さなワイナリーを開いている。彼らはいまだに、何千年も前に使っていたのと同じような容器でブドウを発酵させている。ジョージアの人々はそれらを「クヴェヴリ」と呼ぶ。

観光客は、何千年も前の最初のワインがどのような見た目と味をしていたのかを知るために、ろ過していない金色のワインを一杯試飲することもできる。

ジョージア東部には11世紀のアラヴェルディ修道院とワイナリーがある。毎年9月、多くの異なる民族的、宗教的背景を持つジョージア人がアラヴェルディに来る。彼らはアラヴェルドバと呼ばれる祭りに参加する。

---

1 設問文の意味は、「ジョージアで昨年に見つかったものは何ですか？」。

正解は「Pieces of 8,000-year-old containers（8,000年前の容器の破片）」。

2 設問文の意味は、「観光客はジョージアのワイナリーで何ができますか？　彼らは～できます」。本文では、ジョージアの田舎のワイナリーで、ろ過していない金色のワインを試飲できることが述べられている。正解は「try a glass of unfiltered and golden-colored wine（ろ過していない金色のワインを一杯試飲する）」。

3 設問文の意味は、「アラヴェルドバと呼ばれる祭りはいつ開かれますか？」。本文の後半で、毎年9月、多くのジョージア人がアラヴェルドバと呼ばれる祭りに参加すると述べられている。正解は「Every September（毎年9月）」。

正解	**1** Pieces of 8,000-year-old containers
	2 try a glass of unfiltered and golden-colored wine
	3 Every September

長文読解　模擬テスト

次の文章を読み、続く設問の解答を5つの選択肢の中から1つ選びなさい。

Nancy:	Welcome back. How was your trip?
Mr. Williams:	Nancy, it was a great trip. By the way, are there any messages for me?
Nancy:	Yes, Mr. Suzuki and Mr. Smith called. Mr. Suzuki would like to postpone the conference to Saturday. Mr. Smith will be waiting for you at the cocktail party tonight at seven.
Mr. Williams:	Thank you, Nancy. Can you call Paul and ask him to come to my office soon?

1 What is Mr. Williams most likely to be?

○ A fireman 　　○ A secretary 　　○ A public employee

○ A business executive 　　○ A traveler

2 Where is this conversation taking place?

○ In an airport 　　○ In an office 　　○ At city hall

○ In a fire station 　　○ At a party

3 What will Mr. Williams do today?　He will ...

○ have a meeting with Paul and meet Mr. Smith at the party

○ have a conference with Mr. Suzuki and go to the party with Nancy

○ have a meeting with Mr. Suzuki and meet Mr. Smith at the party

○ receive a message from Mr. Suzuki and Paul

○ have a conference with Nancy

次の文章を読み、続く設問の解答を5つの選択肢の中から1つ選びなさい。

> Bobby McFerrin's hit song Don't Worry, Be Happy was released in 1988, when Japan was nearing the peak of its economic bubble. At the time, it was said the streets of Tokyo were paved with gold, and Japan was going to be the world's No. 1 economy. No doubt many Japanese would have described themselves as quite happy.
>
> Fast forward to 2014, however, and it is the Australians who are now said to be the happiest people on Earth, while the Japanese rank among the gloomiest.
>
> A recent OECD report, How's Life?, found that the global financial crisis dented confidence among the 36 nations surveyed, particularly in the eurozone.
>
> In the Asia-Pacific region, the increasingly wealthy Aussies and New Zealanders ranked highest on the life satisfaction scale, ahead of the United States, Japan and South Korea.
>
> Australia ranked top overall for the third straight year, thanks to a high employment rate, increased life expectancy and household income, while Australians worked fewer hours than average.
>
> Japan is famous for its safety, and the nation did rank top in personal security. The Land of the Rising Sun also scored highly on education, skills and wealth, but fell below on well-being and work-life balance.
>
> Excerpt from "Don't worry, be happy" by Anthony Fensom (The Japan Times ST, Apr 4, 2014)

4 Which country ranked top in personal security?

○ Japan ○ Australia ○ The United States

○ South Korea ○ New Zealand

5 In the recent OECD report, which statement about Australia is true?

○ It was a cause of the global financial crisis.

○ It ranked highest on education.

○ It ranked lowest on the employment rate.

○ It was going to be the world's No. 1 economy.

○ It ranked highest on the life satisfaction scale.

6 What does "The Land of the Rising Sun" refer to?

○ Australia ○ The Eurozone ○ The United States

○ Japan ○ The OECD

次の文章を読み、続く設問の解答を5つの選択肢の中から1つ選びなさい。

> We are pleased to announce that our Japanese restaurant will celebrate its 10th anniversary on August 10 this year. A special campaign will be launched to commemorate the occasion. To express our gratitude to our guests, we will offer every customer a 15% discount for all dishes from August 1 to 20(drinks are excluded from the discount price). We are also planning a performance of Japanese popular songs by piano players. Please enjoy a nice meal and music at a bargain price.
>
> As always, a special 5% discount for your birth month is available when you show us an identity card. If you were born in August, you will get an additional 5% off the campaign discount.
>
> We ask that reservations be made at least 3 days in advance of the desired date, or we regret that you may not benefit from this campaign.
>
> We will be offering a special menu selection during the campaign in addition to the regular one.
>
> Why not reward yourself once in a while? We'll be waiting for your reservation.

7 According to the passage, at the restaurant during this campaign you might NOT...

○ get a group discount   ○ make a reservation   ○ use the restaurant

○ enjoy a nice meal   ○ listen to live music

8 What is the purpose of this campaign?

○ To find a person who will give financial support

○ To spread Japanese cuisine   ○ To increase the number of customers

○ To thank the staff at the restaurant

○ To show gratitude to customers

9 According to the passage, which statement is true?

○ You cannot get a 15% discount for the special menu.

○ Only club members of the restaurant will benefit from this campaign.

○ Only those born in August can dining at the restaurant.

○ You will get money back as a reward after dining at the restaurant.

○ You may not benefit from this campaign if your reservation is 2 days in advance.

次の文章を読み、続く設問の解答を5つの選択肢の中から1つ選びなさい。

Two elderly Athenians, Lysimachus and Melesias, have invited their friends, the distinguished generals Nicias and Laches, to join them in watching a display of military training given by a reputed expert, Stesilaus. Feeling that their own education was neglected, Lysimachus and Melesias are anxious to provide their sons with the opportunities and advantages they themselves missed, and they would like to know whether the generals think the course offered by Stesilaus is worthwhile. They would also be grateful for any advice on education which Nicias and Laches are able to give. Laches is surprised that he and Nicias have been preferred to Socrates, who is something of an authority on educational matters and happens to have been standing near them watching the display. It appears, moreover, that Socrates is the son of an old friend of Lysimachus and so can be relied upon to be sympathetic to his problem.

(149 words from EARLY SOCRATIC DIALOGUES by PLATO, edited with a general introduction by Trevor J. Saunders (Penguin Classics,1987).General introduction copyright © Trevor J. Saunders, 1987. LACHES translated and introduced by Iain Lane. Introduction, translation, commentary and notes copyright © Iain Lane, 1987)

10 Who invited Nicias and Laches?

○ Stesilaus   ○ Socrates   ○ Lysimachus and Melesias

○ The sons of Lysimachus and Melesias   ○ An old friend of Lysimachus

11 Why were the generals invited?

○ To discuss a matter of national importance

○ To introduce Stesilaus to Socrates

○ To watch a display of military training

○ To recommend Stesilaus for the post of general

○ To improve the military training given by Stesilaus

12 Who is Socrates? He is ...

○ an expert on military training   ○ a distinguished general

○ a friend of the sons of Lysimachus and Melesias

○ a son of an old friend of Lysimachus

○ one of the students of Stesilaus

次の文章を読み、続く設問の解答を5つの選択肢の中から1つ選びなさい。

> John: Do you have plans for the summer vacation?
>
> Lucy: I'm planning to go to Europe.
>
> John: That's nice! Which countries are you thinking of visiting?
>
> Lucy: I'm interested in sculpture. There are many historical sculptures in Italy, so that's one of the countries I'd like to visit.
>
> John: I've heard good things about Italy too. My younger sister went to Rome and she said that I should see its sculptures. She also told me that she enjoyed shopping in Italy because there were a lot of souvenir shops.
>
> Lucy: Sounds good. Did she tell you about the food there?
>
> John: Yes, she said every meal was very good.
>
> Lucy: That's great! Food is the key to enjoying a trip. I also want to visit France to have genuine galettes, Spain to enjoy nice paella, which the country is famous for, and Scotland to have a Scotch whisky.
>
> John: Please be careful not to eat too much. Anyway, enjoy your trip.
>
> Lucy: Thank you. It's difficult to choose where to go.

13 What does Lucy want to do in France? She wants to...

○ enjoy genuine galettes　　○ see sculptures　　○ drink whisky

○ eat paella　　○ walk around the streets

14 Which country did Lucy decide to visit?

○ France　　○ Italy　　○ Spain　　○ Scotland

○ She has not decided yet

15 According to the conversation, which of the following is true?

○ John has been Europe too.

○ Lucy will not go to the U.K.

○ John is not interested in travelling abroad.

○ Lucy asked about John's travel experience in Spain.

○ Lucy wants to have nice meals on her travels.

次の文章を読み、続く設問の解答を5つの選択肢の中から1つ選びなさい。

El Tofo, Chile: Atop this 2,600-foot mountain, they call it harvesting the clouds.

One moment, the air is clear, dry and sunny. Then the Pacific Ocean fog rolls in, thick, wet and cold. As it passes through huge sheets of plastic mesh set along the mountain ridge, a drop of water forms, then another and another.

Suddenly, thousands are running down the mesh, filling a spiderweb of tubes that lead to the bottom of El Tofo and the fishing village of Chungungo, providing the tiny, poor community with the first clean drinking water it has had in years.

At a time when the supply of fresh water to support the world's growing population has emerged as a major environmental issue, a team of Canadian and Chilean researchers, along with the Chilean Government, has produced a pilot project that could alleviate water shortages in many isolated towns in the underdeveloped world. It is not a technology that will provide water to millions. But for mountain villages like Chungungo, set in desert or semi-arid regions, where water brought in by truck tends to carry a high degree of contamination, harvesting the clouds could be a kind of salvation.

(Reprinting by permission of Pars International Corp., New York through Tuttle-Mori Agency,Inc., Tokyo Copyright © "Chilean Engineers Find Water for Desert by Harvesting Fog in Nets" from The New York Times, Science Section, 7/14/1992 Issue, Page(s))

atop = on the top of

semi-arid = dry, with little rain

16 What is "harvesting the clouds"?

○ Another name for El Tofo mountain

○ A pilot project that could alleviate water shortages

○ A kind of farming method   ○ A nickname for the Chilean researchers

○ A flood control project

17 "thousands" in line 5 means...

○ a spiderweb of tubes   ○ sheets of plastic mesh

○ the world's population   ○ drops of water   ○ a ridge of the mountain

18 Overall, this article is about...

○ the climate of Chile   ○ transportation conditions in South America

○ a climbing route for El Tofo mountain

○ obtaining fresh water from fog   ○ a drought disaster in Chile

次の文章を読み、続く設問の解答を5つの選択肢の中から1つ選びなさい。

On the morning of Tuesday, September 5, 2005, LNW Flight 700, carrying 196 passengers and 16 crewmembers, exploded and crashed into the Pacific Ocean off the coast of Santa Barbara soon after taking off from Los Angeles International Airport on the way to London. There were no survivors, and so far the cause of the crash has not been determined.

Information from citizens is crucial to the ability of law enforcement to do its job. As part of the investigation into the crash of LNW Flight 700, the FBI is asking to people in the Los Angeles area for help in determining the cause of the crash. A special toll-free line has been established for this purpose. If you have any information about this tragic plane accident, please contact the FBI at 1-888-333-**33. You may also give information to the FBI by e-mail to la**city@fbi.gov.

All calls and e-mails will be kept in the strictest confidence.

19 What was the accident?

○ A car crash　　　　　　　　○ An airplane crash

○ An airplane bombing　　　　○ A shipwreck

○ A ship bombing

20 Who wrote this notice?

○ Employees of Los Angeles International Airport

○ The crew of LNW Flight 700　　　　○ London city officials

○ Los Angeles city officials　　　　　○ FBI officials

21 Those who have information about the accident are encouraged to ...

○ investigate the cause of the accident

○ leave for London　　　　　　　○ call 1-888-333-**33

○ establish a toll-free line　　　○ send an e-mail to the airport

次の文章を読み、続く設問の解答を5つの選択肢の中から1つ選びなさい。

You probably have heard about the Trojan Horse. Tradition says the ancient Greeks used a large wooden horse to trick enemy forces and capture the city of Troy.

Now, researchers say a similar plan of attack could help doctors destroy bacterial infections that are resistant to antibiotic drugs.

Scientists say the decreasing effectiveness of antibiotics is among the most critical problems facing modern medicine. Drug-resistant bacteria have become increasingly difficult to defeat in recent years. Scientists use the term "superbug" when talking about such bacteria.

In the United States, researchers wondered if superbugs could be tricked into taking a molecule that looks like food but causes problems once inside them.

The researchers are with the University of Washington's School of Medicine. They studied a superbug called Pseudomonas aeruginosa, which causes infections in wounds, the lungs and other body parts. It can be a problem in patients whose ability to fight infection is weakened by cancer or conditions such as AIDS.

The researchers were interested in iron, an important nutrient for bacteria during infection. It causes the bacteria to grow and spread. The researchers looked for ways to limit and even stop the spread.

Excerpt from "Experimental Treatment Targets Drug-Resistant Bacteria" (The Voice of America, October 07, 2018)

22 Which of the following is true about the word "superbug"?
○ Superbug is the large wooden horse used in the Trojan War.
○ Superbug is the name of the group of scientists.
○ Superbug is a new kind of antibiotics.
○ Superbug is a term for referring to drug-resistant bacteria.
○ Superbug is the name of a new medicine.

23 According to the passage, what is the most critical problem facing modern medicine?
○ A lack of nutrients   ○ The decreasing effectiveness of antibiotics
○ Increasing international disputes
○ A lack of surgeon in the United States
○ The decrease of iron content in bloods

24 What is "Pseudomonas aeruginosa"? It is...
○ the name of military operations   ○ a kind of treatment for cancer
○ a nutrient for bacteria growth   ○ a kind of superbug
○ the name of the ancient Greek city

長文読解　模擬テスト

【本文の訳】

ナンシー：	お帰りなさい。旅行はいかがでしたか？
ウィリアムズ氏：	ナンシー、とてもよい旅行だったよ。ところで、私宛ての伝言はあるかい？
ナンシー：	はい、鈴木様とスミス様からお電話がありました。鈴木様は会議を土曜日に延期したいそうです。スミス様は今夜7時にカクテルパーティーでお待ちしていますということでした。
ウィリアムズ氏：	ありがとう、ナンシー。ポールに電話をして、私のオフィスにすぐに来てくれるように言ってくれないか？

---

1 設問文の意味は、「ウィリアムズ氏の説明として最も適しているものはどれですか？」。会話の状況から、ウィリアムズ氏は地位の高い幹部社員と推測できる。正解は「A business executive（幹部社員）」。

> **正解**　**A business executive**

2 設問文の意味は、「この会話はどこで行われていますか？」。幹部社員のウィリアムズ氏が、留守の間の伝言を聞いている会話なので、オフィスと推測できる。正解は「In an office（オフィスで）」。

> **正解**　**In an office**

3 設問文の意味は、「ウィリアムズ氏は今日何をする予定ですか？　彼は〜する予定です」。2人の会話で、ウィリアムズ氏の今日の予定に関することは、7時にパーティーでスミス氏に会うこと、すぐにポールを呼ぶよう、ナンシーに頼んだこと。正解は「have a meeting with Paul and meet Mr. Smith at the party（ポールと会い、パーティーでスミス氏と会う）」。

> **正解**　**have a meeting with Paul and meet Mr. Smith at the party**

【本文の訳】

ボビー・マクファーリンのヒット曲「Don't Worry, Be Happy」は1988年にリリースされ、その頃の日本は経済バブルの頂点に近づいていた。当時は東京の道路は金で舗装されている（すぐ豊かになれる）と言われたもので、日本は世界一の経済大国になろうとしていた。きっと多くの日本人が自分たちのことをかなり幸せだと言っていたに違いない。

2014年まで早送りすると、しかしながら、地球上で最も幸せだと言われているのはオーストラリア人で、日本人は最も暗い方の順位にいる。

OECDの最新の報告「How's Life?（暮らし向きはどう？）」では、世界的な財政危機が、特にヨーロッパ圏など調査の対象となった36カ国の自信を傷つけたことが分かった。

アジア太平洋地域では、ますます豊かになるオーストラリア人とニュージーランド人が生活の満足度数で最も高い順位に入り、アメリカと日本、韓国を抜いていた。

オーストラリアは、労働時間が平均よりも短いが、雇用率が高く、寿命と家庭の収入が伸びているおかげで、3年連続で全体的にトップに入っている。

日本は治安の良さで有名で、身の安全ではトップに入った。日出ずる国（日本のこと）は教育、技術、豊かさでも高いスコアを獲得したが、福利厚生とワークライフバランスが低い水準だった。

（The Japan Times ST オンライン、http://st.japantimes.co.jp/, 2014年4月4日、一部抜粋）

---

4 設問文の意味は、「身の安全でトップに入った国はどれですか？」。本文の最後のほうで、日本が身の安全ではトップに入ったことが述べられている。正解は「Japan（日本）」。

> 正解　**Japan**

5 設問文の意味は、「OECDの最新の報告で、オーストラリアについて正しい記述はどれですか？」。本文では、OECDの報告で、オーストラリア人とニュージーランド人が生活の満足度数で最も高い順位に入ったことが述べられている。正解は「It ranked highest on the life satisfaction scale（生活の満足度数で最も高い順位に入った）」。

> 正解　**It ranked highest on the life satisfaction scale.**

6 設問文の意味は、「『日出ずる国』とは何ですか？」。「The Land of the Rising Sun（日出ずる国）」は日本を指す言葉。正解は「Japan（日本）」。

※「The Land of the Rising Sun <u>also</u> scored highly on education」から、この文が前の文を受けていることがわかる。前の文では日本について述べている。ここから、「The Land of the Rising Sun」が日本を指した言葉だとわかる。

> 正解　**Japan**

【本文の訳】

私たちの日本食レストランが、今年の8月10日に10周年を迎えることを謹んでお知らせします。この機会を記念して、特別キャンペーンを実施いたします。お客様に感謝の気持ちを表明して、8月1日から20日まで、すべての料理を15%割引で、すべてのお客様にご提供します（お飲み物は割引対象外です）。また、ピアノ奏者による日本の人気の歌の演奏も予定しています。お得な価格ですてきな食事と音楽をお楽しみください。

通常通り、身分証明書をお見せいただくと誕生月は特別に5%割引になります。8月生まれの方でしたら、キャンペーンの割引価格にさらに5%が割引になります。

ご希望の日よりも少なくとも3日前にご予約願います、そうでなければ残念ながらキャンペーンで得をしていただくことができないかもしれません。

キャンペーンの間、通常のメニューに加えてスペシャルメニューがございます。

たまにはご自分へのご褒美はいかがでしょうか？ご予約をお待ちしております。

---

7 設問文の意味は、「この文によると、キャンペーン期間中、あなたは〜できないかもしれません」。キャンペーン期間中に受けられるサービスではないものを選ぶ。正解は「get a group discount（団体割引を受ける）」。

正解	get a group discount

8 設問文の意味は、「このキャンペーンの目的は何ですか？」。本文では、顧客に感謝の気持ちを表明して料理を割引価格で提供すると述べている。正解は「To show gratitude to customers（顧客に感謝の気持ちを表明するため）」。

正解	To show gratitude to customers

9 設問文の意味は、「この文によると、正しいものはどれですか？」。正解は「You may not benefit from this campaign if your reservation is 2 days in advance.（2日前の予約ではこのキャンペーンで得をすることができないかもしれない）」。その他の選択肢はすべて誤り。

正解	You may not benefit from this campaign if your reservation is 2 days in advance.

【本文の訳】

年取った2人のアテネ人、リュシマコスとメレシアスは、有名な専門家のステシラウスによる軍事訓練の披露を見せようと、友人である名将軍ニキアスとラケスを招いた。自身の教育はなおざりにされたと感じていたリュシマコスとメレシアスは、自分たちが逃した機会と有利な立場を息子たちに与えたいと切望していたため、将軍たちが、ステシラウスの提供する課程に価値があると考えるかどうか知りたかったのだ。彼らはまた、ニキアスとラケスから教育上のアドバイスを何かもらえるとありがたいとも思っていた。教育問題のちょっとした権威であり、披露を見ている彼らの近くにたまたま立っているソクラテスよりも、自分とニキアスのほうが好まれたことにラケスは驚いた。それに、ソクラテスはリュシマコスの古い友人の息子なのだから、彼の問題に同情的であると思ってよさそうなのだ。

10 設問文の意味は、「ニキアスとラケスを招いたのは誰ですか？」。本文に登場する人物と、それぞれの関係は以下の通り。

	人物名	文中の説明	関係
A	Lysimachus（リュシマコス）	Two elderly Athenians（年取った2人のアテネ人）	Bの友人
	Melesias（メレシアス）		Cが行った軍事訓練の披露にBを招いた
B	Nicias（ニキアス）	distinguished generals（名将軍）	Aの友人
	Laches（ラケス）		AによってCの軍事訓練の披露に招かれた
C	Stesilaus（ステシラウス）	a reputed expert（有名な専門家）軍事訓練の披露を行った	軍事訓練の披露をA、Bに見られている

ニキアスとラケスを招いたのは、図のAの2人。正解は「Lysimachus and Melesias（リュシマコスとメレシアス）」。

> 正解　**Lysimachus and Melesias**

11 設問文の意味は、「将軍たちはなぜ招かれたのですか？」。「the generals（将軍たち）」は、ニキアスとラケスのこと。冒頭の1文から、ステシラウスによる軍事訓練の披露を見せるために、将軍たちが招かれたことがわかる。正解は「To watch a display of military training（軍事訓練の披露を見せるため）」。

> 正解　**To watch a display of military training**

12 設問文の意味は、「ソクラテスとは誰ですか？　彼は〜です」。本文の末尾で、ソクラテスはリュシマコスの古い友人の息子と書かれている。正解は「a son of an old friend of Lysimachus（リュシマコスの古い友人の息子）」。

> 正解　**a son of an old friend of Lysimachus**

【本文の訳】

ジョン： 夏の休暇の予定はあるの？

ルーシー： ヨーロッパへ行く計画を立てているわ。

ジョン： いいね！どの国に行くことを考えているの？

ルーシー： 私は彫刻に興味があるの。イタリアには多くの歴史的な彫刻があるから、訪ねようと思っている国の1つよ。

ジョン： 僕もイタリアの良いものについて聞いたことがあるよ。妹がローマに行って、僕も彫刻を見るべきだと言ったんだ。妹はイタリアには土産店がたくさんあるから、買い物を楽しんだとも言っていたよ。

ルーシー： すてきね。妹さんは食べ物のことは話していた？

ジョン： ああ、どの食事もとてもおいしかったと言っていたよ。

ルーシー： それはいいわ！食事は旅を楽しむ秘訣よ。フランスにも本場のガレットを食べに行きたいし、パエリアで有名なスペインに行っておいしいパエリアを楽しみたいし、スコットランドにはスコッチウイスキーを飲みに行きたいわ。

ジョン： 食べ過ぎに注意してね。とにかく、旅行を楽しんで。

ルーシー： ありがとう。どこに行くか決めかねるわ。

---

13 設問文の意味は、「ルーシーがフランスでしたがっていることは何ですか？　彼女は〜をしたがっています」。本文で、フランスについては本場のガレットのことが述べられている。正解は「enjoy genuine galettes（本場のガレットを楽しむ）」。

正解	enjoy genuine galettes

14 設問文の意味は、「ルーシーはどの国を訪ねることに決めましたか？」。会話の最後で、ルーシーは「どこに行くか決めかねるわ」と言っている。正解は「She has not decided yet（彼女はまだ決めていない）」。

正解	She has not decided yet

15 設問文の意味は、「この会話によると、正しいものはどれですか？」。正解は「Lucy wants to have nice meals on her travels.（ルーシーは旅行でおいしい食事をしたがっている）」。その他の選択肢はすべて誤りか、この会話では述べられていない。

正解	Lucy wants to have nice meals on her travels.

【本文の訳】

エル・トフォ、チリ：この2,600フィート（訳注：約792メートル）の山頂で、彼らはそれを雲の収穫と呼ぶ。ある瞬間、空気が澄み、乾燥して晴れる。すると、濃く、湿って冷たい太平洋の霧が流れ込む。それが山の尾根に沿って設置された巨大なプラスチックの網のシートを通り過ぎると、まず一粒、それから次々と水滴が形作られる。

突然、ものすごい数（の水滴）が網を流れ落ちてエル・トフォのふもとと漁村のチュングンゴに通じるくもの巣状となったチューブを満たすが、（このようにして）小さく貧しい地域社会に一級の飲料用浄水を供給することがもう何年も続いている。

世界の人口増加を支えるための真水の供給が大きな環境問題として浮上するなか、カナダ人とチリ人の研究員チームは、チリ政府とともに発展途上世界の多くの孤立した町の水不足を軽減するための実験プロジェクトを創出した。

それは何百万もの人々に水を供給する技術ではない。しかし、高度な汚染を含みがちな水がトラックによって運び込まれる、砂漠や準乾燥地帯に位置するチュングンゴのような山村では、雲の収穫はある種の救済となりうる。

atop = の頂上に　　semi-arid = 乾燥し、雨が少ししか降らない

16 設問文の意味は、「『雲の収穫』とは何ですか？」。本文では、カナダ人とチリ人の研究員チームがチリ政府と共同で水不足を軽減するための実験プロジェクトを創出したことが述べられ、末尾で「雲の収穫」という名称が出てくる。正解は「A pilot project that could alleviate water shortages（水不足を軽減しうる実験プロジェクト）」。

> **正解**　A pilot project that could alleviate water shortages

17 設問文の意味は、「5行目の『ものすごい数』が意味するのは〜です」。この表現がある5行目の文は、「Suddenly, thousands are running down the mesh（突然、ものすごい数が網を流れ落ちて）」。網を流れ落ちるのは、その1文前の内容から水滴とわかる。正解は「drops of water（水滴）」。

> **正解**　drops of water

18 設問文の意味は、「全体として、この記事は〜についてのものです」。本文全体のテーマといえるものが正解。この文はエル・トフォ山で霧から水を得る実験プロジェクトについての記事なので、正解は「obtaining fresh water from fog（霧から真水を得ること）」。

> **正解**　obtaining fresh water from fog

【本文の訳】

2005年9月5日の火曜日の朝、乗客196名、乗務員16名を乗せたLNW700便は、ロサンゼルス国際空港から離陸した直後、ロンドンへ行く途中で爆発し、サンタ・バーバラの沿岸沖の太平洋に墜落しました。生存者はおらず、これまでのところ墜落の原因は特定されていません。

市民の皆様からの情報は捜査当局の任務遂行に重要な役割を果たします。LNW700便の墜落の捜査の一環として、FBIは墜落の原因を特定するために、ロサンゼルス地域の皆様に協力を求めています。そのためにフリーダイヤルの特別回線を設けました。もしも、この悲惨な飛行機事故に関して情報がある場合は、1-888-333-＊＊33に電話をし、FBIと連絡を取ってください。la＊＊city@fbi.gov宛てのeメールでも、FBIに情報提供することができます。

連絡した内容はすべて極秘に扱われます。

---

19 設問文の意味は、「事故とはどのようなものでしたか？」。冒頭の文で、ロサンゼルス空港を発ったロンドン行きの飛行機が太平洋に墜落したことがわかる。正解は「An airplane crash（航空機の墜落）」。

※本文では、航空機の爆発の理由は述べられていない。理由を断定できないため「An airplane bombing（航空機の爆破／飛行機による爆撃）」は間違い。

正解	**An airplane crash**

20 設問文の意味は、「この告知を書いたのは誰ですか？」。本文で、情報を求めているのはFBIであること、電話番号やeメールアドレスを挙げていることから、告知を書いたのはFBIとわかる。正解は「FBI officials（FBI当局）」。

正解	**FBI officials**

21 設問文の意味は、「事故について情報がある人は〜をすることを奨励されています」。本文では、情報がある場合は電話かeメールでFBIへ連絡をするように奨励されている。正解は「call 1-888-333-＊＊33（1-888-333-＊＊33に電話をする）」。

※eメールのアドレスはFBIのものと推測できるので、「send an e-mail to the airport（空港にeメールを送る）」は間違い。

正解	**call 1-888-333-＊＊33**

【本文の訳】
トロイの木馬のことを恐らく聞いたことがあるだろう。古代ギリシャ人たちが、敵の軍隊を騙してトロイの町を奪うために、巨大な木馬を使ったと言い伝えられている。

現在では、抗生物質に耐性のある細菌感染症を医師が破壊するために、トロイの木馬と同じような攻撃計画が手助けとなる可能性があると研究者たちは言う。

科学者たちによれば、抗生物質の有効性の低下は現代医学が直面しているなかで最も危機的な問題の1つだ。近年では薬剤耐性菌に打ち勝つことがますます難しくなっている。科学者たちは、このような細菌について話すとき、「スーパーバグ」という用語を使う。

アメリカでは、研究者たちが、食べ物のように見えるが一度取り込むと問題を引き起こす分子を、スーパーバグが取り込むよう騙せるかもしれないと考えた。

研究者たちはワシントン大学医学部に所属している。彼らは、傷や肺や身体のその他の器官で感染の原因となる、緑膿菌（りょくのうきん）と呼ばれるスーパーバグを研究している。緑膿菌は、ガンやエイズなどの病気によって感染症と戦う能力が弱くなっている患者に問題を引き起こす可能性がある。

研究者たちは感染時に細菌の重要な栄養素となる鉄分に興味を持った。鉄分は細菌を増殖し、拡大する。研究者達は拡大を抑え、止めさえする方法を探した。

---

22 設問文の意味は、「『スーパーバグ』という言葉について正しいものはどれですか？」。スーパーバグは科学者たちが「このような細菌」について話すときの用語。「このような細菌」とは、その1文前で述べられている薬剤耐性菌のこと。正解は「Superbug is a term for referring to drug-resistant bacteria.（「スーパーバグ」は薬剤耐性菌についての用語）」。

> 正解　**Superbug is a term for referring to drug-resistant bacteria.**

23 設問文の意味は、「この記事によると、現代医学が直面している最も危機的な問題は何ですか？」。

本文で、抗生物質の有効性の低下は現代医学が直面しているなかで最も危機的な問題だと述べられている。正解は「The decreasing effectiveness of antibiotics（抗生物質の有効性の低下）」。

> 正解　**The decreasing effectiveness of antibiotics**

24 設問文の意味は、「『緑膿菌』とは何ですか？　それは〜です」。

正解は「a kind of superbug（スーパーバグの一種）」。

> 正解　**a kind of superbug**

論理的読解（GAB形式の英語）とは？

● 英語の長文を読んで、設問文の論理的な正誤を判断する

英語の論理的読解は、英語の長文を読んで、**英語の設問文が論理的に正しいかどうかを判断するテスト**です。言語の論理的読解の英語版です。特徴は以下の通りです。

・長文のテーマは人文系や自然科学系、実用文などさまざま
・1長文につき3問
・選択肢は英語で書かれているが、内容は言語の論理的読解と同じ（「論理的に正しい」「論理的に間違い」「論理的に正誤の判断ができない」）

※英語の「論理的読解」は、「GAB形式の英語」と呼ばれることもあります。

● 1画面1問表示、選択肢は常に同じ

1画面に表示されるのは常に1問です。また、選択肢は常に同じです。

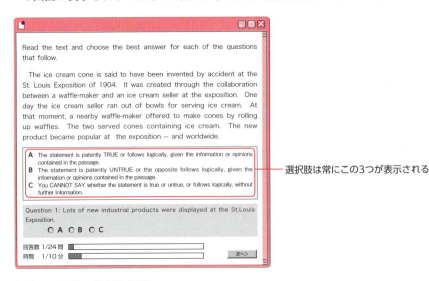

選択肢は常にこの3つが表示される

● 問題数と制限時間

科目名	問題数	制限時間
論理的読解	24問	10分

論理的読解の攻略法

●● 選択肢の意味は言語と同じ。読み替えを覚えておこう

　説明文と選択肢の意味は以下の通りです。選択肢の意味は、言語の論理的読解で表示される選択肢と同じです。言語の論理的読解の攻略法（226ページ）で読み替えた内容で覚えておきましょう。

【説明文の意味】

Read the text and choose the best answer for each of the questions that follow.
（テキストを読んで、続く各々の設問文に、最も適した答えを選んでください。）

【選択肢の意味】

A： The statement is patently TRUE or follows logically, given the information or opinions contained in the passage.

　言語の論理的読解の「本文から論理的に考えて、設問文は明らかに正しい」と同じ

B： The statement is patently UNTRUE or the opposite follows logically, given the information or opinions contained in the passage.

　言語の論理的読解の「本文から論理的に考えて、設問文は明らかに間違っている」と同じ

C： You CANNOT SAY whether the statement is true or untrue, or follows logically, without further information.

　言語の論理的読解の「本文だけでは、設問文が正しいか間違っているかは判断できない」と同じ

●● 文の量が多いときはななめ読みしてあたりをつけよう

　英語の論理的読解では、テーマ性のある文章が多く出題されます。文の量が少ないときは、なるべく全文に目を通して、内容をざっと把握しましょう。文の量が多いときは、ななめ読みしてテーマのあたりをつけましょう。

1 人文系の文章

●文化・社会など、人文系の文章が出題される
●文の量が少ないときは、なるべく全文に目を通して内容をざっと把握しよう

例題

Read the text and choose the best answer for each of the questions that follow.

The ice cream cone is said to have been invented by accident at the St. Louis Exposition of 1904. It was created through the collaboration between a waffle-maker and an ice cream seller at the exposition. One day the ice cream seller ran out of bowls for serving ice cream. At that moment, a nearby waffle-maker offered to make cones by rolling up waffles. The two served cones containing ice cream. The new product became popular at the exposition -- and worldwide.

A The statement is patently TRUE or follows logically, given the information or opinions contained in the passage.
B The statement is patently UNTRUE or the opposite follows logically, given the information or opinions contained in the passage.
C You CANNOT SAY whether the statement is true or untrue, or follows logically, without further information.

1 Lots of new industrial products were displayed at the St.Louis Exposition.
○ A　○ B　○ C

2 The ice cream seller sold waffles instead of ice cream.
○ A　○ B　○ C

3 The ice cream cones were made out of waffles.
○ A　○ B　○ C

【本文の訳】
アイスクリームコーンは、1904年のセントルイス万国博覧会で偶然に発明されたといわれている。ワッフル職人とアイスクリーム売りが博覧会で協力して生まれたものである。ある日、アイスクリーム売りは、アイスクリームを入れる器を切らしてしまった。そのとき隣のワッフル職人がワッフルを丸めてコーンを作ろうと申し出た。彼らはアイスクリーム入りのコーンを売った。新しい産物は博覧会でとても人気が出て、世界中に広がった。

1 設問文の意味は、「たくさんの新しい工業製品がセントルイス万国博覧会で陳列された」。本文では、万国博覧会の陳列内容については触れていない。設問文の正誤は判断できない。

2 設問文の意味は、「アイスクリーム売りはアイスクリームの代わりにワッフルを売った」。アイスクリームの代わりにワッフルを売ったのではなく、ワッフルを丸めて作ったコーンにアイスクリームを入れて売った。設問文は間違い。

3 設問文の意味は、「アイスクリームコーンはワッフルから作られた」。**2**で見たように、アイスクリームコーンはワッフルを丸めて作られた。設問文は正しい。

正解	**1** C	**2** B	**3** A

2 自然科学系の文章

●生物など、自然科学に関する文章が出題される
●文の量が多いときは、ななめ読みしてテーマのあたりをつけよう

例題

Read the text and choose the best answer for each of the questions that follow.

All living things depend on each other to survive. The system in which organisms eat each other is necessary to maintain the balance of plant and animal populations, i.e. the ecology. This system is called the food chain. It demonstrates how one organism becomes food for another. For example, grazing animals such as zebras eat plants, and in turn, those animals are eaten by predators such as lions. In the end, when those predators die, they are eaten by decomposers such as bacteria. Decomposers break down the nutrients in dead organic material and return them to the soil. Plants grow up in the soil. In this manner, the food chain forms a circle. Plants are called producers, and they are at the beginning of the food chain. Grazing animals and predators are consumers. Researchers call animals that eat the producers primary consumers. Consumers that eat other consumers are called secondary consumers. Producers, consumers and decomposers play essential roles in the food chain. If some organisms disappear, it will affect not only other organisms that eat them but also the whole system. The food chain plays an essential role in maintaining the ecology.

A The statement is patently TRUE or follows logically, given the information or opinions contained in the passage.
B The statement is patently UNTRUE or the opposite follows logically, given the information or opinions contained in the passage.
C You CANNOT SAY whether the statement is true or untrue, or follows logically, without further information.

1 The food chain shows how animals eat another to live.

○ A　○ B　○ C

2 Zebras are secondary consumers.

○ A　○ B　○ C

3 If humans kill too many bacteria, the ecology will be destroyed.

○A ○B ○C

【本文の訳】

あらゆる生物は生存のためにお互いに依存し合っている。生物がお互いを食べ合うというシステムは、植物と動物の個体数のバランス、すなわち生態系を維持するうえで必要である。このシステムは食物連鎖と呼ばれる。食物連鎖はある生物がどのようにして他の生物の食料になるのかを示す。例えば、シマウマなどの草食動物は植物を食べ、今度は、それらの動物はライオンなどの肉食動物に食べられる。最後に、それらの肉食動物が死ぬと、バクテリアなどの分解者に食べられる。分解者は死骸の栄養物を分解し、土壌に還元する。植物がその土壌で育つ。このように食物連鎖は環を形成する。植物は生産者と呼ばれ、食物連鎖の始まりである。草食動物と肉食動物は消費者である。研究者は生産者を食べる草食動物を第1次消費者と呼ぶ。他の消費者を食べる消費者は第2次消費者と呼ばれる。生産者、消費者、分解者のそれぞれは、食物連鎖の中で重要な役割を果たす。ある生物が死滅すれば、それらを食べる他の生物だけではなく、システム全体に影響を及ぼすであろう。食物連鎖は、生態系を維持するうえでの重要な機能である。

---

1 設問文の意味は、「食物連鎖は動物たちが生きるためにどのように別の動物を食べているのかを示す」。本文で述べられている食物連鎖の説明(生物がお互いを食べ合うというシステム)と合致する。設問文は正しい。

2 設問文の意味は、「シマウマは第2次消費者である」。生産者を食べる草食動物は、第1次消費者と呼ばれる。設問文は間違い。

3 設問文の意味は、「もし人間がバクテリアを殺しすぎれば、生態系は破壊されるだろう」。本文で述べられている、生物の死滅と食物連鎖の関係(ある生物が死滅すれば、それらを食べる他の生物だけではなく、システム全体に影響を及ぼすであろう)と合致する。設問文は正しい。

正解	**1** A	**2** B	**3** A

論理的読解　模擬テスト

Read the text and choose the best answer for each of the questions that follow.

Will global warming end in catastrophe? The recent terrible heat wave resulted in the deaths of tens of thousands worldwide. One researcher said, "This extraordinary weather will continue for many years." Scientists have learned more about climate change since the problem of global warming first arose, yet much remains mysterious. It is clouds that we should look into first. How are clouds going to react to atmospheric warming from greenhouse gases?

A The statement is patently TRUE or follows logically, given the information or opinions contained in the passage.
B The statement is patently UNTRUE or the opposite follows logically, given the information or opinions contained in the passage.
C You CANNOT SAY whether the statement is true or untrue, or follows logically, without further information.

---

1 A large number of people died because of the heat wave.

○ A　○ B　○ C

2 Climate change was occurring before we became aware of global warming.

○ A　○ B　○ C

3 It is clear that global warming involves the dynamics of clouds.

○ A　○ B　○ C

Read the text and choose the best answer for each of the questions that follow.

"Le Tour de France" (The Tour of France) is one of the largest and harshest road-cycling races. The race is mainly held in France every year, and riders are required to ride 3,000 to 4,000 kilometers. The race course has about 20 stages. The stages are classified into "flat stages" and "mountain stages." In the mountain stages, riders must pass through mountainous areas, such as the Alps or the Pyrenees. Riders compete in time and points. Points are awarded for a cyclist's position in each stage. The overall champion is determined by his total time through all stages. Surprisingly, different jerseys are prepared as prizes. The most famous jersey is the yellow jersey called "Maillot Jaune," which is awarded to the overall champion. Next comes the green jersey for riders with the most points. The white jersey with red polka dots is for the best climber, and the plain white jersey is for the best rider under the age of 25. A lot of riders train very hard, aiming for winning the prize. The race is very exciting and thrilling. When you watch the race, you will be absolutely fascinated.

A The statement is patently TRUE or follows logically, given the information or opinions contained in the passage.
B The statement is patently UNTRUE or the opposite follows logically, given the information or opinions contained in the passage.
C You CANNOT SAY whether the statement is true or untrue, or follows logically, without further information.

4 The riders must ride 3,000 to 4,000 kilometers per stage.
○ A ○ B ○ C

5 Riders who get the most points will be the overall champions.
○ A ○ B ○ C

6 The winner must wear jerseys corresponding to their classification.
○ A ○ B ○ C

Read the text and choose the best answer for each of the questions that follow.

Blue jeans were invented in the California gold rush. In 1848, gold was discovered in California, and the Gold Rush began. Thousands of people rushed into California and started mining for gold. Levi Strauss, a German immigrant selling dry goods at the age of 24, noticed that the miners complained that their pants were always tearing, and that the pockets tore easily when they put a few rocks in them. Strauss owned some rough canvas for tents and wagon covers. He sewed the canvas into pants, which were strong enough to last. Miners liked the pants, but they were so rough that miners were chafed. Therefore, Strauss substituted more flexible fabric from France called "Serge de Nimes," which became known as denim. In 1873, Strauss had the pockets reinforced with rivets. The pockets with the rivets and the patterned stitching on them were registered as trademarks. They are still in use, and today, a lot of people love Levi's jeans.

A The statement is patently TRUE or follows logically, given the information or opinions contained in the passage.
B The statement is patently UNTRUE or the opposite follows logically, given the information or opinions contained in the passage.
C You CANNOT SAY whether the statement is true or untrue, or follows logically, without further information.

7 Everyday items were in short supply during the California gold rush.
○ A ○ B ○ C

8 Strauss used rough tent canvas, which became known as denim, for making jeans.
○ A ○ B ○ C

9 Levi's jeans are characterized by their pockets.
○ A ○ B ○ C

Read the text and choose the best answer for each of the questions that follow.

Portable MP3 players such as the iPod are very popular in New York and Tokyo. MP3, short for MPEG-1 Layer 3, is a digital file format that compresses sound files while preserving the original sound quality. MP3 files can be easily transferred across the Internet because MP3 is an open standard and the size of MP3 files is small. MP3 files enable you to store and listen to music on the Internet. Portable MP3 players allow you to leave the Internet. You can play up to 10,000 songs with your portable MP3 player. In addition, newer players include utilities such as calendars, games, and electronic books. Moreover, they are becoming open to various new types of utilization. For example, at one college, they are used in English classes. The students learn English and make up schedules by using them. Recently, some corporations are competing to expand markets for portable MP3 players.

A The statement is patently TRUE or follows logically, given the information or opinions contained in the passage.
B The statement is patently UNTRUE or the opposite follows logically, given the information or opinions contained in the passage.
C You CANNOT SAY whether the statement is true or untrue, or follows logically, without further information.

10 MP3 compresses sound files without damaging the original sound quality.
○ A   ○ B   ○ C

11 Since MP3 files are easily available, it's possible for the MP3 format to be used illegally.
○ A   ○ B   ○ C

12 One company places limits on the way the MP3 format is put to use.
○ A   ○ B   ○ C

Read the text and choose the best answer for each of the questions that follow.

One can find several contradictory features in the Internet. The Internet is likely to strengthen the dominance of English as a global language. At the same time, it allows millions of people to express their own ideas in their own language. A researcher points out that people use English on the Internet strictly as a tool, switching to other languages or dialects to fulfill their own social and cultural needs. In South Africa, new telecommunication projects were designed to support local languages and contents. In Australia, Aboriginal groups are using the Internet to educate others about their culture and express themselves politically. The Internet supports cultural pluralism, and helps marginalized people send or obtain information. However, many developing countries lack basic telecommunication facilities. Advanced technology is needed to access articles written in the local language. Actually, more and more of the world's informational resources on the Internet are easily accessed in English. Whether or not the Internet can maintain cultural pluralism depends on whether marginalized people can access and use its information.

A The statement is patently TRUE or follows logically, given the information or opinions contained in the passage.
B The statement is patently UNTRUE or the opposite follows logically, given the information or opinions contained in the passage.
C You CANNOT SAY whether the statement is true or untrue, or follows logically, without further information.

13 English is expected to develop as a global language.

○ A ○ B ○ C

14 There is inequality in accessing the Internet.

○ A ○ B ○ C

15 The author does not know whether the Internet can protect cultural pluralism in the future.

○ A ○ B ○ C

Read the text and choose the best answer for each of the questions that follow.

Carl Jung developed a personality typology and introduced the terms extroversion and introversion. An extrovert is a person who prefers the external world, while an introvert is a person who prefers the internal world of the self. Jung did not classify people as extroverts or introverts, since he thought that everyone had tendencies in both directions. People, however, have dominant personality traits that influence their way of thinking. Even though people tend to be extroverted or introverted, they deal with the external or internal world in a way that is comfortable to them. Jung suggested the following four basic methods or functions; sensing, thinking, intuiting, and feeling. Sensing means getting information by means of the senses. Thinking means evaluating information or ideas rationally and logically. Intuiting means paying more attention to one's inner voice. Feeling means making decisions according to the emotions. Everyone has these four functions in different proportions. What type of personality do you have?

A The statement is patently TRUE or follows logically, given the information or opinions contained in the passage.
B The statement is patently UNTRUE or the opposite follows logically, given the information or opinions contained in the passage.
C You CANNOT SAY whether the statement is true or untrue, or follows logically, without further information.

---

16 Jung regarded human behavior or habits as patterns.

○ A   ○ B   ○ C

17 A person who tends to be extroverted is likely to be absorbed in thoughts and ideas.

○ A   ○ B   ○ C

18 People are either extroverts or introverts, but not both.

○ A   ○ B   ○ C

Read the text and choose the best answer for each of the questions that follow.

Manatees are mammals which live in shallow water. They are gentle and slow-moving. They spend most of their time eating sea grasses, resting, and traveling. They are, therefore, known as sea cows. Currently, manatees are in danger of extinction. Though West Indian manatees, which gather in Florida in winter, are protected by law, some of them are killed in collisions with boats. They are friendly and sometimes approach boats without caution. In 1989, a female manatee named Marjorie was captured in Coot Bay. She looked dead. Her belly was badly torn by the propeller of a motorboat. Rescued immediately, she was transported to Miami Seaquarium and treated with great care. In 1993, she was joined by Graham, a calf rescued in Key Largo, and the next year she gave birth to a calf named Valentine. Before long, they were transferred to Homosassa Springs Wildlife State Park in order to make room for other injured manatees. In 1995, her family was released back into the water near the location where Marjorie was rescued six years ago. Now, every year, some manatees are rescued and, after becoming healthy, released back into the wild, like Marjorie.

A The statement is patently TRUE or follows logically, given the information or opinions contained in the passage.
B The statement is patently UNTRUE or the opposite follows logically, given the information or opinions contained in the passage.
C You CANNOT SAY whether the statement is true or untrue, or follows logically, without further information.

19 The behavior of Manatees is similar to that of cows.
○ A ○ B ○ C

20 Marjorie happily approached the boat, and was badly injured.
○ A ○ B ○ C

21 Marjorie went back to the wild from Miami Seaquarium.
○ A ○ B ○ C

論理的読解　模擬テスト

解説と正解

【本文の訳】
地球の温暖化は大災害をもたらす結果となるだろうか？　近年のひどい熱波のために世界中で何万人という人が亡くなった。ある研究者は「このような異常気象は何年も続くだろう」と述べている。科学者たちは、地球の温暖化に関する問題が初めて提起されて以来、気候の変化についてより多くのことを学んできているが、多くのことが依然として不可解なままである。最初に、私たちは雲をよく調べなければならない。温室効果ガスの影響で引き起こされた大気の温暖化に対して雲はどのように反応するのだろうか？

---

1 設問文の意味は、「たくさんの人たちが熱波のために亡くなった」。本文で述べられている、熱波による被害（ひどい熱波のために世界中で何万人という人が亡くなった）と合致する。設問文は正しい。

正解	A

2 設問文の意味は、「私たちが地球温暖化に気づく前に天候の変化が起こった」。本文では、地球の温暖化に関する問題が提起される以前のことは述べられていない。設問文の正誤は判断できない。

正解	C

3 設問文の意味は、「地球温暖化が雲の発達形成に影響していることは明らかだ」。本文に「科学者たちは、地球の温暖化に関する問題が初めて提起されて以来、気候の変化についてより多くのことを学んできているが、多くのことが依然として不可解なままである。最初に、私たちは雲をよく調べなければならない」とあることから、雲が温暖化に対してどのように反応しているのか不明とわかる。設問文は間違い。

正解	B

【本文の訳】
「ツール・ド・フランス」は最も大きく苛酷な自転車レースの1つである。レースは毎年主にフランスで開かれ、選手たちは3,000〜4,000キロメートル走ることが要求される。レースのコースには約20のステージがある。ステージは「平地ステージ」と「山岳ステージ」に分類される。山岳ステージでは、選手はアルプス山脈やピレネー山脈といった山岳地域を通らなければならない。選手はタイムとポイントを競う。ポイントはそれぞれのステージでのスプリントポイント（通過順位）に対して与えられる。総合優勝者は全ステージを通しての総合タイムで決定される。驚くことに、さまざまなジャージが賞品として用意されている。最も有名なジャージは「マイヨ・ジョーヌ」と呼ばれる黄色のジャージで、総合優勝者に授与されるものだ。次に来るのが最もポイントを獲得した選手に与えられる緑色のジャージである。白地に赤の水玉模様のジャージは山岳ポイントが1位の選手に、白のジャージは25歳以下で総合成績が1位の選手に授与される。大勢の選手たちが賞の獲得をねらって、非常に熱心にトレーニングをする。レースはとても刺激的でスリリングである。一度レースを見ると、完全にとりこになってしまうだろう。

---

4 設問文の意味は、「選手は1ステージにつき3,000〜4,000キロメートルを走らなければならない」。3,000〜4,000キロメートルは、約20あるステージの距離を合わせたもので、1ステージの距離ではない。設問文は間違い。

正解	B

---

5 設問文の意味は、「一番ポイントを獲得した選手が、総合優勝者となる」。総合優勝者は全ステージを通しての総合タイムで決定される。最も多くポイントを獲得した選手ではない。設問文は間違い。

正解	B

---

6 設問文の意味は、「勝者はその種別に一致するジャージを着なければならない」。本文では、勝者の種別ごとにジャージが授与されることが述べられているが、そのジャージを着る義務があるかどうかは述べられていない。設問文の正誤は判断できない。

正解	C

> **【本文の訳】**
>
> ブルージーンズはカリフォルニアのゴールド・ラッシュの時代に発明された。1848年、金がカリフォルニアで発見されると、ゴールド・ラッシュが始まった。何千という人々がカリフォルニアへ押し寄せ、金を採掘し始めた。リーバイ・ストラウスは織物類を売っていた24歳のドイツ人移民で、鉱夫たちが、パンツがいつも破れ、ポケットも鉱石のかたまりを入れるとすぐ破れてしまうと不平をこぼしているのに気づいた。ストラウスはテントや馬車のカバー用の粗いキャンバス地を持っていた。彼はキャンバス地でパンツを作った。そのパンツはとても丈夫で長持ちした。鉱夫たちはそのパンツが気に入ったが、パンツの布地が粗かったので皮膚がすりむけてしまった。そこでストラウスは、"Serge de Nimes"（訳注：ニーム地方のサージ生地という意味）と呼ばれるフランス製の柔軟性のある布地を代用した。それがデニムとして知られるようになった。1873年、ストラウスはポケットにリベットをつけて補強した。リベットのついたポケットとポケットに施されている模様化されたステッチは商標登録された。それらは今も使われ、今日たくさんの人々がリーバイスのジーンズを愛している。

7 設問文の意味は、「カリフォルニアのゴールド・ラッシュ時、日用品は供給不足だった」。本文では、ゴールド・ラッシュ時の日用品の供給状態については触れていない。設問文の正誤は判断できない。

正解	C

8 設問文の意味は、「ストラウスは、ジーンズを作るために、デニムとして知られるようになったテント用の粗いキャンバス地を使った」。デニム（Serge de Nimes）は、フランス製の柔軟性のある布地の名前で、テント用の粗いキャンバス地ではない。設問文は間違い。

正解	B

9 設問文の意味は、「リーバイスのジーンズはポケットに特徴がある」。本文の後半で、リベットのついたポケットと、ポケットに施されている模様化されたステッチが商標登録されたこと、それらが今も使われていることが述べられている。設問文は正しい。

正解	A

【本文の訳】

iPodなどの携帯用のMP3プレーヤーがニューヨークや東京で非常に人気である。MP3は、MPEG-1 Layer 3の略語で、もとの音質を維持したまま音のファイルを圧縮するデジタルファイル書式のことである。MP3のファイルは、オープンスタンダード（訳注：1社に独占されていない世界的に広く使われている形式のこと）で、ファイルのサイズが小さいので、簡単にインターネットからダウンロードできる。MP3のファイルは、インターネットから音楽をためて、聴くということを可能にさせた。携帯用のMP3プレーヤーのおかげで、インターネットの前に張りついていなくてもよくなった。携帯用のMP3プレーヤーには最大10,000曲を収録できるのだ。加えて、最新のプレーヤーには、カレンダー、ゲーム、電子書籍の機能がついている。さらに、さまざまな利用用途を広げている。例えば、ある大学では英語の授業で使用されている。学生たちはそれらを使って英語を学び、スケジュールを作成する。現在、数社が携帯用のMP3プレーヤーの市場の拡大を狙って競争している。

---

10 設問文の意味は、「MP3はもとの音質を損なうことなく音のファイルを圧縮する」。本文で述べられているMP3の説明と合致する。設問文は正しい。

| 正解 | A |

11 設問文の意味は、「MP3のファイルは簡単に入手できるので、MP3の書式は違法に使用される可能性がある」。本文では、MP3の書式が違法に使用される可能性について触れていない。設問文の正誤は判断できない。

| 正解 | C |

12 設問文の意味は、「1社がMP3の書式の使用を制限している」。本文の末尾で、数社が携帯用のMP3プレーヤーの市場の拡大を狙って競争していることが述べられている。1社独占の状態ではない。設問文は間違い。

| 正解 | B |

【本文の訳】

インターネットには矛盾する特徴を見いだせる。インターネットはグローバル言語（世界的な言語）として英語の支配を強める傾向にある。同時に、何百万という人たちが自分たちの言語で自分の考えを表明できる。ある研究者は、人々はインターネットで英語を完全に道具としてのみ使用し、他の言語や方言は彼ら自身の社会や文化の必要性を満たすために使用すると指摘している。南アフリカでは、遠距離通信の新しいプロジェクトが現地の言語やコンテンツを支援するために計画された。オーストラリアでは、アボリジニ（先住民）のグループが自分たちの文化を知らしめ、政治的にも自分たちの意見を表明するためにインターネットを使っている。インターネットは文化の多様性を支え、社会から疎外された人たちが情報を送ったり得たりするのに役立つ。しかし、多くの発展途上国では基本的な遠距離通信の設備が不足している。現地の言語で書かれたコンテンツにアクセスするには高度な技術が必要である。実際、インターネットでは世界のますます多くの情報源が英語で利用されやすくなっている。インターネットが文化の多様性を維持できるかどうかは、社会から疎外された人たちがインターネットのコンテンツにアクセスでき、利用できるかどうかにかかっている。

13 設問文の意味は、「英語はグローバル言語として発達することが予想される」。本文は、インターネットにおける言語について述べたもの。設問文はインターネットに限定していないため、インターネット以外の一般について、英語がグローバル言語として発達するかはわからない。設問文の正誤は判断できない。

> 正解　C

14 設問文の意味は、「インターネットへのアクセスにおいて不平等がある」。本文では、多くの発展途上国では基本的な遠距離通信の設備が不足していることが述べられている。発展途上国とそれ以外とで不平等があるといえる。設問文は正しい。

> 正解　A

15 設問文の意味は、「著者はインターネットが将来文化の多様性を守れるかわからない」。本文の末尾で、インターネットが文化の多様性を維持できるかどうかは、社会から疎外された人たちがインターネットのコンテンツにアクセスでき、利用できるかどうかにかかっていると述べられている。条件次第なので、現時点で著者は多様性を守れるかどうかはわからない。設問文は正しい。

> 正解　A

【本文の訳】
カール・ユングはパーソナリティの類型学を発達させ、内向性・外向性の用語を紹介した。外向性の人とは、外部の世界を好む人で、一方内向性の人とは、自分自身の内部の世界を好む人である。ユングは1人の人物を外向性の人、内向性の人には分類しなかった。彼は、あらゆる人が両方の傾向があると考えたからである。しかし、人には考え方に影響を及ぼす支配的な性格の特徴がある。人が外向性の傾向にあるにせよ、内向性の傾向にあるにせよ、人は心地よい方法で外部や内部の世界に対応している。ユングは次の4つの基本的な方法、すなわち機能を提示した。感覚機能、思考機能、直観機能、感情機能である。感覚機能は、感覚器官によって情報を得ることを意味する。思考機能は、合理的もしくは論理的に情報や考えを評価することを意味する。直観機能は、内面の声に一層注意を払うことを意味する。感情機能は、自分の感情にしたがって決定を下すことを意味する。誰もがこれらの4つの機能を異なる配分で備えている。あなたはどんなタイプのパーソナリティだろうか？

16 設問文の意味は、「ユングは人間の行動や習慣を型として見なした」。本文冒頭で、ユングがパーソナリティの類型学を発達させたことが述べられている。その紹介例が「内向性・外向性」と、本文の後半で述べられている4つの機能（感覚機能、思考機能、直観機能、感情機能）の提示。これらの内容から、人間の行動や習慣を型として見なしたといえる。設問文は正しい。

正解	A

17 設問文の意味は、「外向性傾向の人は物思いにふけりがちである」。本文では、外向性の人は「外部の世界を好む人」、内向性の人は「自分自身の内部の世界を好む人」と述べている。物思いにふけることは、内向性の人の「自分自身の内部の世界を好む」ことの1つで、外向性の人がしがちなことではない。設問文は間違い。

正解	B

18 設問文の意味は、「人は必ず外向性か内向性のどちらかの傾向だけがある」。本文では、ユングが、あらゆる人に外向性と内向性の両方の傾向があると考えていたことが述べられている。どちらかの傾向だけがあるのではない。設問文は間違い。

正解	B

【本文の訳】

マナティーは浅瀬に住む哺乳類である。おとなしく、動きがゆっくりしている。彼らはほとんどの時間を海草を食べたり、休んだり、移動したりして過ごす。それゆえ海のウシとして知られている。今日、マナティーは絶滅の危機に瀕している。冬にフロリダに集まってくる西インドマナティーは法律で保護されているものの、ボートに衝突して命を落とすマナティーもいる。彼らは友好的で、ときどき警戒せずにボートに近づいてくる。1989年、マージョリーと名づけられた雌のマナティーが、クート・ベイで捕獲された。彼女は死んでいるように見えた。彼女の腹部はモーターボートのプロペラでひどく裂けていた。すぐに救助され、マイアミ水族館へと搬送され、手厚く看護された。1993年に、キー・ラーゴで救助された子どものマナティーであるグラハムと一緒になり、翌年バレンタインと名づけられた子どもを生んだ。やがて、マージョリーたちは傷を負った他のマナティーに場所を空けるために、ホモサッサ・スプリング州立自然公園へ移された。1995年にマージョリー一家はマージョリーが6年前に救助された場所の近くの海へ放された。今日、毎年何頭かのマナティーが、マージョリーのように救助され、元気になって自然の海へ戻されている。

19 設問文の意味は、「マナティーの習性はウシの習性と似ている」。本文で述べられているマナティーの習性（ほとんどの時間を海草を食べたり、休んだり、移動したりして過ごす）は、ウシの習性と似ているといえる。「海のウシ」という表現からも、設問文は正しい。

正解　**A**

20 設問文の意味は、「マージョリーは喜んでボートに近づいていき、重傷を負った」。本文では、マナティーが友好的で警戒せずにボートに近づくこと、マージョリーの腹部がモーターボートのプロペラで裂けていたことが述べられているが、マージョリーが喜んでボートに近づいていったかどうかはわからない。設問文の正誤は判断できない。

正解　**C**

21 設問文の意味は、「マージョリーはマイアミ水族館から自然の海へと戻っていった」。マージョリーは1989年にクート・ベイで捕獲されてマイアミ水族館に搬送され、その後ホモサッサ・スプリング州立自然公園に移された。マイアミ水族館から海に戻ったのではない。設問文は間違い。

正解　**B**

Web サイトでも貴重な情報をお知らせしています

本書の著者「SPI ノートの会」は、独自の Web サイトを開設しています。
https://www.spinote.jp/

就活生、転職志望者、大学就職課、そして、企業の人事担当者にも活用していただける貴重な採用テスト情報・就活情報を公開しています。今後も続々と新情報を掲載しますので、乞うご期待！

第6部

性格

・・・・・・・・・・・・・・・・・・・・・・・・・・・・・・・・・・・・・・・

玉手箱
性格→ 335 ページ
意欲→ 339 ページ

C-GAB（テストセンター）
玉手箱の「性格（本格版）」が出題されます。

玉手箱の性格テストとは？

● 「性格」「意欲」の2種類がある

玉手箱の性格テストは、「企業の風土や職務内容に、応募者の資質がマッチしているか」を見るテストです。「性格」「意欲」の2種類があり、それぞれに本格版と簡易版があります。これらが、企業ごとに異なる組み合わせで出題されます。

種類		設問数	標準回答時間
性格	本格版	68問	約20分
	簡易版	30問	なし
意欲	本格版	36問	約15分
	簡易版	質問文が24×2組	なし
		質問文が36	

※「性格」は「パーソナリティ」、「意欲」は「モチベーションリソース」と呼ばれることもあります。
※性格テストでは、制限時間はありません。本格版では、回答の目安として「標準回答時間」が表示されます。

● 能力テストと一緒に実施されるのは本格版

性格テストのうち、能力テストと一緒に実施されるのは本格版です。

企業によっては、性格テストだけを実施することもあります。その場合は、本格版、簡易版のいずれかが実施されます。

● 応募企業の風土や職務内容にマッチしていることを示すには

玉手箱の性格テストの対策の基本は、「応募企業の風土や職務内容に、応募者の資質がマッチしていることを示す」ことです。

新卒採用で応募者に求められる「応募企業の風土や職務内容とのマッチ」は、言い換えれば「企業の採用基準に合致しているか」「志望職種への適性があるか」ということです。そのためには、大まかに次の手順で対策をしましょう。

① 企業の採用基準や、志望職種への適性を研究する

② その企業や職種での働き方を調べる

③「性格」で、自分に関係する尺度と質問例を調べる

④「意欲」で、自分に関係する尺度と質問例を調べる

① 企業の採用基準や、志望職種への適性を研究する

募集要項、会社案内、ホームページなど、企業はさまざまな形で採用基準を明確に表現しています。また、特定の職種につきたいのであれば、その職種について調べることです。 業界ごとに仕事内容などを紹介した「業界研究本」といった書籍を参考にしてもよいでしょう。

② その企業や職種での働き方を調べる

①で採用基準や志望職種を調べる過程で、**「もし自分がその企業に入社したり、調べている職種についた場合、どのような働き方になるのか」についても、わかる範囲で調べます。** それには、企業のホームページや「リクナビ」などの就職情報サイトによくある「先輩社員の1日」といった紹介記事が役立ちます。特定の職種を志望するのであれば、先に述べた「業界研究本」も参考にするとよいでしょう。

③「性格」で、自分に関係する尺度と質問例を調べる

採用基準や応募職種への適性が、「性格」の「尺度」のどれに該当するかを調べます。**性格テストでは、いろいろな切り口（測定基準）から受検者の性格傾向を診断します。この測定基準を「尺度」といいます。玉手箱では「性格」「意欲」ごとに尺度があり、この尺度に基づいて診断結果が出されます。** そこで、まずは、「性格」から、自分に関係する尺度と質問例を調べるのです。調べ方について詳しくは、336ページをお読みください。調べた尺度と質問例は、ノートなどにまとめておき、実際に性格テストを受検するときにすぐに活用できるようにしておきましょう。

④「意欲」で、自分に関係する尺度と質問例を調べる

②で調べた「働き方」をもとに、今度は「意欲」で、自分に関係する尺度と質問例を調べます。こちらも、調べた尺度と質問例はノートなどにまとめておきましょう。

◖● 採用基準や適性がわからないときは「尺度一覧」で！

多くの企業はホームページや会社案内などで「求める人物像」をわかりやすく表現していますが、そうでない企業も存在するのが現実です。

そこで、**333ページの「職種と性格尺度の一覧」が役立ちます**。この一覧は、代表的な職種・新卒の大学生に人気の高い職種に絞って、一般的な仕事内容から関係する尺度を予測したリストです。あなたがつきたい職種の尺度を知り、「尺度の定義と質問例」で具体的な質問例を調べておきましょう。

◖● 採用基準の研究は「適社・適職探し」

採用基準を調べる過程は、「自分はどのような企業で働きたいのか」「どのような職種につきたいのか」を見きわめる作業でもあります。

この過程でわかった採用基準と、自分の性格や信条があまりにも大きくかけ離れている場合は、思い切って企業や職種の選択から考え直してみるのもよいでしょう。

性格・意欲【尺度の定義と質問例】

◗◯ 性格【尺度の定義と質問例】

尺度	定義	質問例
説得力	人を説得することが好きな性格	交渉事が好きだ 物を売るのが楽しい 人を納得させるのが楽しい
指導力	人を指導することが好きな性格	人を指導する立場になることが多い グループのまとめ役になることが多い 人に指示を与えて動かすのが好きなほうだ
独自性	自分独自で考え行動することが好きな性格	周りが反対しても自分の考えを押し通すほうだ 何事にも自分の意見があるほうだ 自分のやり方や意見にこだわる
外向的	人を楽しませることが好きな性格	冗談を言うのが大好きだ 初めての人でも気軽に話すほうだ 面白い話で、人を楽しませるほうだ
友好的	大勢の人といることが好きな性格	友達が多いほうだ 大勢の友達と過ごすことが多い 友達と一緒にいる時間が楽しい
社会性	大勢の前で話をすることが好きな性格	人前の説明が苦にならないほうだ 大勢の前でのスピーチは楽しい 公式な場で挨拶を頼まれても平気だ
謙虚	人に対して謙虚に振る舞う性格	あまり自慢話をしないほうだ 控えめなほうだ 自分の成功を人に話さないほうだ
周囲への相談	人の意見を聞きながら物事を進めるのが好きな性格	物事は人と相談しながら進める 人の意見を聞いて方針を決める みんなで相談しながら進めたほうが物事はうまくいくと思う
面倒見の良さ	人の面倒を見ることが好きな性格	人の相談に乗ることが多いほうだ アドバイスをするのは得意なほうだ 人の相談には親身になるほうだ
作業志向	物を作ったり、直したりするのが好きな性格	パソコンを扱うのが好きだ 機械を直したり組み立てるのが楽しい 手先を使う作業が楽しい
数値志向	データや数値にそって考えるのが好きな性格	難しい計数を扱うのが楽しい 表やグラフを作るのが楽しい 数字に強いほうだ
アート志向	美的なものを好む性格	尊敬する芸術家が何人かいる 常に絵や音楽を楽しむ 美的なものに関心があるほうだ
人間志向	人の行動の動機や背景を考えるのが好きな性格	人の性格を分析するのが楽しい 人の行動や発言の裏にある動機を考えるほうだ
保守的	すでにある価値観を大事にする性格	古い価値観を大切にするほうだ 確立されているやり方があれば、それに従うほうだ 保守的な価値観を持っているほうだ

尺度	定義	質問例
変化への対応	変化を受け入れることを好む性格	変化がある状況が楽しい 新しいもの好きだ 初めてのことに挑戦するのが苦にならないほうだ
論理的	論理的に考えることが好きな性格	物事を論理的に考えるのが楽しい 複雑な問題や抽象的な問題を解くのが楽しい 知的好奇心が強いほうだ
創造性	新しい工夫をすることが好きな性格	人とは違うアイデアを出すほうだ 面白い案が浮かぶほうだ 創意工夫をするのが好きだ
計画性	物事を計画的に行うことを好む性格	計画をきちんと立ててから行動する 事前の準備をするのが楽しい どんなトラブルが起こるかを先に予測する
緻密さ	物事を正確に行うことを好む性格	物事を正確に行うのが好きだ 正確さや緻密さが要求されることが得意だ 細かいところも注意を払う
時間厳守	時間に正確なことを好む性格	締め切りを守るほうだ 時間に正確なほうだ 約束事を守るほうだ
リラックス	常にリラックスしている性格	物事が多少うまくいかなくても平気である すぐにリラックスできるほうだ 気持ちの切り替えができるほうだ
心配性	物事がうまく進まないと心配になる性格	物事がうまくいくかどうかが常に心配になる 大事な会やイベントの前になると緊張するほうだ
精神的タフさ	人が自分をどう評価しても気にならない性格	悪口をいわれても毅然と対応するほうだ 人にどう思われるかを気にしない 精神的にタフなほうだ
精神安定性	自分の感情を表に出さない性格	怒っても顔に出さないことが多い 感情を表に出さないことを好む 感情を抑えることができるほうだ
楽観思考	物事を楽観的に考える性格	物事を楽観的に捉えることが多い 悲観的になることはほとんどないほうだ
批判性	物の欠点や矛盾に気がつく性格	議論になったとき、相手の話の矛盾点にすぐ気がつく 物事の欠点や弱点にすぐ気がつくほうだ
行動力	体を動かすことを好む性格	体を動かすのが好きだ 休みの日は家でじっとしているより、外に出かけるのが好きだ スポーツや体を鍛えるのが楽しい
競争心	人との競争を楽しむ性格	人と競争事をするのが楽しい 負けず嫌いなたちである 勝負するからには必ず勝ちたい
仕事志向	出世や昇進を好む性格	上昇志向が強いほうだ 目標は高く設定するほうだ 高い目標に向かって努力するのが好きだ
決断力	すばやく決断することを好む性格	物事を決めるのが早いほうだ 状況判断はすばやくできるほうだ 決断を先延ばしにしないほうだ

※SHL社とビジネス教育研究所のホームページ情報を参考に作成

■● 性格【職種と性格尺度の一覧】

職種	仕事内容	必要な尺度
研究開発	専門知識・専門技術を自ら作り上げていく。最先端の情報・技術を常に学ばなくてはならない。	独自性　数値志向 変化への対応　論理的
商品企画	世の中の動きをとらえてヒット商品を考え出す。商品のコンセプト、商品名、パッケージを企画する。	論理的　批判性 創造性　独自性
システムエンジニア	顧客のニーズにかなったシステムの設計をする。	社会性　行動力 論理的　競争心 数値志向
プログラマー	システム仕様書にそって、正確にプログラムを作成する仕事。	作業志向　論理的 数値志向　緻密さ 時間厳守
経理	企業の出入金の管理、決算書・税務申告書の作成。	数値志向　計画性 緻密さ
宣伝広告	商品広告を作成し、新聞・雑誌・テレビ・ラジオなどのメディアを通じて発信する。広告代理店に広告物の制作を発注する。	数値志向　アート志向 創造性
人事	採用・昇格昇進・教育研修・人事異動・勤怠管理など、年間の予定をしっかり立てて進める仕事が多い。	指導力　社会性 面倒見の良さ　計画性
新規営業	取引のない相手に電話をかけたり、直接訪問し営業する。	説得力　社会性 精神的タフさ　行動力 競争心
経営コンサルタント	顧客企業の経営トップや社員に対するヒアリングと各種データから問題点を発見し、それに対する解決案・改善案を提言する。	説得力　社会性 数値志向　論理的
金融ディーラー	株、為替、債券などの金融商品を安く買い、高く売り、利益を出す仕事。損を出しても、楽観的に考えられるタフさが必要。	数値志向　精神的タフさ 楽観思考　決断力

※SHL社とビジネス教育研究所のホームページ情報を参考に作成

■● 意欲【尺度の定義と質問例】

尺度	定義	質問例 ※（＋）は肯定的に聞く「プラスの質問文」 ※（－）は否定的（逆説的）に聞く「マイナスの質問文」	
活力	複数の仕事をこなす環境を好む	（＋）仕事の速さが求められる	（－）落ち着いて仕事をする
達成	高い目標を与えられる	（＋）大きな目標を持つ （＋）仕事を最後までやる （＋）目標以上を達成する	（－）目標があいまいな仕事をする
競争	社員間の競争がある	（＋）競争が激しい （＋）競争をあおる	（－）自分のペースで進める
失敗	失敗の責任を厳しく問われる	（＋）失敗が許されない	（－）失敗しても責任が問われない
権限	権限を与えられる	（＋）自分の指示に皆が従う	（－）権限を持たない
没頭	長時間の仕事に没頭する	（＋）仕事量が多い	（－）プライベートの時間をしっかりとる
利潤	利潤を生み出す	（＋）利益を出すことが重要である	（－）利益を意識しない
報酬	報酬が多い	（＋）高額な報酬を得る （＋）金銭的に豊かである （＋）年収が常に増えていく （＋）成績は収入に反映される	（－）成績は収入に直接影響しない
昇進	実力によって昇進する	（＋）若くても昇進のチャンスがある	（－）昇進は年功序列である
階層	階層によって待遇差が大きい	（＋）地位の重要性がある	（－）上下関係があまり大きくない
帰属	集団で仕事をする	（＋）協力してする仕事が多い （＋）調和を重んじる	（－）一人でする仕事が多い
認知	上司や周囲が評価をする	（＋）成果をきちんと評価する	（－）評価を公表しない
倫理	社会的倫理観を重視する	（＋）自分を律して働く （＋）規範を守る （＋）規律を守る （＋）社会の秩序を守る	（－）規律よりも現実性を重視する
安定・快適	職場環境が安定かつ快適である	（＋）安定した職につく （＋）通勤しやすい職場だ	（－）冒険的な仕事をする
成長	能力開発につながる	（＋）新しい知識を吸収できる	（－）学ぶ機会が少ない
興味	変化のある仕事をする	（＋）面白い仕事をする	（－）定型的な仕事をする
柔軟性	仕事の手順を柔軟に変化できる	（＋）新しい手法に挑戦する	（－）教えられた手法を守る
自主性	自分の裁量の幅が大きい	（＋）自分で方向性を決める （＋）自主性を発揮する	（－）すべて上司の指示に従う （－）自分の裁量権はない

※SHL 社と SHL グループの Web サイトと受検者の記憶を参考に作成

性格とは？

●自分の「パーソナリティ」について答える

「性格」は、30の尺度に基づくさまざまな質問文から、自分の「パーソナリティ」について回答するテストです。本格版と簡易版があります。

※「性格」は「パーソナリティ」と呼ばれることもあります。

●本格版は、4つの質問文から1つずつYESとNOを選ぶ

本格版は1つの設問につき4つの質問文があり、「YES」と「NO」を1つずつ選びます。

質問文は、どれを選んでもよさそうな内容で構成されています。どれを選べば高い評価が得られるかがわかりにくくなっています。

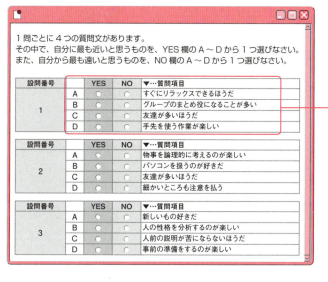

1問ごとに4つの質問文があります。
その中で、自分に最も近いと思うものを、YES欄のA～Dから1つ選びなさい。
また、自分から最も遠いと思うものを、NO欄のA～Dから1つ選びなさい。

設問番号		YES	NO	▼…質問項目
1	A	○	○	すぐにリラックスできるほうだ
	B	○	○	グループのまとめ役になることが多い
	C	○	○	友達が多いほうだ
	D	○	○	手先を使う作業が楽しい

設問番号		YES	NO	▼…質問項目
2	A	○	○	物事を論理的に考えるのが楽しい
	B	○	○	パソコンを扱うのが好きだ
	C	○	○	友達が多いほうだ
	D	○	○	細かいところも注意を払う

設問番号		YES	NO	▼…質問項目
3	A	○	○	新しいもの好きだ
	B	○	○	人の性格を分析するのが楽しい
	C	○	○	人前の説明が苦にならないほうだ
	D	○	○	事前の準備をするのが楽しい

本格版では、性格の30の尺度に基づく質問文が、4つずつ並んでいる。
自分に最も近いと思うものを「YES」から1つ、自分から最も遠いと思うものを「NO」から1つ選ぶ

性格の攻略法

■○ 自分に関係する尺度を割り出す

「性格」では、企業の採用基準や職種への適性に応じて、「必要な尺度」が異なります。このため、採用基準、志望職種への適性を研究し、尺度を割り出します。

　例えば、ある企業で求められる人物像が、「自ら創意工夫をする人物」とわかったとします。「性格【尺度の定義と質問例】」には「創造性」という尺度があり、「定義」がこの人物像に似通っています。この企業で必要な尺度の1つは「創造性」といえます。

尺度	定義	質問例
創造性	新しい工夫をすることが好きな性格	人とは違うアイデアを出すほうだ 面白い案が浮かぶほうだ 創意工夫をするのが好きだ

※尺度を割り出す際の参考として、また、採用基準が明確でない企業を志望するときのために、「性格【職種と性格尺度の一覧】」もあわせてお読みください。

■○ 尺度の定義と質問例を覚え、回答方針をまとめる

　自分に関係する尺度を割り出したら、関係する尺度の定義と質問例を覚えましょう。尺度は複数あるでしょうから、ノートなどにまとめておくとよいでしょう。

● 例：コンピュータソフトを開発する会社で、「プログラマー」の職につきたい場合

作業志向	定義 ：	物を作ったり、直したりするのが好きな性格
	質問例 ：	パソコンを扱うのが好きだ
		機械を直したり組み立てるのが楽しい
		手先を使う作業が楽しい
数値志向	定義 ：	データや数値にそって考えるのが好きな性格
	質問例 ：	難しい計数を扱うのが楽しい
		表やグラフを作るのが楽しい
		数字に強いほうだ
論理的	定義 ：	論理的に考えることが好きな性格
	質問例 ：	物事を論理的に考えるのが楽しい
		複雑な問題や抽象的な問題を解くのが楽しい
		知的好奇心が強いほうだ

【職種と性格尺度の一覧】にある、プログラマーに一般的に必要とされる尺度を抜き出し、定義と質問例をまとめる

緻密さ	定義	:	物事を正確に行うことを好む性格
	質問例	:	物事を正確に行うのが好きだ
			正確さや緻密さが要求されることが得意だ
			細かいところも注意を払う
時間厳守	定義	:	時間に正確なことを好む性格
	質問例	:	締め切りを守るほうだ
			時間に正確なほうだ
			約束事を守るほうだ

●● 本番では、必要な尺度の質問文を「YES」にする

　実際に受けるときは、**必要な尺度の質問文で「YES」を選びます。**そして、それ以外の尺度の質問文のどれかを「NO」にするようにします。

設問番号		YES	NO	▼…質問項目	
1	A	○	●	すぐにリラックスできるほうだ	←リラックス
	B	○	○	グループのまとめ役になることが多い	←指導力
	C	○	○	友達が多いほうだ	←友好的
	D	●	○	手先を使う作業が楽しい	←作業志向

これを「YES」にするのが大事　　「NO」はD以外のどれでもかまわない

　先ほどのプログラマーの例では、Dはプログラマーに必要な「作業志向」なので、「YES」にします。必要な尺度以外は、どれを「NO」にしてもかまいません。

●● 1つの設問に必要な尺度の質問文が複数ある場合は、どれか1つを「YES」にする

必要な尺度の質問文が複数あるときは、どれか1つで「YES」を選びます。

設問番号		YES	NO	▼…質問項目	
2	A	●	○	物事を論理的に考えるのが楽しい	←論理的
	B	○	○	パソコンを扱うのが好きだ	←作業志向
	C	○	●	友達が多いほうだ	←友好的
	D	○	○	細かいところも注意を払う	←緻密さ

「YES」はC以外のどれでもかまわない　　これを「NO」にするのが大事

この中で、プログラマーに必要な尺度の質問文はA、B、Dです。どれを「YES」にしてもかまいません。Cはプログラマーに必要な尺度ではないので、Cを「NO」にします。

　必要な尺度の質問文を「NO」にしてはいけません。プログラマーに必要な尺度の質問文であるA、B、Dは、どれも「NO」にしてはいけません。

◧● 必要な尺度以外の質問文は「YES」「NO」のどちらでもかまわない

　1つの設問に、必要な尺度の質問文がない場合もあります。その場合は、どれを「YES」にしても「NO」にしてもかまいません。

簡易版は、対照的な質問文に「自分はどちらに近いか」を選ぶ形式

「性格」の簡易版は、左右の対照的な質問文のどちらに近いかを答える形式です。簡易版で使用される尺度は、本格版と同じです。

　簡易版では、必要な尺度の質問文の「非常に近い」が本格版の「YES」にあたると考えましょう。必要な尺度以外の質問文については、どれを選択してもかまいません。

　その質問文がどの尺度にあたるかわからない場合など、判断に迷ったときは、「どちらかというとA（B）」など、中間の選択肢を選択するのが無難です。

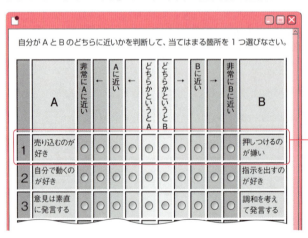

「売り込むのが好き」「押しつけるのが嫌い」は、どちらも「説得力」の尺度に基づく質問文。「説得力」が必要な尺度なら、「非常にAに近い」を選択する

意欲とは？

◐ どんな環境で「やる気」が出るかを答える

「意欲」は、仕事や職場環境についての質問文から、「どのような仕事・職場環境だとやる気（モチベーション）が出るか」について回答するテストです。本格版と簡易版があります。

※「意欲」は「モチベーションリソース」と呼ばれることもあります。

◐ 本格版は、4つの質問文から YES と NO を1つずつ選ぶ

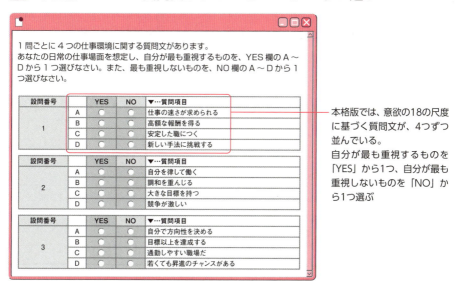

1問ごとに4つの仕事環境に関する質問文があります。
あなたの日常の仕事場面を想定し、自分が最も重視するものを、YES欄のA〜Dから1つ選びなさい。また、最も重視しないものを、NO欄のA〜Dから1つ選びなさい。

設問番号		YES	NO	▼…質問項目
1	A	○	○	仕事の速さが求められる
	B	○	○	高額な報酬を得る
	C	○	○	安定した職につく
	D	○	○	新しい手法に挑戦する

設問番号		YES	NO	▼…質問項目
2	A	○	○	自分を律して働く
	B	○	○	調和を重んじる
	C	○	○	大きな目標を持つ
	D	○	○	競争が激しい

設問番号		YES	NO	▼…質問項目
3	A	○	○	自分で方向性を決める
	B	○	○	目標以上を達成する
	C	○	○	通勤しやすい職場だ
	D	○	○	若くても昇進のチャンスがある

本格版では、意欲の18の尺度に基づく質問文が、4つずつ並んでいる。
自分が最も重視するものを「YES」から1つ、自分が最も重視しないものを「NO」から1つ選ぶ

◐ 1つの尺度にプラスの質問文とマイナスの質問文がある

「意欲」では、1つの尺度にプラスの質問文とマイナスの質問文があります。

尺度	定義	質問例	
活力	複数の仕事をこなす環境を好む	（＋）仕事の速さが求められる	（−）落ち着いて仕事をする

プラスの質問文。「YES」と回答すると、「活力がある」と診断される

マイナスの質問文。「NO」と回答すると、「活力がある」と診断される

意欲の攻略法

●● 企業や職種で求められる「働き方」から尺度を割り出す

「意欲」では、志望企業や職種で求められる「働き方」を研究し、関係する尺度を割り出すことが必要です。基本的には「性格」と同じですが、「意欲」のほうがやや複雑です。例えば、求められる「働き方」が次のようなものとわかったとします。

> X社の営業職では、1人あたりの仕事量が多く、大変忙しい。仕事のスピードが求められ、結果として長時間の労働が必要になる。しかし、その分、成果に応じて給与が上がり、高額な報酬を得ることができる。

「意欲【尺度の定義と質問例】」から、必要と思われる尺度を割り出します。以下の3つが該当します。

・「仕事のスピードが求められる」＝「活力」

・「長時間の労働が必要」＝「没頭」

・「成果に応じて給与が上がり、高額な報酬を得ることができる」＝「報酬」

尺度	定義	質問例	
活力	複数の仕事をこなす環境を好む	（＋）仕事の速さが求められる	（－）落ち着いて仕事をする
没頭	長時間の仕事に没頭する	（＋）仕事量が多い	（－）プライベートの時間をしっかりとる
報酬	報酬が多い	（＋）高額な報酬を得る （＋）金銭的に豊かである （＋）年収が常に増えていく （＋）成績は収入に反映される	（－）成績は収入に直接影響しない

このケースでは、プラス（＋）の質問文にはYES、マイナス（－）の質問文にはNOと回答します。

尺度を割り出したら、「性格」と同じく、関係する尺度の定義と質問例を覚えましょう。

●● 本番では、必要な尺度のプラスの質問文を「YES」にする

実際に受けるときは、必要な尺度のプラスの質問文のどれか1つで「YES」を選びます。そして、それ以外の尺度の質問文のどれかを「NO」にするようにします。

設問番号		YES	NO	▼…質問項目	
1	A	●	○	仕事の速さが求められる	←活力
	B	○	○	高額な報酬を得る	←報酬
	C	○	○	安定した職につく	←安定・快適
	D	○	●	新しい手法に挑戦する	←柔軟性

「YES」は A、B の
どちらかを選ぶ

「NO」は C、D の
どちらかを選ぶ

　A、Bは、X社の営業職で必要な「活力」「報酬」のプラスの質問文です。どちらかを「YES」にします。C、Dは必要な尺度ではないので、どちらかを「NO」にします。

●) 必要な尺度のマイナスの質問文には「NO」と回答する

必要な尺度のマイナスの質問文には「NO」を選びます。

設問番号		YES	NO	▼…質問項目	
1	A	○	●	落ち着いて仕事をする	←活力
	B	●	○	高額な報酬を得る	←報酬
	C	○	○	安定した職につく	←安定・快適
	D	○	○	新しい手法に挑戦する	←柔軟性

これを「YES」にする　　これを「NO」にする

　例えば、先ほどの設問1のAが「活力」のマイナスの質問文だった場合、Bを「YES」にして、Aを「NO」にします。

●) 必要な尺度以外の質問文は「YES」「NO」のどちらでもかまわない

　1つの設問に、必要な尺度の質問文がない場合もあります。その場合は、どれを「YES」にしても「NO」にしてもかまいません。

簡易版は、質問文が24×2組のタイプと、質問文が36のタイプがある

「意欲」の簡易版は、質問文の数が異なる2タイプがあります。どちらも、「やる気が出る要因」と「やる気が出ない要因」を選ぶ形式です。

簡易版で使用される尺度は、本格版と同じです。やる気が出る要因、やる気が出ない要因それぞれについて、必要な尺度を最低限3つは用意しましょう。

簡易版では、必要な尺度の質問文の「やる気が出る」が本格版の「YES」に相当します。逆に、「やる気が出ない」は本格版の「NO」に相当します。

質問文が24×2組のタイプ

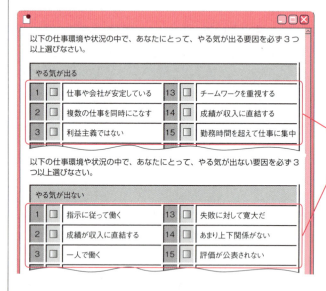

「やる気が出る」「やる気が出ない」に24ずつ質問文がある。それぞれから3つ以上を選ぶ

質問文が36のタイプ

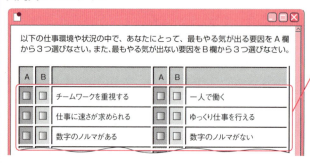

プラスの質問文とマイナスの質問文が左右で対になっている。例えば、1行目は「帰属」の尺度で、左側はプラスの質問文、右側はマイナスの質問文。
「A」「B」からそれぞれ3つ選ぶ

第 **7** 部

「自宅受検型Webテスト」
能力画面と
実施企業一覧

・・・

有力自宅受検型 Web テスト「能力テスト」画面を完全再現！

受検後に便利！問題画面からテストを見分ける！

■受検が終わったあとで、Webテストの種類が何かを確認しておこう！

■解けない問題があったときは、次回に備えて対策本で対策しよう！

※各画面は全体のイメージをつかむためのもので、問題の解答は掲載していません。

「玉手箱」の計数問題

● 図表の読み取り　29問15分/40問35分（P.36）

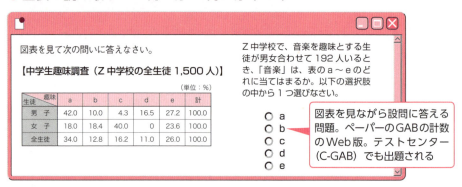

図表を見て次の問いに答えなさい。

【中学生趣味調査（Z 中学校の全生徒 1,500 人）】

（単位：%）

生徒＼趣味	a	b	c	d	e	計
男 子	42.0	10.0	4.3	16.5	27.2	100.0
女 子	18.0	18.4	40.0	0	23.6	100.0
全生徒	34.0	12.8	16.2	11.0	26.0	100.0

Z 中学校で、音楽を趣味とする生徒が男女合わせて 192 人いるとき、「音楽」は、表の a～e のどれに当てはまるか。以下の選択肢の中から 1 つ選びなさい。

○ a
○ b
○ c
○ d
○ e

図表を見ながら設問に答える問題。ペーパーのGABの計数のWeb版。テストセンター（C-GAB）でも出題される

● 四則逆算　50問9分（P.110）

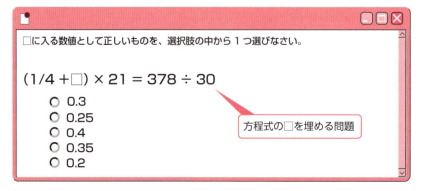

□に入る数値として正しいものを、選択肢の中から 1 つ選びなさい。

$$(1/4 + \square) \times 21 = 378 \div 30$$

○ 0.3
○ 0.25
○ 0.4
○ 0.35
○ 0.2

方程式の□を埋める問題

● 表の空欄の推測　20問20分/35問35分（P.150）

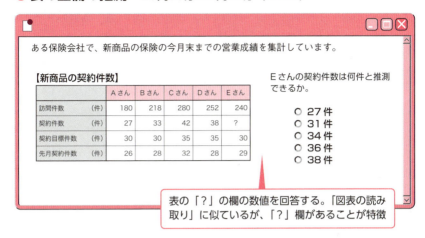

ある保険会社で、新商品の保険の今月末までの営業成績を集計しています。

【新商品の契約件数】

		Aさん	Bさん	Cさん	Dさん	Eさん
訪問件数	（件）	180	218	280	252	240
契約件数	（件）	27	33	42	38	？
契約目標件数	（件）	30	30	35	35	30
先月契約件数	（件）	26	28	32	28	29

Eさんの契約件数は何件と推測できるか。

- ○ 27件
- ○ 31件
- ○ 34件
- ○ 36件
- ○ 38件

> 表の「？」の欄の数値を回答する。「図表の読み取り」に似ているが、「？」欄があることが特徴

「玉手箱」の言語問題

● 論理的読解（GAB形式の言語）　32問15分（8長文）/52問25分（13長文）（P.224）

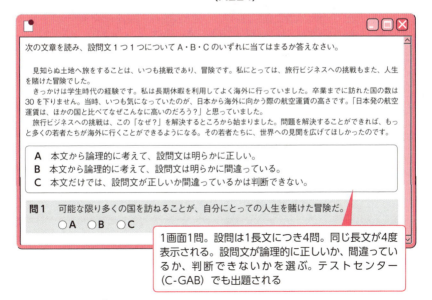

次の文章を読み、設問文１つ１つについてA・B・Cのいずれに当てはまるか答えなさい。

　見知らぬ土地へ旅をすることは、いつも挑戦であり、冒険です。私にとっては、旅行ビジネスへの挑戦もまた、人生を賭けた冒険でした。
　きっかけは学生時代の経験です。私は長期休暇を利用してよく海外に行っていました。卒業までに訪れた国の数は30を下りません。当時、いつも気になっていたのが、日本から海外に向かう際の航空運賃の高さです。「日本発の航空運賃は、ほかの国と比べてなぜこんなに高いのだろう？」と思っていました。
　旅行ビジネスへの挑戦は、この「なぜ？」を解決するところから始まりました。問題を解決することができれば、もっと多くの若者たちが海外に行くことができるようになる。その若者たちに、世界への見聞を広げてほしかったのです。

　A　本文から論理的に考えて、設問文は明らかに正しい。
　B　本文から論理的に考えて、設問文は明らかに間違っている。
　C　本文だけでは、設問文が正しいか間違っているかは判断できない。

問1　可能な限り多くの国を訪ねることが、自分にとっての人生を賭けた冒険だ。
　○A　○B　○C

> 1画面1問。設問は1長文につき4問。同じ長文が4度表示される。設問文が論理的に正しいか、間違っているか、判断できないかを選ぶ。テストセンター（C-GAB）でも出題される

● 趣旨判定（IMAGES形式の言語）　32問10分（8長文）（P.254）

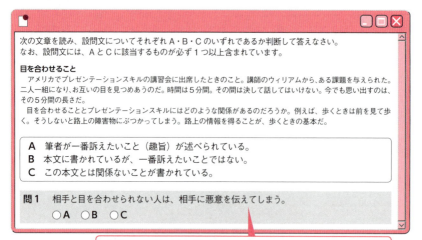

次の文章を読み、設問文についてそれぞれ A・B・C のいずれであるか判断して答えなさい。
なお、設問文には、A と C に該当するものが必ず 1 つ以上含まれています。

目を合わせること
　アメリカでプレゼンテーションスキルの講習会に出席したときのこと。講師のウィリアムから、ある課題を与えられた。二人一組になり、お互いの目を見つめあうのだ。時間は 5 分間。その間は決して話してはいけない。今でも思い出すのは、その 5 分間の長さだ。
　目を合わせることとプレゼンテーションスキルにはどのような関係があるのだろうか。例えば、歩くときは前を見て歩く。そうしないと路上の障害物にぶつかってしまう。路上の情報を得ることが、歩くときの基本だ。

A	筆者が一番訴えたいこと（趣旨）が述べられている。
B	本文に書かれているが、一番訴えたいことではない。
C	この本文とは関係ないことが書かれている。

問 1　相手と目を合わせられない人は、相手に悪意を伝えてしまう。
　　　　○A　○B　○C

1画面4問。設問文が筆者の一番訴えたいこと（趣旨）か、趣旨ではないか、本文には関係ないことかを選ぶ

● 趣旨把握　10問12分（10長文）（P.276）

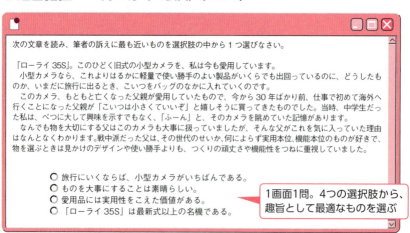

次の文章を読み、筆者の訴えに最も近いものを選択肢の中から 1 つ選びなさい。

　「ローライ 35S」。このひどく旧式の小型カメラを、私は今も愛用しています。
　小型カメラなら、これよりはるかに軽量で使い勝手のよい製品がいくらでも出回っているのに、どうしたものか、いまだに旅行に出るとき、こいつをバッグのなかに入れていくのです。
　このカメラ、もともと亡くなった父親が愛用していたもので、今から 30 年ばかり前、仕事で初めて海外へ行くことになった父親が「こいつは小さくていいぞ」と嬉しそうに買ってきたものでした。当時、中学生だった私は、べつに大して興味を示すでもなく、「ふーん」と、そのカメラを眺めていた記憶があります。
　なんでも物を大切にする父はこのカメラも大事に扱っていましたが、そんな父がこれを気に入っていた理由はなんとなくわかります。戦中派だった父は、その世代のせいか、何によらず実用本位、機能本位のものが好きで、物を選ぶときは見かけのデザインや使い勝手よりも、つくりの頑丈さや機能性をつねに重視していました。

　　○　旅行にいくならば、小型カメラがいちばんである。
　　○　ものを大事にすることは素晴らしい。
　　○　愛用品には実用性をこえた価値がある。
　　○　「ローライ 35S」は最新式以上の名機である。

1画面1問。4つの選択肢から、趣旨として最適なものを選ぶ

346

「玉手箱」の英語問題

● 長文読解（IMAGES形式の英語）　24問10分（8長文）（P.282）

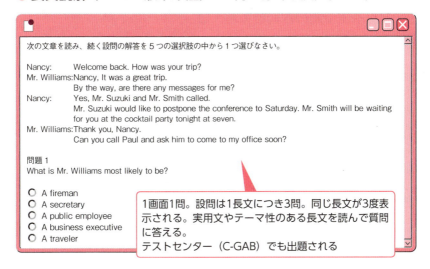

次の文章を読み、続く設問の解答を5つの選択肢の中から1つ選びなさい。

Nancy:　　　　Welcome back. How was your trip?
Mr. Williams:Nancy, It was a great trip.
　　　　　　　By the way, are there any messages for me?
Nancy:　　　　Yes, Mr. Suzuki and Mr. Smith called.
　　　　　　　Mr. Suzuki would like to postpone the conference to Saturday. Mr. Smith will be waiting for you at the cocktail party tonight at seven.
Mr. Williams:Thank you, Nancy.
　　　　　　　Can you call Paul and ask him to come to my office soon?

問題1
What is Mr. Williams most likely to be?

○　A fireman
○　A secretary
○　A public employee
○　A business executive
○　A traveler

1画面1問。設問は1長文につき3問。同じ長文が3度表示される。実用文やテーマ性のある長文を読んで質問に答える。
テストセンター（C-GAB）でも出題される

● 論理的読解（GAB形式の英語）　24問10分（8長文）（P.306）

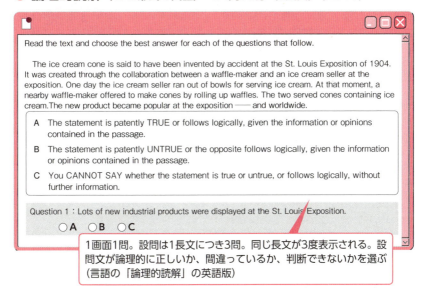

Read the text and choose the best answer for each of the questions that follow.

The ice cream cone is said to have been invented by accident at the St. Louis Exposition of 1904. It was created through the collaboration between a waffle-maker and an ice cream seller at the exposition. One day the ice cream seller ran out of bowls for serving ice cream. At that moment, a nearby waffle-maker offered to make cones by rolling up waffles. The two served cones containing ice cream.The new product became popular at the exposition —— and worldwide.

A　The statement is patently TRUE or follows logically, given the information or opinions contained in the passage.

B　The statement is patently UNTRUE or the opposite follows logically, given the information or opinions contained in the passage.

C　You CANNOT SAY whether the statement is true or untrue, or follows logically, without further information.

Question 1：Lots of new industrial products were displayed at the St. Louis Exposition.
　　　　○A　　○B　　○C

1画面1問。設問は1長文につき3問。同じ長文が3度表示される。設問文が論理的に正しいか、間違っているか、判断できないかを選ぶ（言語の「論理的読解」の英語版）

「Web-CAB」

※詳細は、『これが本当のCAB・GABだ！』（講談社）を参照

● 四則逆算→玉手箱の四則逆算と同じ
● 法則性　30問12分

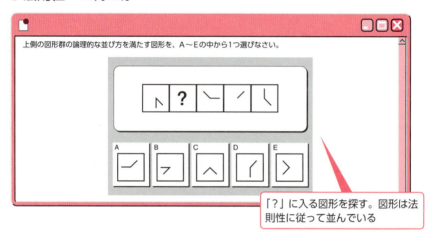

「?」に入る図形を探す。図形は法則性に従って並んでいる

● 命令表　36問15分

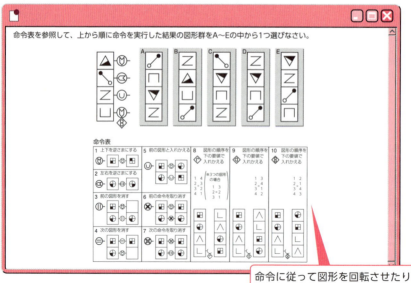

命令に従って図形を回転させたり入れ替えたりし、その結果、どのような図形の並びになるかを答える

● 暗号　30問16分

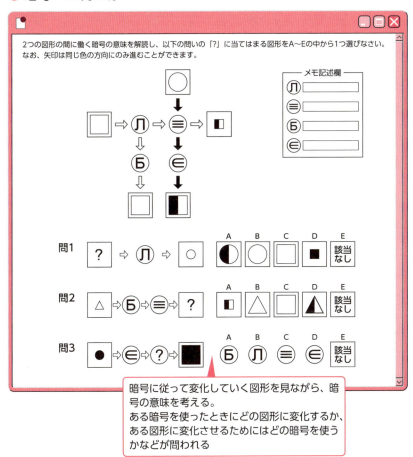

2つの図形の間に働く暗号の意味を解読し、以下の問いの「?」に当てはまる図形をA～Eの中から1つ選びなさい。
なお、矢印は同じ色の方向にのみ進むことができます。

メモ記述欄

問1
問2
問3

暗号に従って変化していく図形を見ながら、暗号の意味を考える。
ある暗号を使ったときにどの図形に変化するか、ある図形に変化させるためにはどの暗号を使うかなどが問われる

TG-WEB

※詳細は、『これが本当のWebテストだ！②』（講談社）を参照

● 計数（標準型）　9問18分

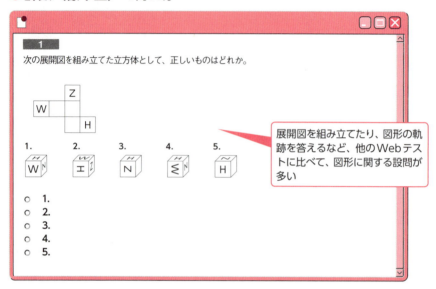

1

次の展開図を組み立てた立方体として、正しいものはどれか。

展開図を組み立てたり、図形の軌跡を答えるなど、他のWebテストに比べて、図形に関する設問が多い

- ○　1.
- ○　2.
- ○　3.
- ○　4.
- ○　5.

● 計数（時短型）　36問8分

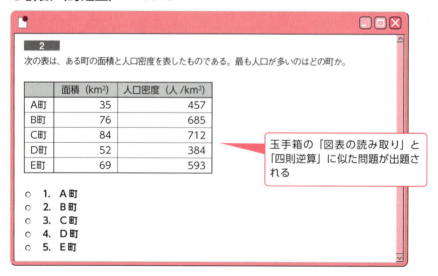

2

次の表は、ある町の面積と人口密度を表したものである。最も人口が多いのはどの町か。

	面積（km²）	人口密度（人/km²）
A町	35	457
B町	76	685
C町	84	712
D町	52	384
E町	69	593

玉手箱の「図表の読み取り」と「四則逆算」に似た問題が出題される

- ○　1.　A町
- ○　2.　B町
- ○　3.　C町
- ○　4.　D町
- ○　5.　E町

● 言語（標準型） 12問12分

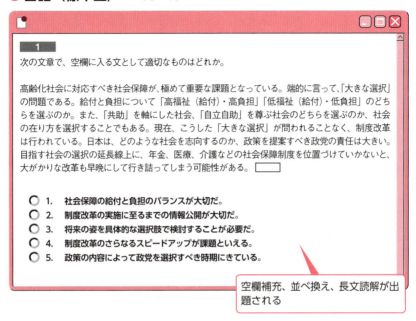

1

次の文章で、空欄に入る文として適切なものはどれか。

高齢化社会に対応すべき社会保障が、極めて重要な課題となっている。端的に言って、「大きな選択」の問題である。給付と負担について「高福祉（給付）・高負担」「低福祉（給付）・低負担」のどちらを選ぶのか。また、「共助」を軸にした社会、「自立自助」を尊ぶ社会のどちらを選ぶのか、社会の在り方を選択することでもある。現在、こうした「大きな選択」が問われることなく、制度改革は行われている。日本は、どのような社会を志向するのか、政策を提案すべき政党の責任は大きい。目指す社会の選択の延長線上に、年金、医療、介護などの社会保障制度を位置づけていかないと、大がかりな改革も早晩にして行き詰ってしまう可能性がある。　　　　

- ○ 1. 社会保障の給付と負担のバランスが大切だ。
- ○ 2. 制度改革の実施に至るまでの情報公開が大切だ。
- ○ 3. 将来の姿を具体的な選択肢で検討することが必要だ。
- ○ 4. 制度改革のさらなるスピードアップが課題といえる。
- ○ 5. 政策の内容によって政党を選択すべき時期にきている。

空欄補充、並べ換え、長文読解が出題される

● 言語（時短型） 34問7分

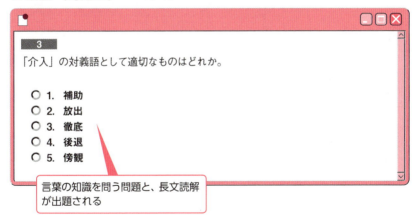

3

「介入」の対義語として適切なものはどれか。

- ○ 1. 補助
- ○ 2. 放出
- ○ 3. 徹底
- ○ 4. 後退
- ○ 5. 傍観

言葉の知識を問う問題と、長文読解が出題される

●英語　10問15分

問1

以下の長文を読んで、設問に答えなさい。

As the end of the twentieth century approaches, the globalization of production has accelerated sharply. National boundaries once limited the regions within which groups of people were engaged in their economic activities. Today, however, we have entered into an era in which the flow of goods, information, money and people is unimpeded by geographical distribution.

(①) , the concept of national boundaries is becoming different from what it used to be. It is now expressing a situation in which national boundaries ② simply delimit platforms of production. Surprisingly, however, the globalization of the economy has not brought an equitable distribution of wealth. In fact, it has brought certain nations to increasing concentrations of wealth and reinforcements of dominant statuses. It has not led Third World countries to the power centers of the world economy, but has left them as marginalized as before and made it more difficult for them to combat their (③)　status. Many countries face deepened poverty, and the ④ cumulative effect of poverty is an increase in the number of malnourished children.

1

Choose the most suitable word(s) from those given below to fill in the blank ① .

○　A. with unexpectedness

○　B. although

○　C. as a consequence

○　D. however

○　E. of its own accord

空欄補充、言い換えなどを含む長文読解が出題される

WEB テスティング

※詳細は、『これが本当のWebテストだ！③』（講談社）を参照

● 非言語

空欄に当てはまる数値を求めなさい。

Xは2の倍数、Yは3の倍数、Zは5の倍数であり、以下のことがわかっている。

　ア　X+Y=35
　イ　Y+Z=41

X、Y、Zがいずれも正の整数であるとき、
Xは［　　　］である。

回答欄

入力式の問題が多く出題される

次へ

● 言語

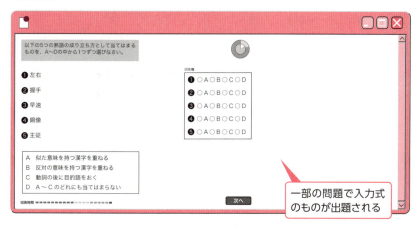

以下の5つの熟語の成り立ち方として当てはまるものを、A〜Dの中から1つずつ選びなさい。

❶ 左右
❷ 握手
❸ 早速
❹ 銅像
❺ 主従

A　似た意味を持つ漢字を重ねる
B　反対の意味を持つ漢字を重ねる
C　動詞の後に目的語をおく
D　A〜Cのどれにも当てはまらない

回答欄
❶ ○A○B○C○D
❷ ○A○B○C○D
❸ ○A○B○C○D
❹ ○A○B○C○D
❺ ○A○B○C○D

一部の問題で入力式のものが出題される

次へ

CUBIC

※詳細は、『これが本当のWebテストだ！③』（講談社）を参照

● **言語**　20問4〜10分

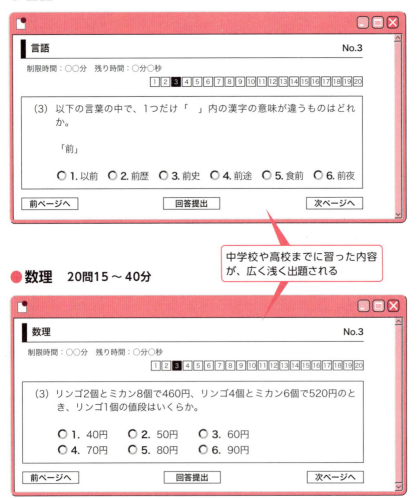

言語　　　　　　　　　　　　　　　　　　　　　　　No.3

制限時間：○○分　残り時間：○分○秒

1 2 **3** 4 5 6 7 8 9 10 11 12 13 14 15 16 17 18 19 20

(3) 以下の言葉の中で、1つだけ「　」内の漢字の意味が違うものはどれか。

「前」

○ 1. 以前　○ 2. 前歴　○ 3. 前史　○ 4. 前途　○ 5. 食前　○ 6. 前夜

前ページへ　　　　　回答提出　　　　　次ページへ

中学校や高校までに習った内容が、広く浅く出題される

● **数理**　20問15〜40分

数理　　　　　　　　　　　　　　　　　　　　　　　No.3

制限時間：○○分　残り時間：○分○秒

1 2 **3** 4 5 6 7 8 9 10 11 12 13 14 15 16 17 18 19 20

(3) リンゴ2個とミカン8個で460円、リンゴ4個とミカン6個で520円のとき、リンゴ1個の値段はいくらか。

○ 1. 40円　　○ 2. 50円　　○ 3. 60円
○ 4. 70円　　○ 5. 80円　　○ 6. 90円

前ページへ　　　　　回答提出　　　　　次ページへ

● 論理　20問15〜40分

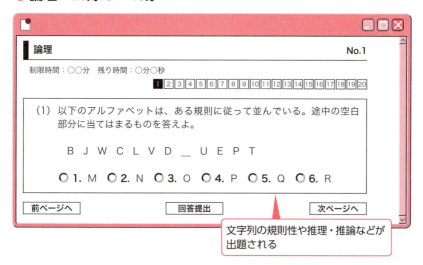

● 図形　20問5〜15分

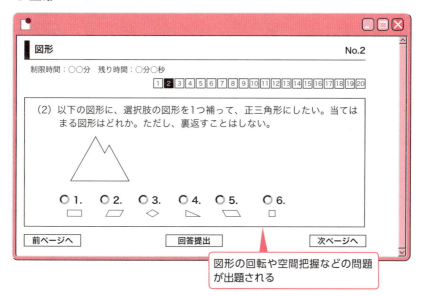

●英語　20問10〜15分

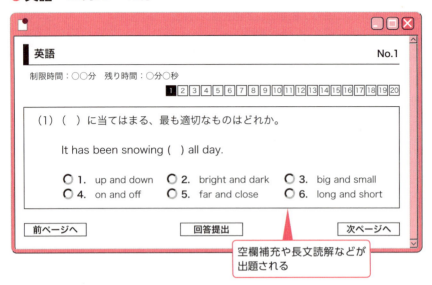

空欄補充や長文読解などが
出題される

TAP

※詳細は、『これが本当のWebテストだ！③』（講談社）を参照

● 言語　27問10分

言葉の意味に関する問題と、
文章を論理的に読解する問
題が出題される

数理　21問15分

検査Ⅰ－2(15分)　ID：XXXXXXXX　文字サイズ 小 中 大

問2　残り時間　00：00

以下の問いに答えよ。

$\dfrac{\sqrt{10}+3}{\sqrt{10}-3}$ の分母を有理化せよ。

○ ア　$\dfrac{1}{13}$　　○ イ　$6\sqrt{10}+19$　　○ ウ　19

○ エ　$\dfrac{19-6\sqrt{10}}{25}$　○ オ　$\dfrac{3}{13}$

学校で習った数学の知識が試される問題が、広い範囲から出題される

解答状況　1 2 3　7 8 9　10 11 12　13 14 15　16 17 18　19 20 21

前の問題へ　　　次の問題へ　　　受検を終了する

論理　25問20分

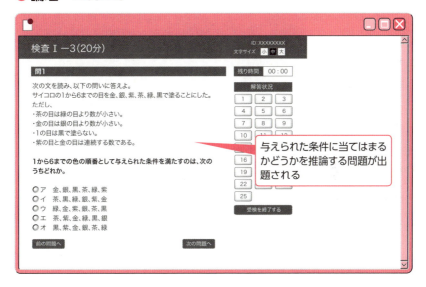

検査Ⅰ－3(20分)　ID：XXXXXXXX　文字サイズ 小 中 大

問1　残り時間　00：00

次の文を読み、以下の問いに答えよ。
サイコロの1から6までの目を金、銀、紫、茶、緑、黒で塗ることにした。
ただし、
・茶の目は緑の目より数が小さい。
・金の目は銀の目より数が小さい。
・1の目は黒で塗らない。
・紫の目と金の目は連続する数である。

1から6までの色の順番として与えられた条件を満たすのは、次のうちどれか。

○ ア　金、銀、黒、茶、緑、紫
○ イ　茶、黒、緑、銀、紫、金
○ ウ　緑、金、紫、銀、茶、黒
○ エ　茶、緑、金、緑、黒、銀
○ オ　黒、紫、金、銀、茶、緑

与えられた条件に当てはまるかどうかを推論する問題が出題される

解答状況　1 2 3　4 5 6　7 8 9　10 11 12　16　19　22　25　受検を終了する

前の問題へ　　　次の問題へ

特報 コロナ影響で自宅受検型の増加続く。SPIとSCOAでテストセンター自宅受検開始

　2023年度の本選考（2022年3月1日に広報解禁）と2024年度の夏インターンシップでは、昨年に引き続き新型コロナウイルス感染症の影響が見られました。**以前はテストセンターやペーパーテストを実施していた企業が自宅受検型Webテストに変更する傾向が続いています。**SPIを実施している企業では、テストセンターとWEBテスティングのどちらを受けるか、受検者が選べるところもあります。

●オンライン監視テストの拡大続く。SPIとSCOAでテストセンターの自宅受検が可能に

　2021年に登場したオンライン監視の仕組み（SPIのWEBテスティング、C-GAB、TG-WEB）は、実施企業が着実に増えています。**2022年は、新しくSPIとSCOAのテストセンターに、オンライン監視による自宅受検の仕組みが登場しました。**

主なオンライン監視テスト（2022年10月現在）

テスト名	方式	説明
SPI	テストセンター （2022年10月開始）	予約時に会場受検か自宅受検かを選べる。自宅で受検するときは、パソコンのWebカメラなどを通じ、監督者が受検を監視する ※どの企業でも自宅受検を選べる
	WEBテスティング (自宅受検)	パソコンのWebカメラなどを通じ、監督者が受検を監視する ※監視の有無は企業により異なる
C-GAB	テストセンター	予約時に会場受検か自宅受検かを選べる。自宅で受検するときは、パソコンのWebカメラなどを通じ、監督者が受検を監視する ※自宅受検を選べるようにするかどうかは企業により異なる
TG-WEB	自宅受検	「TG-WEB eye」というテストで、AIが受検を監視する
SCOA	テストセンター （2022年6月開始）	「SCOA cross」というテストセンター方式のテストが登場。受検者は予約時に会場受検か自宅受検かを選べる。自宅で受検するときは、パソコンのWebカメラなどを通じ、監督者が受検を監視する ※従来のSCOAのテストセンター（会場受検のみ）も引き続き実施

●情報を収集し、臨機応変に見極めながら就職活動を進めよう

　企業が自宅受検型Webテストに変更する動きは、今後もしばらく続くことが予想されます。オンライン監視テストの実施企業もさらに増えるでしょう。就活生の皆さんは、志望業界や企業についてきちんと情報収集し、臨機応変に見極めながら就職活動を進めてください。**例年、テストセンターやペーパーテストを実施している企業を志望する人は、同系列の自宅受検型Webテストの対策もしておきましょう。**

テストセンター・ペーパーテスト			同系列の自宅受検型Webテスト
SPI	テ	テストセンター	WEBテスティング
	紙	ペーパーテスト	
SHL社のテスト	テ	C-GAB・C-CAB	玉手箱・Web-CAB
	紙	CAB・GAB・IMAGES	
ヒューマネージ社のテスト	テ	ヒューマネージ社のテストセンター	TG-WEB
	紙	i9	

※SCOAにもテストセンター、ペーパーテストがありますが、内容は同じです。
※C-CABは、テストセンターに出向いてWeb-CABの能力テストを受けるテストです。C-GABと同じ会場で実施されます。

就活生必見の貴重な情報!

C-GABを実施している企業は?

　「C-GAB がどの企業で実施されているのかわからない」「C-GAB の実施企業を知りたい」という多くの読者の声にお応えして、過去 5 年間に C-GAB を実施した企業の一部を紹介します。

C-GAB を実施したことが判明している企業	
愛知県信用保証協会	中日新聞社
伊丹市役所	東京応化工業
伊藤忠商事	東京信用保証協会
伊藤忠丸紅鉄鋼	富山薬品工業
いるま野農業協同組合	豊田通商
NTT都市開発	長瀬産業
沖縄セルラー電話	ハーゲンダッツ ジャパン
京都北都信用金庫	ホクレン肥料
京浜急行バス	マツダロジスティクス
建設技術研究所	丸紅
高知県信用保証協会	ミスミグループ本社
静岡ガス	三井物産
静岡鉄道	三菱ガス化学
住友商事	三菱倉庫
双日	菱友システム技術

Webテスト実施企業一覧

過去5年間に、Webテストを実施した企業の一部を紹介します。

◎ 原則として、「自宅受検型Webテスト」の実施企業を掲載していますが、インターンシップと本選考のいずれかでテストセンターも実施している場合は、その旨を記載しています。
◎ 表中のテストに加えて、他のWebテスト、テストセンター、ペーパーテストを実施している企業もあります。
◎ 企業名は五十音順です。職種が明らかな場合は【　】内に示しました。いずれも調査当時のものです。
◎ ①〜②はテストの使用順です。「一次選考」「二次選考」ではありません。

企業名	インターンシップでのWebテスト	本選考での Web テスト
アイシン		SPIのWEBテスティング
アイシン・インフォテックス		Web-CAB
あおぞら銀行		玉手箱
アクセンチュア	玉手箱	玉手箱
旭化成	玉手箱・Web-CAB	玉手箱
アサヒビール	玉手箱	玉手箱
足利銀行		玉手箱
味の素	玉手箱	玉手箱
アステラス製薬	SPIのWEBテスティング	SPIのWEBテスティング
阿波銀行		SPIのWEBテスティング・TAL
池田泉州銀行		TG-WEB
いすゞ自動車		SPIのWEBテスティング
一条工務店	SPIのWEBテスティング	SPIのWEBテスティング
茨城県信用組合		玉手箱
インテックソリューションパワー		Web-CAB
ウエルシア薬局		玉手箱
AGC	SPIのWEBテスティング	SPIのテストセンター
エーザイ	SPIのWEBテスティング	SPIのWEBテスティング
SMBC日興証券	玉手箱	玉手箱
SCSK	TG-WEB	TG-WEB
NEC	玉手箱	SPIのWEBテスティング
NECネッツエスアイ		SPIのWEBテスティング・TG-WEB
NOK	玉手箱	玉手箱
NTTコムウェア	SPIのWEBテスティング・TAL	SPIのWEBテスティング・TAL
NTTデータ	SPIのWEBテスティング・TAL	SPIのWEBテスティング・TAL
NTTドコモ	SPIのWEBテスティング	SPIのWEBテスティング・TAL
NTTファイナンス	玉手箱	玉手箱
NTTファシリティーズグループ		玉手箱・TAL
ENEOS	玉手箱	玉手箱
エフエム沖縄		TAP

企業名	インターンシップでのWebテスト	本選考でのWebテスト
オイレス工業		玉手箱
岡三証券	玉手箱	玉手箱
オカムラ		TG-WEB
沖電気工業		玉手箱
オムロン	玉手箱	玉手箱
オリックス	玉手箱	玉手箱
オリンパス	SPIのWEBテスティング	SPIのWEBテスティング
花王		TG-WEB
カプコン		【総合職】CUBIC 【プログラマー】Web-CAB
川崎重工業	SPIのWEBテスティング	SPIのWEBテスティング
関西エアポート	玉手箱	玉手箱
関西テレビ放送		玉手箱
関西みらい銀行	玉手箱	玉手箱・TAL
関東電気保安協会		SPIのWEBテスティング
キヤノン	【技術系】TG-WEB	【技術系】SPIのテストセンター 【事務系】TG-WEB
キヤノンマーケティングジャパン	TG-WEB	SPIのテストセンター
キユーピー	SPIのWEBテスティング	SPIのWEBテスティング
京都中央信用金庫		玉手箱
杏林製薬	玉手箱	玉手箱
協和キリン	TG-WEB	TG-WEB
きらやか銀行		玉手箱
キリンホールディングス	TG-WEB	TG-WEB
クラレ	SPIのWEBテスティング	SPIのWEBテスティング
KDDI	玉手箱	玉手箱
神戸製鋼所		TG-WEB
コーセー		玉手箱
国際協力機構		TG-WEB
コクヨ	SPIのWEBテスティング	SPIのWEBテスティング
コスモエネルギーホールディングス	SPIのWEBテスティング	SPIのWEBテスティング
小林製薬		玉手箱
コメリ		SPIのWEBテスティング
五洋建設		玉手箱
サーラエナジー		TG-WEB
サッポロビール		SPIのWEBテスティング
サントリーホールディングス		玉手箱
CBC		玉手箱

企業名	インターンシップでのWebテスト	本選考でのWebテスト
JX金属	玉手箱	玉手箱
JSOL	SPIのWEBテスティング	SPIのWEBテスティング
ジェイテクト	玉手箱	玉手箱
ジェーシービー	SPIのWEBテスティング	SPIのWEBテスティング
滋賀銀行		玉手箱
シグマクシス	TG-WEB	TG-WEB
資生堂	TG-WEB	TG-WEB
シティグループ証券	玉手箱	玉手箱
シャープ		玉手箱
商船三井		【陸上職】玉手箱 【海上職】C-GAB
昭和産業		SPIのWEBテスティング
ジョンソン・エンド・ジョンソン	TG-WEB	TG-WEB
新生銀行		SPIのWEBテスティングまたはSPIのテストセンター
スクウェア・エニックス		SPIのWEBテスティング
スズキ		玉手箱
鈴与商事		SPIのWEBテスティング
スタッフサービス・ホールディングス	SPIのWEBテスティング	SPIのWEBテスティング
スタンレー電気	SPIのWEBテスティング	SPIのWEBテスティング
SUBARU	SPIのWEBテスティング	SPIのWEBテスティング
住友化学	SPIのWEBテスティング	SPIのWEBテスティング・TG-WEB
住友セメントシステム開発		SPIのWEBテスティング・Web-CAB
住友電装	SPIのWEBテスティング	SPIのWEBテスティング
住友不動産	玉手箱	玉手箱
住友林業	玉手箱	玉手箱
セイコーエプソン	SPIのWEBテスティング	SPIのWEBテスティング
セイコーホールディングス		TG-WEB
積水化学工業		TG-WEB
積水ハウス	玉手箱	玉手箱
全国共済農業協同組合連合会	玉手箱	玉手箱
セントラルスポーツ		TG-WEB
そごう・西武	TG-WEB	TG-WEB
ソニー	SPIのWEBテスティング	SPIのWEBテスティング
損害保険ジャパン	SPIのWEBテスティング	SPIのWEBテスティングまたはSPIのテストセンター
第一生命保険	【基幹職】SPIのWEBテスティング	【基幹職】SPIのWEBテスティング
大王製紙		CUBIC

企業名	インターンシップでのWebテスト	本選考での Web テスト
第四北越銀行		SPIのWEBテスティング
大同特殊鋼		SPIのWEBテスティング
大日本印刷	TG-WEB	玉手箱・TG-WEB
大鵬薬品工業	玉手箱	玉手箱
大和ハウス工業		玉手箱
田辺三菱製薬	SPIのWEBテスティング・TAL	SPIのWEBテスティング・TAL
千葉興業銀行		CUBIC
中央労働金庫		玉手箱
中京テレビ放送	玉手箱	玉手箱
中部電力	SPIのWEBテスティング	SPIのテストセンター
千代田化工建設	玉手箱	玉手箱
筑波銀行		TAP
DMG森精機		SPIのWEBテスティング
TDK		玉手箱
TBSテレビ		玉手箱
帝人	SPIのWEBテスティング	SPIのWEBテスティング
テレビ朝日		TG-WEB
デロイト トーマツ コンサルティング	TG-WEB	TG-WEB
デンソーテクノ		SPIのWEBテスティング・TAL
東映		玉手箱
東急	玉手箱・Web-CAB	玉手箱・Web-CAB
東急不動産		TG-WEB
東京海上日動火災保険	玉手箱	玉手箱
東京ガスiネット	Web-CAB	Web-CAB
東京建物	玉手箱	玉手箱
東芝		SPIのWEBテスティング
東芝テック	玉手箱	玉手箱
東武鉄道	玉手箱	玉手箱
東洋製罐	SPIのWEBテスティング	SPIのWEBテスティング
東レ		SPIのWEBテスティング
TOTO	TG-WEB	TG-WEB
トーハン		SPIのWEBテスティング
都市再生機構		SPIのWEBテスティング
栃木銀行		玉手箱
鳥取銀行		TAP
豊田合成	CUBIC	CUBIC
トヨタ自動車		SPIのWEBテスティング

企業名	インターンシップでのWebテスト	本選考での Web テスト
豊通マシナリー		玉手箱
中日本高速道路	玉手箱	玉手箱
ニコン	玉手箱	玉手箱
西日本電信電話	玉手箱	玉手箱
西日本旅客鉄道		玉手箱
日産自動車	玉手箱	玉手箱
日産車体		TAP
ニッセイ情報テクノロジー	SPIのWEBテスティング	①SPIのテストセンター ②Web-CAB
日鉄エンジニアリング	SPIのWEBテスティング	SPIのWEBテスティング
日鉄テックスエンジ		SPIのWEBテスティング
ニップン		玉手箱
ニフコ		TAP
日本工営		TG-WEB
日本政策金融公庫	TG-WEB	TG-WEB
日本製鉄	SPIのWEBテスティング	SPIのWEBテスティング
日本総研情報サービス	玉手箱	玉手箱
日本タタ・コンサルタンシー・サービシズ	TG-WEB	TG-WEB
日本たばこ産業		TG-WEB
日本通運		玉手箱
日本テレビ放送網		TG-WEB
日本取引所グループ		TG-WEBまたは ヒューマネージ社のテストセンター
日本郵政グループ	SPIのWEBテスティング	SPIのテストセンター・TAL
日本ロレアル	CUBIC	CUBIC
任天堂		玉手箱
農林中央金庫	SPIのWEBテスティング	SPIのテストセンター
野村證券	玉手箱・TAL	SPIのWEBテスティング・TAL
野村不動産	SPIのWEBテスティング	SPIのテストセンター
博報堂	玉手箱	玉手箱
パナソニック	SPIのWEBテスティング	SPIのテストセンター
ハナマルキ		SPIのWEBテスティング
阪和興業	玉手箱	玉手箱
PwCコンサルティング	玉手箱	玉手箱
ビー・ユー・ジーDMG森精機	SPIのWEBテスティング	SPIのWEBテスティング
東日本電信電話	玉手箱	玉手箱
日立グローバルライフ ソリューションズ	玉手箱	玉手箱

企業名	インターンシップでのWebテスト	本選考での Web テスト
日立製作所	玉手箱	玉手箱
日立ソリューションズ・クリエイト		Web-CAB
日野自動車	SPIのWEBテスティング	SPIのテストセンター
百五銀行		玉手箱
ファーストリテイリング	SPIのWEBテスティング	SPIのWEBテスティング
ファイザー	玉手箱	玉手箱
ファミリーマート	SPIのWEBテスティング	SPIのWEBテスティング
富士ソフト		SPIのWEBテスティング
富士通	玉手箱・Web-CAB	玉手箱・Web-CAB
富士通総研		玉手箱・Web-CAB
富士フイルム	SPIのWEBテスティング	eF-1G・SPIのテストセンター
富士フイルムビジネスエキスパート	TG-WEB	SPIのテストセンター
フューチャーアーキテクト	玉手箱・Web-CAB	玉手箱・Web-CAB
北越メタル		TAP
北陸銀行		玉手箱
北陸電気工事		TAP
北海道電力		玉手箱
本田技研工業	SPIのWEBテスティング	SPIのWEBテスティング
毎日放送		CUBIC
丸全昭和運輸		SPIのWEBテスティング
みずほ銀行	玉手箱・TAL	玉手箱・TAL
みずほ証券	玉手箱・TAL	玉手箱・TAL
みちのく銀行		SPIのWEBテスティング
三井住友海上火災保険	SPIのWEBテスティング	SPIのテストセンター
三井住友銀行	玉手箱	玉手箱
三井不動産商業マネジメント		玉手箱
三越伊勢丹グループ	玉手箱	玉手箱
三菱ケミカル		玉手箱
三菱地所		TG-WEB
三菱自動車工業	CUBIC	CUBIC
三菱重工業	SPIのWEBテスティング	SPIのWEBテスティング またはSPIのテストセンター
三菱商事		玉手箱・SPIのWEBテスティング・ Web-CAB
三菱電機	TG-WEB	TG-WEB・SPIのWEBテスティング
三菱電機エンジニアリング		SPIのWEBテスティング
三菱マテリアル		CUBIC

企業名	インターンシップでのWebテスト	本選考での Web テスト
三菱UFJ銀行	TG-WEB・TAL	【総合職】 TG-WEB・TAL 【ビジネス・スペシャリスト職】 SPIのWEBテスティング・TG-WEB・TAL
三菱UFJ信託銀行		玉手箱
三菱UFJニコス		SPIのWEBテスティング
三菱UFJモルガン・スタンレー証券	玉手箱・TAL	玉手箱・TAL
ミリアルリゾートホテルズ		玉手箱
武蔵野銀行		SPIのWEBテスティング
村田製作所	SPIのWEBテスティング	SPIのWEBテスティング
明治安田生命保険	TG-WEB	【法人総合営業職(地域型)】TG-WEB 【総合職】TAL
明電舎		CUBIC
メビックス	SPIのWEBテスティング	SPIのWEBテスティング
持田製薬		玉手箱
ヤクルト本社		玉手箱
安川電機	玉手箱	玉手箱
ヤマザキビスケット		TG-WEB
ヤンマー		玉手箱
ユー・エス・ジェイ	TG-WEB	TG-WEB
ユニ・チャーム	玉手箱	玉手箱
横浜銀行		玉手箱
リコージャパン		SPIのWEBテスティング
りそな銀行	TAL	玉手箱・TAL
ルネサス エレクトロニクス		SPIのWEBテスティング
ルミネ		玉手箱
ローソン	玉手箱	玉手箱
ローランド ディー.ジー.		SPIのWEBテスティング
YKK	SPIのWEBテスティング	SPIのWEBテスティング
WOWOW		CUBIC

無断転載禁止©SPIノートの会

【編著者紹介】

SPIノートの会 1997年に結成された就職問題・採用テストを研究するグループ。2002年春に、『この業界・企業でこの「採用テスト」が使われている！』（洋泉社）を刊行し、就職界に衝撃を与える。その後、『これが本当のSPI3だ！』をはじめ、『これが本当のWebテストだ！』シリーズ、『これが本当のテストセンターだ！』『これが本当のSCOAだ！』『これが本当のCAB・GABだ！』『これが本当の転職者用SPI3だ！』『完全再現NMAT・JMAT攻略問題集』『「良い人材」がたくさん応募し、企業の業績が伸びる採用の極意』『こんな「就活本」は買ってはいけない！』などを刊行し、話題を呼んでいる。講演依頼はメールでこちらへ　pub@spinote.jp

SPIノートの会サイトでは情報を随時更新中　

https://www.spinote.jp/

カバーイラスト＝しりあがり寿
口絵イラスト＝草田みかん
図版作成＝山本秀行（Ｆ３デザイン）
本文デザイン＝横田良子／中山デザイン事務所
DTP作成＝山本秀一・山本深雪（G-clef）

本書に関するご質問は、下記講談社サイトのお問い合わせフォームからご連絡ください。
サイトでは本書の書籍情報（正誤表含む）を掲載しています。

https://spi.kodansha.co.jp

＊回答には１週間程度お時間をいただく場合がございます。
＊本書の範囲を超えるご質問にはお答えしかねますので、
　あらかじめご了承ください。

本当の就職テストシリーズ

【玉手箱・C-GAB編】

これが本当のWebテストだ！ ① 2025年度版

2023年1月20日　第1刷発行

編著者　　ＳＰＩノートの会
発行者　　鈴木章一
発行所　　株式会社講談社
　　　　　東京都文京区音羽 2-12-21　〒112-8001
　　　　　電話 編集　03-5395-3522
　　　　　　　 販売　03-5395-4415
　　　　　　　 業務　03-5395-3615

KODANSHA

装　丁　　岩橋直人
カバー印刷　共同印刷株式会社
印刷所　　株式会社ＫＰＳプロダクツ
製本所　　株式会社国宝社

© SPI notenokai 2023, Printed in Japan
定価はカバーに表示してあります。

落丁本・乱丁本は購入書店名を明記のうえ、小社業務あてにお送りください。送料小社負担にてお取り替えいたします。本書のコピー、スキャン、デジタル化等の無断複製は著作権法上での例外を除き禁じられています。本書を代行業者等の第三者に依頼してスキャンやデジタル化することは、たとえ個人や家庭内の利用でも著作権法違反です。Ⓡ〈日本複製権センター委託出版物〉複写を希望される場合は、事前に日本複製権センター（電話 03-6809-1281）の許諾を得てください。

ISBN978-4-06-530649-9　N.D.C. 307.8　390p　21cm

主要3方式〈テストセンター・ペーパーテスト・WEBテスティング〉対応

これが本当の SPI3だ!

SPIノートの会 編著

■A5判・並製
■定価：1650円（税込）

超定番! SPIの3方式を出る順で対策!

○SPIの「テストセンター」「ペーパーテスト」「WEBテスティング」を効率よく対策!

○頻出度順の出題範囲表で、方式ごとの出題範囲がひと目でわかる!

○講義形式のていねいな解説で、数学や国語から遠ざかっていた就活生でも理解しやすい!

2025年度版
好評発売中

必勝「Webテスト」完全突破シート

©SPIノートの会

■20×20の表

×	1	2	3	4	5	6	7	8	9	10	11	12	13	14	15	16	17	18	19	20
1	1	2	3	4	5	6	7	8	9	10	11	12	13	14	15	16	17	18	19	20
2	2	4	6	8	10	12	14	16	18	20	22	24	26	28	30	32	34	36	38	40
3	3	6	9	12	15	18	21	24	27	30	33	36	39	42	45	48	51	54	57	60
4	4	8	12	16	20	24	28	32	36	40	44	48	52	56	60	64	68	72	76	80
5	5	10	15	20	25	30	35	40	45	50	55	60	65	70	75	80	85	90	95	100
6	6	12	18	24	30	36	42	48	54	60	66	72	78	84	90	96	102	108	114	120
7	7	14	21	28	35	42	49	56	63	70	77	84	91	98	105	112	119	126	133	140
8	8	16	24	32	40	48	56	64	72	80	88	96	104	112	120	128	136	144	152	160
9	9	18	27	36	45	54	63	72	81	90	99	108	117	126	135	144	153	162	171	180
10	10	20	30	40	50	60	70	80	90	100	110	120	130	140	150	160	170	180	190	200
11	11	22	33	44	55	66	77	88	99	110	121	132	143	154	165	176	187	198	209	220
12	12	24	36	48	60	72	84	96	108	120	132	144	156	168	180	192	204	216	228	240
13	13	26	39	52	65	78	91	104	117	130	143	156	169	182	195	208	221	234	247	260
14	14	28	42	56	70	84	98	112	126	140	154	168	182	196	210	224	238	252	266	280
15	15	30	45	60	75	90	105	120	135	150	165	180	195	210	225	240	255	270	285	300
16	16	32	48	64	80	96	112	128	144	160	176	192	208	224	240	256	272	288	304	320
17	17	34	51	68	85	102	119	136	153	170	187	204	221	238	255	272	289	306	323	340
18	18	36	54	72	90	108	126	144	162	180	198	216	234	252	270	288	306	324	342	360
19	19	38	57	76	95	114	133	152	171	190	209	228	247	266	285	304	323	342	361	380
20	20	40	60	80	100	120	140	160	180	200	220	240	260	280	300	320	340	360	380	400

分数→小数 換算表

分母＼分子	1	2	3	4	5	6	7	8	9	10	11	12	13	14	15	16	17	18	19	20
2	0.5	1																		
3	0.333…	0.666…	1																	
4	0.25	0.5	0.75	1																
5	0.2	0.4	0.6	0.8	1															
6	0.166…	0.333…	0.5	0.666…	0.833…	1														
7	0.142…	0.285…	0.428…	0.571…	0.714…	0.857…	1													
8	0.125	0.25	0.375	0.5	0.625	0.75	0.875	1												
9	0.111…	0.222…	0.333…	0.444…	0.555…	0.666…	0.777…	0.888…	1											
10	0.1	0.2	0.3	0.4	0.5	0.6	0.7	0.8	0.9	1										
11	0.090…	0.181…	0.272…	0.363…	0.454…	0.545…	0.636…	0.727…	0.818…	0.909…	1									
12	0.083…	0.166…	0.25	0.333…	0.416…	0.5	0.583…	0.666…	0.75	0.833…	0.916…	1								
13	0.076…	0.153…	0.230…	0.307…	0.384…	0.461…	0.538…	0.615…	0.692…	0.769…	0.846…	0.923…	1							
14	0.071…	0.142…	0.214…	0.285…	0.357…	0.428…	0.5	0.571…	0.642…	0.714…	0.785…	0.857…	0.928…	1						
15	0.066…	0.133…	0.2	0.266…	0.333…	0.4	0.466…	0.533…	0.6	0.666…	0.733…	0.8	0.866…	0.933…	1					
16	0.0625	0.125	0.1875	0.25	0.3125	0.375	0.4375	0.5	0.5625	0.625	0.6875	0.75	0.8125	0.875	0.9375	1				
17	0.058…	0.117…	0.176…	0.235…	0.294…	0.352…	0.411…	0.470…	0.529…	0.588…	0.647…	0.705…	0.764…	0.823…	0.882…	0.941…	1			
18	0.055…	0.111…	0.166…	0.222…	0.277…	0.333…	0.388…	0.444…	0.5	0.555…	0.611…	0.666…	0.722…	0.777…	0.833…	0.888…	0.944…	1		
19	0.052…	0.105…	0.157…	0.210…	0.263…	0.315…	0.368…	0.421…	0.473…	0.526…	0.578…	0.631…	0.684…	0.736…	0.789…	0.842…	0.894…	0.947…	1	
20	0.05	0.1	0.15	0.2	0.25	0.3	0.35	0.4	0.45	0.5	0.55	0.6	0.65	0.7	0.75	0.8	0.85	0.9	0.95	1

各セルの分数は「分子／分母」を表す（例：分母3・分子2 → $\frac{2}{3}$ = 0.666…）。

小数→分数 換算表

小数	分数
0.05	$\frac{1}{20}$
0.066…	$\frac{1}{15}$
0.1	$\frac{1}{10}$
0.111…	$\frac{1}{9}$
0.125	$\frac{1}{8}$
0.15	$\frac{3}{20}$
0.2	$\frac{1}{5}$
0.222…	$\frac{2}{9}$
0.25	$\frac{1}{4}$
0.333…	$\frac{1}{3}$
0.35	$\frac{7}{20}$
0.4	$\frac{2}{5}$
0.444…	$\frac{4}{9}$
0.45	$\frac{9}{20}$
0.5	$\frac{1}{2}$
0.55	$\frac{11}{20}$
0.555…	$\frac{5}{9}$
0.6	$\frac{3}{5}$
0.65	$\frac{13}{20}$
0.666…	$\frac{2}{3}$
0.75	$\frac{3}{4}$
0.777…	$\frac{7}{9}$
0.8	$\frac{4}{5}$
0.85	$\frac{17}{20}$
0.888…	$\frac{8}{9}$
0.95	$\frac{19}{20}$

※割り切れる分母、小数を覚えておくとよい分数には赤い印がついています。

※割り切れない場合、小数点以下第3位までを表示し、あとは省略してあります。